BASTEI
LÜBBE

Die Autorinnen

KRISTI JORDE lebt mit ihrem Mann und ihren drei Kindern auf einer Ranch in Colorado. Sie hat ein Studium an der Stanford University abgeschlossen und am Boston College ihren Magister in Sozialarbeit gemacht. Kristi Jorde hat zwei Stiftungen gegründet: K.I.D.S. (Kids in Disadvantaged Situations), die von Sozialhilfe lebenden Müttern durch Bereitstellung von Unterkünften sowie juristischer und pädagogischer Unterstützung zur Selbständigkeit verhelfen will, sowie die Adriana Stiftung, ein nationales Beratungszentrum für autistische Menschen und ihre Eltern. Wenn sie nicht auf Konferenzen überall in den Vereinigten Staaten über die FC-Methode spricht oder zusammen mit Adri im Fernsehen auftritt, verbringt sie ihre Zeit mit ihren Kindern, mit Wandern, Schreiben, der Pflege von Freundschaften und der Erkundung neuer Bereiche des Wachsens und Heilens sowie – auf Adris Drängen – mit dem Trampolinspringen.

ADRIANA ROCHA ist dreizehn Jahre alt. Sie besucht (mit ihrer FC-Helferin) eine reguläre Klasse mit sechzehn Schülern und ist das einzige autistische Kind ihrer Schule. Adri betätigt sich gern sportlich. Sie schwimmt gern, reitet, läuft Ski, saust auf Rollerblades herum und springt mit ihrer Schwester und ihrem Bruder auf dem Trampolin. Sie liest aber auch gern und hört laute Musik – alles von Bob Marley bis zum Soundtrack von *König der Löwen.* Darüber hinaus ist Adri – und sie behauptet, wir alle wären es – »Lehrerin, Heilerin und Bewirkerin«.

Adriana Rocha / Kristi Jorde

AUS DER STILLE DER EWIGKEIT

Aus dem Amerikanischen von
Hedda Pänke

BASTEI
LÜBBE

BASTEI-LÜBBE-TASCHENBUCH
Band 61380

1. Auflage November 1996
2. Auflage Mai 1997
3. Auflage August 1999

Deutsche Erstveröffentlichung

Originaltitel: A CHILD OF ETERNITY
Originalverlag: Ballantine Books,
a division of Random House, Inc., New York

Printed in Great Britain
Einbandgestaltung: Manfred Peters
Titelfoto: Tony Stone, Foto: Timmermans
Satz: Kremerdruck GmbH, Lindlar
Druck und Bindung: Cox & Wyman Ltd.
ISBN 3-404-61380-5

Dieses Buch widmen wir Coreece Fisher –
einer Frau voller Liebe, einem Geist der Liebe.

Inhalt

Vorwort

Adriana Rocha ist ein ungewöhnlich hübsches Kind mit dichten, schwarzen Locken und großen blaugrauen Augen. Klein für ihr Alter, aber langbeinig und geschmeidig, rennt und klettert sie wie eine Athletin. Aber obwohl körperlich sehr präsent, scheint sie geistig oft Lichtjahre entfernt. Adriana ist autistisch. Adri marschiert nach den Klängen eines Trommlers aus einer Welt, die so ganz anders ist als unsere. Dieses Buch vermittelt uns einen Einblick in diese Welt und in die Seele eines kleinen Mädchens, das sich als »Katalysator für Geschichte« bezeichnet hat. Auf die Frage, was sie damit meine, antwortete Adri: »Ich öffne die Herzen der Menschen für Gott«. Und das tut sie. Dies ist ihre Geschichte und ihre Einladung an Sie, auch Ihr Herz zu öffnen.

Im Juni 1991 lernte ich Adris Eltern Kristi Jorde und Rodrigo Rocha während einer Woche für Ehepaare in einem Erholungsort im südlichen Kalifornien kennen. Am ersten Abend unseres Aufenthalts wurden wir gebeten, uns vorzustellen und ein paar Worte über uns selbst zu sagen. Etwa zwanzig Leute erzählten aus ihrem Leben, doch irgendwie hakten sich Kristis wenige Worte in mir fest wie ein verbaler Schnappschuß. Hochgewachsen und schlank stand sie am anderen Ende des langen, rechteckigen Eßtisches vor einem hohen Fenster, das auf die San Gabriel Mountains hinausführte.

Sie stand auf und lächelte verhalten in die Runde der Fremden. »Ich bin die Mutter von fünf Kindern. Drei eigenen – Seby, Brie und Adri – sowie zwei Pflegekindern – Missi und John. Außerdem leite ich zwei Stiftungen: die K.I.D.S. Foundation, die natürlichen Eltern bei der Entwicklung der erzieherischen Fähigkeiten helfen will, die sie benötigen, um ihre Kinder aus Heimen und Pflegestellen holen und selbst erfolgreich aufziehen zu können, und die Adriana Stiftung, die den Menschen mehr Wissen über den Autismus vermitteln möchte. Unsere älteste, neunjährige Tochter Adri ist das, was man eine Autistin mit niedrigem Funktionsniveau nennt. Sie hat keine Sprache.« Kristi machte eine kleine Pause, um Luft zu holen. »Außerdem bin ich auf halbem Wege zum Magister in Sozialarbeit, damit ich danach eine wirksamere Anwältin für Kinder sein kann. Daher brauche ich diese Woche wirklich, um mich ein wenig zu entspannen.«

Als sich Kristi wieder setzte, dachte ich darüber nach, wie aufreibend ich es empfunden hatte, neben meiner Doktorarbeit und meiner weiteren Tätigkeit an der medizinischen Fakultät von Harvard zwei gesunde Kinder aufzuziehen. Die Energie und Entschlossenheit dieser jungen Mutter beeindruckten mich sehr. Jeden Abend nach dem Essen hatten wir einen Hügel zu besteigen, und die »goldene Tür« zu berühren, nachdem der Ort benannt war. Eines Abends liefen Kristi und ich gemeinsam hinauf und sprachen über unser gemeinsames Interesse am Heilen. Als in Ganzheitsmedizin ausgebildete Ärztin und Psychologin liegen meine vorrangigen Interessen in den Heilkräften des Geistes und dem Wesen ungewöhnlicher menschlicher Fähigkeiten. Ich hatte das Gefühl, daß uns Kristis lange Suche nach einer Heilmethode für Adrianas Autismus eine Menge über die Beschaffenheit des menschlichen Geistes sagen könnte.

Autismus ist ein Geheimnis, über das die Wissenschaft noch immer relativ wenig weiß. Uns ist jedoch bewußt, daß autistische Menschen nicht einfach behindert sind, viele von ihnen sind eigentlich nur auf eine andere Weise befähigt. Während autistische Menschen ein verblüffendes Desinteresse an der Interaktion mit anderen Menschen zeigen, verfügen manche über erstaunliche mentale Kräfte.

Dustin Hoffmans einfühlsames Porträt des jungen Autisten Raymond in dem Film *Rainman* macht einige dieser bemerkenswerten Fähigkeiten deutlich. So ist Raymond beispielsweise ein blitzschneller Rechner. Manche Autisten können mathematische Aufgaben innerhalb von Sekunden lösen, für die gewöhnliche Menschen Stunden brauchen. Wie Raymond bewegen sich diese sogenannten Weisen auf mentalen Pfaden, die den meisten von uns verschlossen sind.

Die Studien von Dr. Bernard Rimland vom Autism Research Institute lassen darauf schließen, daß zehn Prozent der autistischen Menschen begnadete Gelehrte sind. Andere verfügen über ein photographisches Gedächtnis. Nach einem flüchtigen Blick auf eine Buchseite können sie sich an jedes Wort erinnern, das dort geschrieben steht. Andere sind musikalische Wunder. Sie sind dazu fähig, jede Melodie perfekt nachzuspielen oder nachzusingen, nachdem sie sie einmal gehört haben. Andere sind »Kalender-Berechner«, die beispielsweise sofort herausfinden können, auf welchen Wochentag der Valentinstag des Jahres 2984 fällt. Andere Autisten verfügen über unglaubliche sportliche Fähigkeiten. Wie Adri können sie große Höhen ohne jede Angst erklimmen. Rimland verweist auf Fälle von Babys, die dabei beobachtet wurden, wie sie oben auf dem Gitter ihres Bettchens balancierten, oder die im Alter von drei Monaten perfekte Schwimmer waren.

Ein kleiner Prozentsatz der Autisten soll nach Angaben von Eltern oder Lehrern Anzeichen übersinnlicher Wahrnehmung zeigen. Sie berichten glaubwürdig von Ereignissen, von denen sie eigentlich nichts wissen können, hören Unterhaltungen, die außerhalb ihrer Hörweite geführt werden, und reagieren auf Überlegungen, die nicht verbal geäußert werden. Da die Diskussion über ESP (übersinnliche Wahrnehmungen) noch immer kontrovers geführt wird, ungeachtet hervorragender wissenschaftlicher Untersuchungen, die ihre Existenz nachweisen, ist es ziemlich wahrscheinlich, daß manche Eltern die außersinnlichen Fähigkeiten ihrer Kinder entweder einfach nicht bemerken oder nicht davon berichten. Viele Eltern haben jedoch darauf hingewiesen, daß ihre autistischen Kinder ein ungewöhnliches Interesse an religiösen oder spirituellen Dingen zeigen.

Einige Wochen nach unserer Rückkehr nach Boston luden Kristi und Rodrigo meinen Mann Miron und mich zum Abendessen zu sich ein. Als Kristi uns erzählte, bei Adri eindeutige Hinweise auf besondere Fähigkeiten festgestellt zu haben, waren wir fasziniert. Wie schon erwähnt, spricht Adri nicht. Aber wie Sie ihrer Geschichte entnehmen werden, hat sie ein paar Monate bevor Kristi und ich uns kennenlernten, damit begonnen, mit Hilfe einer Methode zu kommunizieren, die *Fascilitated Communication* oder FC genannt wird. Bei dieser Methode stabilisiert ein Helfer den Arm oder die Hand der autistischen oder anderswie sprachgehemmten Person und befähigt ihn/sie so, das Tastenfeld eines kleinen Computers zu bedienen. Während manche Menschen fortgesetzte Unterstützung benötigen, kann diese bei anderen nach und nach verringert werden. Im letzteren Fall stabilisiert der Helfer zunächst die Hand des/der Betreffenden, kann aber mit der Zeit die Unterstützung auf das Handgelenk, den Arm und die Schulter verlagern, bis die Person schließlich fähig ist, ohne jede Hilfe zu kommunizieren.

Kurz bevor Adri mit der Methode vertraut gemacht wurde und mit ihr zu kommunizieren begann, wurde die in Australien entwickelte FC in den USA eingeführt. Wie Sie sich vorstellen können, fragen sich Eltern autistischer Kinder – die nie sprechen oder in der Weise interagieren, an die wir gewöhnt sind –, mitunter, ob im Körper ihrer Kinder überhaupt jemand »wohnt«. Als sie mir die ersten Mitteilungen von Adri zeigte, weinte Kristi. Sie bewiesen ohne jeden Zweifel, daß Adri ein sehr kluges kleines Mädchen ist – mit einem Körper, den sie nicht ganz beherrscht.

Als Adri gelassen erklärte, ihre Kenntnisse beruhten auf früheren Leben, reagierte Kristi wie die meisten von uns: schockiert und skeptisch. Immer wieder fragte sie sich – häufig auch in diesem Buch –, ob Adris Worte nicht vielleicht aus ihrem eigenen Unterbewußtsein stammten. Konnte Kristi oder die anderen Menschen, die ihr beim Tippen halfen, Adris Äußerungen vielleicht unbewußt beeinflußt haben? Einige Experimente mit FC legen so etwas nahe. Diese Experimente können jedoch nicht erklären, warum manche Menschen, die anfangs FC-Helfer benötigten, schließlich allein tippen können und genauso kommunizieren wie zuvor.

Beim Tippen blickt Adri häufig gar nicht auf die Tasten. Auf Fragen erwiderte sie, daß sie die Buchstaben im Geist sieht. Einem nichtautistischen Menschen mag das unmöglich erscheinen, aber es entspricht durchaus den ungewöhnlichen Fähigkeiten autistischer Menschen. Falls Sie den Film *Rainman* gesehen haben, erinnern Sie sich vielleicht an die Szene, in der Raymond rund zweihundert Streichhölzer, die aus einer Schachtel zu Boden fallen, korrekt zählt. Unzweifelhaft gibt es Möglichkeiten der Wahrnehmung, die unsere fünf Sinne übersteigen.

Adris Geschichte ist eine eindeutige Herausforderung, unsere üblichen Wahrnehmungen in Frage zu stellen. Ob die Mitteilungen von Adri stammen, von Kristi, oder ob sie auf irgendeine Weise ein Ergebnis der einmaligen Art sind, in der sich ihre beiden Seelen begegneten, oder nicht: Sie haben die Macht, an Ihr Herz zu rühren und Ihre Einstellung zu unserer Welt zu verändern.

In den drei Jahren, die ich Adri kannte, hat sie meinen Entwicklungsprozeß mit Sicherheit gefördert. Sie veranlaßte mich, meine Überzeugungen in Frage zu stellen, Ansichten zu überprüfen und zu einer disziplinierteren spirituellen Praxis zu finden. Adri sagt uns, daß uns aus der unsichtbaren Welt Hilfe zuteil wird, wenn wir Gott unsere Herzen öffnen. Sie fordert uns auf, mit unseren »Beratern« in Verbindung zu treten, die sich manche von uns vielleicht als Schutzengel vorstellen könnten. Was Adri fordert, ist nicht phantastisch, sondern machbar. Zeitweise hat sie ihre Mutter scharf getadelt.

Wir sind auf der Welt, um einander zu lieben, sagt sie. Diese Erkenntnis ist der Kern jeder religiösen Überlieferung. Sie ist auch die vorrangige Botschaft der Sterbeerlebnisse – einem Phänomen, das viele Menschen als zutiefst inspirierend empfinden. Ich hatte das Privileg, zwischen 1981 und 1988 eine zur Medizinischen Fakultät von Harvard gehörende Klinik für Ganzheitsmedizin mitzugründen und zu leiten. Während dieser Zeit kam ich mit Patienten in Berührung, die an Krebs, AIDS und anderen lebensbedrohlichen Krankheiten litten. Viele dieser Patienten berichteten mir von Sterbeerlebnissen oder Todesvisionen. Die Botschaft war die gleiche, die Adri so eloquent vermittelt. Die Erde ist eine Art Klassenzimmer, in dem wir Wissen erwerben und zu lieben lernen.

Adris Kommunikationen ist eine Dringlichkeit eigen, über die auch viele der Botschaften verfügen, die uns von

Patienten, die an der Schwelle des Todes standen, aus dem Jenseits zurückgebracht werden. Wir scheinen uns in der Tat auf einer Schwelle zu befinden. Zum ersten Mal in der Geschichte haben wir die Möglichkeit, uns selbst zu zerstören – nicht nur durch atomare Waffen, sondern auch durch die langsame, aber unaufhaltsame Vernichtung der Erde im Namen des Fortschritts. Und zum ersten Mal in der Geschichte scheint es unter den Menschen zu einem spirituellen Erwachen zu kommen. Von zwanzig US-Amerikanern hatte mindestens einer ein Sterbeerlebnis. Jeder Dritte berichtet von transzendentalen Visionen, sechs von zehn Amerikanern erzählen von übersinnlichen Wahrnehmungen und ungefähr die gleiche Zahl von Kontakten mit den Toten. Es ist, wie schon geschrieben wurde, die beste und die schlechteste aller Zeiten.

Auch für Adri ist das Leben offenbar eine Kombination aus dem Besten und Schlechtesten. Einerseits scheint sie in ständiger Verbindung mit einer helleren, liebevolleren und weiseren Welt als der unseren zu stehen. Andererseits ist sie in einem autistischen Körper gefangen. Mehr als alles andere scheint sie eine weise Frau im Körper eines autistischen Kindes zu sein.

Adri vermittelt uns die Botschaft, daß es bei Spiritualität nicht um Vollkommenheit geht. Das Leben besteht unvermeidlich aus Herausforderungen, Zweifeln, Leid und Enttäuschungen. Ohne sie würden wir vielleicht nie wirklich zu lieben lernen.

Im Nachdenken über Adris Leben habe ich Trost in dem gefunden, was mir eine Frau – »Martha« – über ihr Sterbeerlebnis erzählt hat. Sie »starb« bei einem Autounfall und machte die typische Erfahrung, ihren Körper zu verlassen und sich in der Gegenwart eines leuchtenden Höheren Wesens wiederzufinden, das absolute Liebe, Verzeihen und Weisheit ausstrahlte. Viele Menschen berichten nach

Sterbeerlebnissen, daß ihnen dieses leuchtende Wesen die Wahl läßt, ins irdische Leben zurückzukehren oder die Reise der Seele fortzusetzen. Die meisten Menschen, die sich zur Rückkehr entschließen, tun das, weil sie entweder ihre Kinder aufziehen wollen oder sich einer bestimmten Aufgabe oder Mission in diesem Leben bewußt sind, die noch nicht erfüllt ist. Martha berichtete, daß ihr das Höhere Wesen drei Möglichkeiten einräumte. Sie konnte ins Jenseits eingehen, mit leichteren Verletzungen ins Leben oder in ein vegetatives Stadium zurückkehren. Als ich sie fragte, ob sie sich für das letztere hätte entscheiden können, war ihre Antwort ein uneingeschränktes Ja. Martha erklärte, in der Gegenwart des Höheren Wesens hätte sie begriffen, wie wichtig es sei, Liebe zu lernen. Wenn die Herzen ihrer Familie und Freunde durch ihre Rückkehr in ein vegetatives Stadium hätte geöffnet werden können, hätte sie diese Mission freudig übernommen. Da das nicht der Fall war (das Höhere Wesen zeigte ihr in einem »Lebensüberblick«, daß ihre Angehörigen von der Vorstellung, daß sie im Koma liegen könnte, zurückschreckten), entschied sie sich dazu, mit leichteren Verletzungen zurückzukehren.

Ich kann nur vermuten, daß Adris Autismus eine spirituelle Mission ist, ein Seelenvertrag, den sie geschlossen hat, um die Herzen der Menschen für sich selbst zu öffnen, für andere und für Gott. Möge dieses Buch ein Trost und eine spirituelle Erweckung für Sie sein. Und wenn es das ist, geben Sie es Ihren Freunden weiter. Gemeinsam können wir in dieser entscheidenden Zeit Veränderungen bewirken.

Joan Borysenko, PH.D.

Teil I
Der Beginn

1.

Adrianas Ankunft

Von meiner ältesten Tochter erfuhr ich erstmals an einem frühen Aprilmorgen des Jahres 1981. Ich war fünfundzwanzig Jahre alt und lebte in New York City. Am Abend zuvor waren mein Freund Rodrigo und ich bei einer Drogerie vorbeigefahren und hatten mit vorgetäuschter Lässigkeit einen Schwangerschaftstest gekauft. Immer wieder in den letzten zwei Wochen hatten wir über die Möglichkeit gesprochen: »Und wenn es nun stimmt?« oder »Was werden wir machen?« Es war eine Art neckisches Geplänkel gewesen – nicht, weil die Vorstellung so unbedeutend gewesen wäre, sondern weil sie, auf einer uneingestandenen, unausgesprochenen Ebene, so wichtig war.

Schon wenige Wochen nach unserer ersten Begegnung neun Monate zuvor hatte Rodgrio angefangen, vom Heiraten zu reden. Wir kannten uns etwa fünf Monate, als die Miete für mein zu kleines, zu teures Zimmer mit Bad und Kochnische erneut erhöht wurde, und obwohl ich zu einer Heirat noch nicht bereit war, gefiel mir die Idee, zusammenzuziehen. Und so zog ich im Januar 1981 in das, was ich Rodrigos »braunes Apartment« nannte: das Sofa braun, die Wände in einem helleren Braun gestrichen, die Bettdecke braun, der Tisch, die Sessel, der Teppich, selbst der Ausblick auf die East Seventy-first Street. Es war ein perfekter Ort für den Winterschlaf.

In jener Nacht schlief ich hervorragend. Rodrigo lag

links neben mir, rechts der Schwangerschaftstest. Ich wußte nicht, was mich nervöser machte: die Möglichkeit, schwanger zu sein oder es nicht zu sein. Der Wunsch nach einem Kind war ein unstatthaftes Verlangen, wie das Essen einer verbotenen Frucht. Ich war nicht verheiratet. Ich wußte nicht einmal, ob ich überhaupt heiraten wollte. Und am entscheidendsten: Mit meinen fünfundzwanzig Jahren stand ich gerade am Beginn einer Berufslaufbahn, während Rodrigo, damals sechsundreißig, bereits erfolgreich sein eigenes Versicherungsunternehmen managte.

Nach meinem Examen an der Stanford University war ich 1977 nach New York gezogen und bei Saks Fifth Avenue stellvertretende Einkäuferin geworden. Ich hatte mir meinen Wunsch erfüllt: eine Position in der Modebranche und einen schnellen Aufstieg an die Unternehmensspitze. Doch inzwischen kam mir das, was ich von der Firmenspitze sehen konnte, von Tag zu Tag bürokratischer und weniger anziehend vor.

In der Morgendämmerung schlüpfte ich mit der Testpackung aus dem Bett und lief auf Zehenspitzen ins Bad. Mit äußerster Sorgfalt maß ich ab, mischte, verkorkte und schüttelte das Teströhrchen genau wie angegeben und stellte es behutsam in den Ständer. Dann ging ich ins Wohnzimmer und setzte mich nachdenklich auf das braune Sofa. Mein Vater war ein erfolgreicher Farmer in North Dakota, ein Selfmademan, und Leistung galt viel in unserer Familie. Wenn ich ein Kind bekäme, wären er und meine Mutter mit Sicherheit enttäuscht. Von ihren fünf Kindern war ich dasjenige, das stets die Nase vorn hatte, die furchtlose Anführerin, immer auf Neues und Aufregendes aus. Was wäre, wenn ich mich nun damit zufriedengab, »nur« Mutter zu sein? Und was wäre mit Rodrigos Eltern in Mexiko? Wir hatten seine Familie einige Male dort besucht. Obwohl Rodrigos Vater stets höflich war, hatte ich doch den Eindruck, daß er in mir keine passende Partnerin für seinen Sohn sah. Ich besaß weder besonders viel Geld, noch kam ich aus einer bedeutenden Familie – ein altmodisches Konzept, aber eins, das von den Rochas noch hochgehalten wurde.

Ich sah auf die Uhr. Es war Zeit. Einen Moment lang verspürte ich Panik. Ich war noch nicht so weit, Mutter zu werden. Ich fühlte mich dessen nicht würdig. Dennoch: Wenn das Schicksal mir so gnädig sein sollte, würde ich diese neue Verantwortung freudig und dankbar übernehmen. Wenn nicht, dann sollte es eben noch nicht sein. Ich würde meine Enttäuschung hinunterschlucken und mit meinem Leben fortfahren. Ich schloß die Augen und holte tief Luft. Achtung, fertig, hinsehen. Da war er, der Kreis des Lebens. Das Baby existierte. Breit lächelnd rannte ich ins Schlafzimmer, und als Rodrigo mich sah, wußte er Bescheid. Er zog mich an sich und flüsterte: »Laß uns heiraten.«

Mindestens eine Woche lang spielte ich mit dem Gedanken, die alleinerziehende Mutter zu spielen, und stellte mir vor, wie ich uns stolz, zuversichtlich und mutig unseren gemeinsamen Lebensweg ertrotzte. Doch es dauerte nicht lange, bis meine Jeanne-d'Arc-Attitüde in sich zusammenbrach. Ich war seit fast drei Monaten schwanger und erkannte, daß ich mir in Wirklichkeit einen Partner wünschte, mit dem ich die Freude über dieses neue Lebewesen und die Verantwortung für es teilen konnte. Schließlich entschied ich bewußt, was von mir unbewußt vermutlich schon in dem Moment beschlossen worden war, als ich erstmals die Ahnung einer Schwangerschaft hatte. »Ich glaube, wir sollten doch heiraten«, sagte ich zu Rodrigo, und er war weniger überrascht als begeistert.

Von da an ging alles sehr schnell. Ein Gynäkologe bestätigte die Schwangerschaft und nannte als wahrscheinlichen Geburtstermin den 15. Dezember. Da ich nicht wollte, daß meine »uneheliche Schwangerschaft« zum Thema des Mittagspausen-Klatschs wurde, kündigte ich meine Arbeitsstelle innerhalb von zwei Wochen. Nachdem wir Rodrigos Kalender und eine Karte der Vereinigten Staaten konsultiert hatten, entschieden wir uns für Lake Tahoe und den 4. Juni 1981.

Ich wollte schnell heiraten, ohne Familien und großes Tamtam. Und ich wollte keine kirchliche Trauung. In meiner lutheranisch geprägten Kindheit hatte ich Kirche als relativ harmlos empfunden, als eine Art Bühne für gesellschaftliche Zusammenkünfte. Doch im Laufe der Jahre, durch das Kennenlernen eines breiteren Spektrums religiöser Überzeugungen, einschließlich der an Nötigung grenzenden Methoden religiöser »Missionare«, war ich zu der Ansicht gelangt, Kirche sei nicht viel mehr als ein kulturell sanktioniertes Forum für Machtstreber, eine Falle für die Labilen und ein Zufluchtsort für Heuchler. Obwohl mir die Vorstellung eines persönlichen Gottes zusagte, hatte ich nie genügend Beweise gefunden, um diesen Glauben in mein eigenes Leben übernehmen zu können. Und Rodrigo war im Grunde ein nicht-praktizierender Katholik, auch wenn er sich den Traditionen gegenüber loyal verhielt.

In Lake Tahoe entdeckte ich eine Anzeige, in der eine kleine, bezaubernde historische Kapelle als idealer Ort für Hochzeiten angeboten wurde. Rodrigo vereinbarte einen Termin, und am Morgen des 4. Juni erschien eine Limousine, um uns zu der Kapelle zu bringen. Ich trug eine blaue Bluse im ländlichen Stil und einen Rock, den ich in Mexiko gekauft hatte. Ich mußte ihn mit einer Sicherheitsnadel zusammenhalten, da er sich in der Taille anders nicht mehr schließen ließ. Auf dem Flug war Rodrigos Gepäck verlorengegangen. Also trug er das Sportjackett, mit dem er gekommen war, und Hosen, die wir im Geschenkladen des Hotels aufgetrieben hatten.

Der Chauffeur fuhr uns zu der angegebenen Adresse und auf den ersten Blick wirkte alles auch recht idyllisch. Wir liefen einen sandigen Pfad entlang und kamen an einigen pittoresken Blockhäusern vorbei. Aber die Szenerie wechselte sehr schnell von pittoresk zu bizarr, als wir auf etliche – lebende und hölzerne – Pferde trafen, die an Holzpfähle gebunden waren. Männer in breitkrempigen Hüten und Cowboystiefeln sowie Frauen in langen, rotweißkarierten Gingham-Kleidern riefen uns Grüße zu. Eigenartig. Aber erst als wir den gleichfalls mit Stiefeln, Cowboyhut und Halstuch bekleideten »Pfarrer« erblickten, begriffen wir endlich, daß es sich bei dieser »historischen Kapelle« in Wahrheit um eine übriggebliebene Kulisse der alten TV-Serie *Bonanza* handelte. Unsere Hochzeit war zwar durch eine ungeplante Schwangerschaft veranlaßt worden, aber sie war keine Vorspiegelung falscher Tatsachen. Unter Entschuldigungen liefen wir über den Mittelgang zurück und zur Tür hinaus.

Nach sechs weiteren geschmacklosen Hochzeitskapellen fanden wir in der »Chapel of Love« endlich einen Friedensrichter, der mit uns zu einem zauberhaften Fleckchen fuhr. Rodrigo und ich standen nebeneinander vor der prachtvoll über dem Lake Tahoe untergehenden Sonne. Unser Chauffeur pflückte ein paar Blumen, überreichte sie mir und fungierte dann als unser Trauzeuge. Es war eine schlichte, aber wunderschöne Trauung. Ziemlich erschöpft, aber glücklich wurden Rodrigo, das Baby und ich – in den Worten des leicht angesäuselten Friedensrichters – endlich »eins«.

Nach einer ruhigen Flitterwoche in Lake Tahoe flogen wir zur Ostküste zurück und mieteten ein Haus in Greenwich, Connecticut. Ich machte ein paar Bekanntschaften in der Nachbarschaft und gelegentlich kam einer von Rodrigos Geschäftspartnern zum Essen, aber die meiste Zeit verbrachte ich mit Vorbereitungen für das Baby. Im Kinderzimmer hingen bereits pastellfarbene Vorhänge, aber ich wollte, daß mein Baby von leuchtenden, fröhlichen Farben umgeben war. In der Annahme, daß das einfacher, billiger und lustiger war, als neue Vorhänge zu kaufen, erstanden Rodrigo und ich rote Stoffarbe. Und dann setzten wir uns abends und an den Wochenenden zusammen und malten jedes blaßrosa Blütenblatt der Blümchenvorhänge strahlendrot aus. Es dauerte zwar unendlich lange, aber wir hatten das Gefühl, auf eine ganz besondere Weise mit diesem neuen Wesen in Verbindung zu treten, ihm schon jetzt etwas zu schenken – unsere Liebe und unsere Zeit.

Im Herbst besuchten wir pflichtbewußt den wöchentlichen Lamaze-Unterricht. Abends sprachen wir darüber, welchen Namen unser Kind erhalten sollte. Unfähig zu einer Entscheidung, fertigten wir Listen der Namen an, die uns am besten gefielen, tauschten sie aus, strichen die Namen von der Liste des anderen, die uns nicht gefielen und einigten uns schließlich – auf einen Mädchennamen. Meine Vorstellung war, nach der Geburt des Kindes einige Zeit bei ihm oder ihr zu Hause zu bleiben, um dann in meinen Beruf in der Modebranche zurückzukehren. Doch damit hatte es keine Eile. Ich war gern schwanger. Ich fühlte mich zufrieden und glücklich. Ich hielt mein Leben für harmonisch und in Ordnung.

Am 8. Dezember 1981 wurde ich gegen sechs Uhr früh durch eine heftige und schmerzhafte Wehe geweckt. Man hatte mir gesagt, daß ich beim ersten Mal mit langanhaltenden Wehen rechnen müßte, also sagte ich Rodrigo, er solle ruhig mit dem Zug zur Arbeit fahren. Während des Morgens hielten die Wehen an, nicht sehr häufig und unregelmäßig, aber sie wurden heftiger. Gegen halb elf fragte ich meine Ärztin telephonisch, ob ich in die Praxis kommen sollte. Ich hatte sie sorgfältig ausgesucht, unter anderem deshalb, weil sie mir zusicherte – vorausgesetzt, es ereigne sich keine Naturkatastrophe –, das Baby persönlich auf die Welt zu holen. Ich hatte eine Hausgeburt und eine Hebamme erwogen, aber beide Alternativen waren uns dann doch zu riskant erschienen.

Bewußt langsam fuhr ich zur Praxis. Sie untersuchte mich, schickte mich prompt wieder nach Hause und erklärte, mit dem Baby sei erst am folgenden Tag zu rechnen. Fast war es mir peinlich. Kaum hatte ich die ersten Wehen, beschwerte ich mich auch schon. Gehörte ich etwa zu diesen wehleidigen Frauen, die nicht die geringsten Beschwerden ertragen konnten? Ich konzentrierte mich auf meine Atemübungen und versuchte, meine Wehen zu ignorieren.

Rodrigo kam kurz nach mir nach Hause. Als er mich so zusammengekrümmt sah, war er keineswegs davon überzeugt, daß ich unter zu ignorierenden Schmerzen litt. Um fünf Uhr waren die Schmerzen stärker als mein Stolz, und ich erlaubte Rodrigo, mich ins Krankenhaus zu bringen. Dort sagte man mir, ich hätte für die ganze Nacht mit Wehen zu rechnen, und nahm mich – da ich nicht wieder nach Hause wollte – widerstrebend auf. In dieser Nacht war Vollmond, und der ist berüchtigt dafür, Geburten zu beeinflussen. Es stellte sich als weise heraus, so früh ins Krankenhaus gekommen zu sein, denn innerhalb weniger Stunden war die Entbindungsstation bis zum Bersten gefüllt. Selbst auf den Fluren standen Betten mit Frauen in den Wehen. Es gab gar nicht genug Schwestern und Ärzte.

Ich war ängstlich und nervös. Die Wehen konzentrierten sich auf den unteren Bereich meines Rückens. Aus der Ahnung heraus, daß es im Laufe der Nacht nur schlimmer werden konnte, bat ich Rodrigo, einen Arzt oder eine

Schwester zu suchen. Man sagte ihm, daß niemand zur Verfügung stünde, unsere Ärztin jedoch bald erwartet würde. Nicht lange danach verspürte ich zu meiner Überraschung einen intensiven Drang zum Pressen. Aus meinem Lamaze-Unterricht wußte ich jedoch, daß ich ohne Aufforderung eines Arztes nicht pressen durfte, daher schickte ich in meiner Verzweiflung Rodrigo erneut auf die Suche nach einem Arzt. Als er fort war, durchzuckte mich eine weitere heftige Wehe. Ich hörte mich um Hilfe schreien, aber es war sinnlos. Meine Stimme mischte sich lediglich mit dem Chor der anderen Frauen in den Wehen.

Schließlich gelang es Rodrigo, einer Schwester habhaft zu werden, die mich kurz untersuchte und dann wieder hinauslief, um einen Arzt zu holen. Innerhalb weniger Minuten kam sie wieder und erklärte, es sei dem Krankenhaus gelungen, einen Arzt auf einer Cocktailparty in der Nähe ausfindig zu machen, und er wäre bereits auf dem Weg. Ich fragte, was mit meiner eigenen Ärztin sei, und es stellte sich heraus, daß sie unerreichbar in einer nahegelegenen Stadt weilte, wo sie bei einem Hearing über die Verantwortung von Ärzten referierte, im letzten Stadium der Wehen einer Patientin anwesend zu sein. Nun, dieses Baby hatte nicht die Absicht, auf ihr Fazit zu warten. Zehn Minuten später kam der Arzt in mein Zimmer geeilt, warf einen kurzen Blick auf mich und dann sein Jackett ab. Sie hoben mich auf eine Trage und schoben mich über den Flur in den Kreißsaal, wo ich endlich pressen durfte. Minuten später hörte ich den ersten Schrei meines Kindes. Dann sagte jemand: »Oh, was für ein hübsches Mädchen.« Rodrigo ergriff meine Hand. Wir hatten eine Tochter.

Adriana Noelle Rocha war winzig – knapp fünfeinhalb Pfund – aber gesund. Ihre Apgar-Werte waren normal, und sie sah absolut vollkommen aus. Feiner Haarflaum bedeckte ihren kleinen Kopf, und ihr Gesicht war glatt und gleichmäßig gefärbt, nicht rot und zerdrückt wie bei manchen Neugeborenen. Der Arzt legte sie mir auf die Brust, und ich hielt sie ganz fest, hätte sie am liebsten gar nicht mehr losgelassen. Rodrigo stand neben mir und strich abwechselnd ihr und mir über den Kopf. Ich war erschöpft, außer mir vor Glück und von tiefer Ehrfurcht erfüllt. Wie konnte dieses außerordentliche Wesen von Rodrigo und mir kommen? Womit hatten wir uns dieses Wunder verdient? Während der Schwangerschaft hatte ich mich gelegentlich gefragt, ob ich einen anderen Menschen, selbst mein Kind, so lieben könnte, daß ich bereit wäre, mein Leben für ihn zu opfern. Erst als ich Herz an Herz mit Adri lag, verstand ich die Macht der Liebe ganz. Ich wußte, daß ich jederzeit für sie sterben würde.

Die Gepflogenheiten des Krankenhauses bestimmten, daß Adri ins Säuglingszimmer gebracht wurde, und da ich es nicht besser wußte, ließ ich es zu. Sie wurde gegen 23 Uhr in mein Zimmer gebracht, und dann sah ich sie erst früh am nächsten Morgen wieder, wenn es Zeit war, sie zu füttern. Ich freute mich auf das Stillen, aber von Anfang an hatten Adri und ich Probleme damit. Selbst wenn es mir gelang, sie in eine optimale Position zu bringen, saugte sie kaum.

Da die Schwestern der Ansicht waren, sie brauche mehr Flüssigkeit, begannen sie damit, ihr Zuckerwasser aus der Flasche zuzufüttern. Danach machten wir noch weniger Fortschritte mit der Brustnahrung. Ich wollte sie stillen, aber auch, daß sie mehr Nahrung zu sich nahm. Und so gab auch ich ihr die Flasche. Doch selbst aus der Flasche trank sie sehr wenig, jedesmal kaum dreißig Gramm. Das schien mir nicht ausreichend zu sein, aber da sich weder der Arzt noch die Schwestern besorgt zeigten, nahm ich an, es müsse so sein.

Am 12. Dezember sollten wir aus dem Krankenhaus

entlassen werden, aber an diesem Morgen wachte Adri mit Gelbsucht auf. Ihre Bilirubin-Werte nahmen während des Tages beständig zu, und obwohl mir sowohl der Kinderarzt als auch die Schwestern versicherten, daß Gelbsucht heilbar und keineswegs gefährlich sei, war ich ängstlich und aufgeregt. Ich sehnte mich danach, mit meiner Tochter nach Hause zu kommen.

Als am nächsten Tag ihre Werte weiter anstiegen, rieten die Ärzte zur Therapie. Mit Tränen in den Augen sah ich zu, wie Adri aus ihrem kleinen Bett neben meinem geholt und in den beleuchteten Inkubator in der Säuglingsstation gelegt wurde. Jetzt konnte ich sie nicht mehr hochnehmen, wenn mir danach war. Jetzt mußte ich die wenigen festgelegten Minuten am Tag abwarten, um sie in die Arme zu nehmen. Selbst jetzt sehe ich sie noch vor mir, wie sie hilflos, allein und unerreichbar in diesem hellbeleuchteten Glaskokon lag. Zwei lange Tage vergingen, bis sich ihre Bilirubin-Werte wieder normalisierten, und der Arzt sagte, ich könnte sie mit nach Hause nehmen.

An diesem Vormittag zogen Rodrigo und ich Adri den winzigen kleinen Strickanzug mit dem weißen Pelzbesatz an, den wir schon vor Monaten für diesen Anlaß gekauft hatten. Obwohl der Anzug klein genug war, um einer Puppe zu passen, verschwand Adri fast darin. Ich saß im Rollstuhl, Adri in meinem Schoß, von der nur das winzige Gesicht zu sehen war, als eine Krankenschwester mich in die Freiheit schob. Es war ein kalter Tag in Greenwich, aber die Sonne strahlte vom Himmel, als wir unsere bezaubernde Tochter für die kurze Fahrt nach Hause auf ihrem Autositz festschnallten.

2.

Treibsand

Während der ersten Tage zu Hause verbrachte Adri viel von ihrer Zeit mit Schlafen und Rodrigo und ich viel von unserer, sie zu bewundern – bereitwillige Diener dieser winzigen Zauberin. In unserem Bemühen, auf ihre Eigenheiten einzugehen, verhielten wir uns wie die meisten Eltern: Aus übergroßer Vorsicht hielten wir sie so, als könnte sie beim geringsten Stoß zerbrechen, und waren höchst unbeholfen, wenn wir sie badeten oder ihre Windeln wechselten. Aber es dauerte nicht lange, da bekamen wir das Gefühl, daß dieses Kind in unserer Mitte schon immer zu uns gehört hatte, als wesentlicher Bestandteil unseres Lebens.

Da ich meine Stillbemühungen inzwischen aufgegeben hatte, wechselten Rodrigo und ich uns dabei ab, Adri ungefähr alle zwei Stunden die Flasche zu geben. Wir benutzten noch immer die kleine 120-Gramm-Flasche, da Adri nie mehr als als sechzig Gramm auf einmal trank. Die Ärzte schienen deswegen keine Bedenken zu haben, also versuchte auch ich, mir keine Sorgen zu machen. Die Ärzte müssen es schließlich wissen, sagte ich mir. Ein paar Tage später kam meine Mutter aus Arizona zu Besuch und Rodrigo ging wieder arbeiten.

Tagsüber hielten Mom und ich uns meistens im Haus auf und legten uns hin, wenn Adri schlief. Die Nächte waren jedoch selten so erholsam. Normalerweise setzte ich mich mit Adri gegen acht Uhr abends in den Schaukelstuhl und begann sie zu füttern. Es dauerte bis zu einer Stunde, aber irgendwann schlief sie dann doch ein. Dann stand ich ganz langsam aus dem Schaukelstuhl auf und legte sie sehr behutsam in ihr Bettchen. Doch wie fest sie auch zu schlafen schien: Die Bewegung weckte sie, und wir mußten wieder von vorn beginnen. Jedesmal, wenn sie aufwachte, um gefüttert zu werden, mußte dieses Ritual wiederholt werden. In diesen ersten Monaten lernte ich, mit angehaltenem Atem auf leisen Sohlen durchs Zimmer zu schleichen oder sogar zu kriechen und zu beten, daß ich sie bloß nicht aufstörte.

Da gab es aber noch etwas anderes, was mir Sorgen machte. Oft sah ich zu Adri hinein, wenn sie schlief, und hielt ihr meine Hand manchmal nahe an den Mund, um sicher zu sein, daß sie atmete, denn sie lag so still da. Dann fiel ich, erleichtert, daß mit ihr alles in Ordnung war, wieder in mein Bett. Dann konnte uns Momente oder auch Stunden später ein schrilles, durchdringendes Schreien aus dem Schlaf schrecken. Rodrigo, ich oder meine Mutter – mitunter alle drei – sprangen mit klopfenden Herzen aus dem Bett, rannten zu ihr und nahmen sie hoch. Wir betrachteten sie von Kopf bis Fuß, überprüften ihr Bettchen, sahen uns im Zimmer um, aber nie gab es irgendeinen äußeren Anlaß.

Dann trug ich sie, ihren Kopf auf meine Schulter gebettet, im Raum hin und her oder wiegte sie in den Armen. Ich spürte ihren Kummer und versuchte mein Bestes, sie zu trösten, ihr meine Liebe mitzuteilen, ihr etwas von ihrem Schmerz abzunehmen. Doch nur selten gelang es mir, sie zu beruhigen. Die meiste Zeit schien sie meine Gegenwart gar nicht wahrzunehmen, allein in ihrem Alptraum, bis sie schließlich erschöpft wieder einschlief. Dann blickte ich auf das endlich wieder friedliche Gesichtchen hinab und atmete tief und erleichtert auf.

Nach einer Woche kehrte meine Mutter nach Arizona zurück, um die Feiertage mit meinem Vater und meinen Brüdern zu verbringen. Wir genossen unser erstes Weihnachtsfest als Familie sehr, schmückten einen großen Tannenbaum und verpackten Geschenke. Rodrigo und ich hatten für Adri Spielzeug, Kleidungsstücke und sogar Bücher gekauft. Am Heiligen Abend packten wir alles voller Begeisterung wieder aus. Adri war gerade drei Wochen alt. Als ich sie in den Armen hielt, buchstäblich grammweise fütterte und eine schlaflose Nacht vorherahnte, überkam mich unwillkürlich tiefe Besorgnis. Aber fest entschlossen, eine frohe Weihnacht zu feiern, verdrängte ich das schnell wieder.

Kurz nach Weihnachten starb Rodrigos Mutter ganz unerwartet nach einer Blinddarmoperation. Rodrigo traf sofort die notwendigen Vorbereitungen für den Flug nach Mexiko. Ich schätzte es gar nicht, ein dreiwöchiges Baby einer so anstrengenden Reise zu unterziehen, behielt meine Bedenken aber für mich. Unter den gegebenen Umständen war eine nörgelnde Frau das letzte, was Rodrigo brauchte.

In Rodrigos Elternhaus mischten Adri und ich uns unter die Trauergäste, die erschienen waren, um seiner Mutter die letzte Ehre zu erweisen. Meistens blieben wir jedoch in unserem Zimmer. Rodrigo drängte mich zwar, Adri in die Obhut des Personals zu geben, aber ich weigerte mich, sie Menschen anzuvertrauen, die ich nicht kannte. Außerdem lieferte mir die Versorgung von Adri eine Entschuldigung, nicht stundenlang mit Fremden zusammen sein zu müssen, deren Sprache ich nicht sprach. Nach drei langen Tagen kehrten wir wieder nach Hause zurück.

Schnell stellte sich unsere Alltagsroutine wieder ein und auch Adris Appetit nahm zu. Aber sie schrie auch immer häufiger, als hätte sie Schmerzen, die mit Verdauungsschwierigkeiten zusammenzuhängen schienen. Rodrigo und ich legten sie auf den Rücken und bewegten ihre kleinen Knie nach innen und außen, um die Krämpfe zu lindern. Wir versuchten alle möglichen Positionen in der Hoffnung, es ihr dadurch leichter zu machen. Sobald sie den Kopf hochhalten konnte, legten wir sie in eine Babyschaukel und stützten sie an allen Seiten mit Kissen ab. Die Schaukelbewegungen beruhigten sie häufig, wenn alle anderen Bemühungen versagten. Schließlich schlug unser Kinderarzt vor, sie auf eine Ernährung auf Sojabasis umzustellen, und es wurde ein wenig besser.

Am Ostersonntag entschlossen wir uns zu einem Kirchenbesuch und nahmen Adri mit. Dort trafen wir Freunde mit ihrem Sohn, der nur zwei Monate älter als Adri war, aber sehr viel weiter entwickelt wirkte. Er war ungefähr doppelt so groß wie sie, hielt seine Flasche fest in den Fäustchen und schluckte pausenlos. Er zeigte großes Interesse an den Menschen in seiner Umgebung, reagierte auf ihre Ansprache und bemühte sich, ihre Aufmerksamkeit zu erregen.

Ganz anders als Adri, die den Leuten für gewöhnlich starr ins Gesicht blickte. Erwachsene erwiderten ihren Blick einen Moment lang und wandten sich dann schnell ab, als wäre ihnen diese forschende Überprüfung unbehaglich. Mitunter machten Leute Bemerkungen über ihre »offensichtliche« Intelligenz. Obwohl mir diese Erklärung nicht unangenehm war, reagierten Rodrigo und ich doch unwillkürlich verblüfft auf den Kontrast zwischen Adri und dem kleinen Sohn meiner Freundin. Es war schwer vorstellbar, daß unsere Tochter in nur zwei Monaten die Reife und Selbständigkeit entwickeln könnte, die er zu haben schien.

Im Sommer stellten wir eine sehr sympathische großmütterliche Frau ein, damit sie im Haushalt und beim Babysitten half. Inzwischen war Adri sieben Monate alt und voll beweglich. Aber anstatt auf allen vieren zu krabbeln, setzte sich sich auf den Po und schob ihren Körper mit

Hilfe der Hände vorwärts. In dieser Methode brachte sie es zu einer Fertigkeit, die sie in die Lage versetzte, sich überaus flink durch die Gegend zu bewegen.

Da Adri nun tagsüber versorgt war, hielt ich die Zeit für gekommen, wieder arbeiten zu gehen. Ich nahm eine Stellung bei dem Modedesigner Calvin Klein an und verkaufte seine Modelle an Modegeschäfte und Boutiquen. Und wenn wir beide in New York City arbeiteten, wäre es einfacher, auch dort zu wohnen, entschieden Rodrigo und ich. Dort hätte Adri auch unvergleichbare kulturelle Vorteile. Also mieteten wir eine Wohnung und zogen im Herbst ein.

Auch wenn sie im Alter von zwölf Monaten noch keine Gehversuche unternahm, war Adri sehr aktiv. Sie schätzte Treppen hervorragend ein und kletterte sie auch hinauf, sobald sie sich an etwas festhalten konnte. Ihre motorische Entwicklung ließ zwar ein wenig zu wünschen übrig, doch das machte mir weniger Sorgen als ihr anhaltendes Desinteresse an Menschen und an ihrer Umgebung.

Zu ihrem ersten Geburtstag lud ich einige Krabbelkinder mit ihren Müttern zum Lunch ein. Mit einem bunten Papierhut auf dem Kopf nahm Adri den Ehrenplatz am Tisch ein, beteiligte sich aber im Gegensatz zu den anderen Kindern kaum am Geschehen. Sie versuchte nicht, sich wie sie durch Gesten oder Geplapper an unserer Unterhaltung zu beteiligen, und zeigte keinerlei Interesse an ihren Kontaktbemühungen. Statt dessen nahm sie ihr Essen vom Teller und warf es auf den Boden. Ich verbot es ihr und hielt ihre Hand fest, doch sobald ich sie losließ, fing sie wieder von vorn an. Als ein anderes Kind das gleiche versuchte und daraufhin von seiner Mutter gescholten wurde, hörte es sofort damit auf.

Mit fünfzehn Monaten lief Adri noch immer nicht, und sie plapperte auch nicht annähernd soviel wie andere Kinder ihres Alters. Wenn ich ihren Namen nannte oder sie rief, wandte sie sich mir nur selten zu. Wesentlich häufiger fuhr sie mit ihren Aktivitäten fort und ignorierte mich. Wir begannen uns zu fragen, ob sie vielleicht Hörprobleme hätte. Doch das war nicht recht vorstellbar, denn sie drehte sich manchmal nach Geräuschen um und reagierte nahezu immer auf Musik. Wußte sie ihren Namen? Erkannte sie ihn? Wir waren uns nicht sicher.

Auch im Hinblick auf Spielzeuge reagierte Adri unberechenbar. Ein neues Spielzeug konnte sie interessieren, ein anderes ließ sie völlig kalt. Mit der Zeit lernten wir, daß wir Spielzeuge kaufen mußten, die Geräusche verursachten oder, noch besser, Spielzeuge mit Teilen, die sich drehten. Beispielsweise »fuhr« Adri nie mit einem Auto über den Boden. Sie setzte die Räder mit der Hand in Bewegung, freute sich an den schnellen Drehungen, gluckste vor Lachen, und hopste begeistert auf und ab.

Bei jedem Besuch beim Kinderarzt wies ich ihn auf Adris beschränktes Sprachvermögen, ihre merkwürdigen Spielgewohnheiten und ihre widersprüchliche Reaktion auf Geräusche hin. Innnerlich ahnte ich, daß etwas nicht stimmte. Aber ich verdrängte dieses Wissen nur zu gern, wenn ich immer wieder hörte, daß ich mir keine Sorgen zu machen brauche und daß sich Kinder ganz individuell entwickelten. Zwar wurden die Unterschiede zwischen Adri und anderen Kindern ihres Alters von Tag zu Tag sichtbarer, doch immer, wenn ich fast entschlossen war, auf einer Art Entwicklungstest zu bestehen, überraschte mich Adri mit einer Reaktion auf eine Ansprache oder damit, daß sie kurze Zeit »richtig« spielte. Ich verdrängte meine Sorgen wieder und fragte mich, ob ich nicht eine allzu ehrgeizige Mutter war.

Ungefähr zu dieser Zeit ging ich mit Adri zu einem »Aufnahmegespräch« in die nahegelegene Montessori-Schule. Obwohl ich es für eine unsinnige Praxis hielt, anderthalbjährige Kinder einer »Prüfung« zu unterziehen, war ich doch nervös. Zum Teil, weil ich wußte, wie schwierig es war, in New York einen Kindergartenplatz zu bekommen, zum Teil, weil ich ebenfalls wußte, daß Adri auf Fragen kaum reagieren, geschweige denn, sich »altersgemäß« verhalten würde. Adri kroch im Zimmer herum, erkundete jede Ecke, während ich verspannt auf dem Stuhlrand hockte, uns insgeheim den Daumen drückte und versuchte, so gelassen wie möglich zu wirken. Die Schulleiterin redete fast ausschließlich mit mir und beobachtete Adri aus den Augenwinkeln. Gelegentlich sprach sie Adri direkt an, erwartete aber glücklicherweise keine Antwort.

Gegen Ende des Gesprächs, gerade, als ich dachte, wir hätten es geschafft, wandte sich die Schulleiterin plötzlich direkt an Adri und sagte: »Könntest du mir bitte meine Jacke bringen, Adri?« Erwartungsvolle Stille machte sich breit, während die Dame auf eine Reaktion wartete. Kaum überraschend, ignorierte Adri sie völlig. Das war's, dachte ich. Damit sind wir abgelehnt. Dann wiederholte die Schulleiterin ihre Bitte. Zu meiner Verblüffung hörte Adri nach wenigen Augenblicken plötzlich auf zu spielen, griff zu ihrer Mütze und krabbelte damit auf die Schulleiterin zu. Es war zwar nicht ganz das, worum man sie gebeten hatte, aber ich war tief beeindruckt. Lächelnd nahm die Schulleiterin die Mütze entgegen. Auch ich lächelte – äußerlich, innerlich jubilierte ich. Adri war für den Herbst angenommen.

Als wüßte sie, daß es ihre letzte Chance war, begann Adri mit sechzehn Monaten zu laufen und gleichzeitig zu jeder Art von Musik zu tanzen. Im Frühling und Sommer unternahmen Rodrigo, Adri und ich an jedem Wochenende Ausflüge in die Umgebung. Wir besuchten Jahrmärkte auf dem Land, Farmen, Zoos und Kinder-Konzerte. Sobald irgendwo Musik ertönte, rückte Adri so nahe wie möglich an die Musikanten heran, hopste von einem Fuß auf den anderen und schwang im Rhythmus mit. Mit ihren kurzen, blonden Locken, ihrem zierlichen, gelenkigen Körper und ihrem hinreißenden Lächeln war sie ein bezaubernder Anblick. Die Leute blieben stehen, um sie zu bewundern. Doch wenn jemand mit ihr zu reden versuchte, ignorierte sie ihn. Aber sie war so klein und entzückend, daß man darüber hinwegsah und lachend bemerkte, wie versunken sie doch sei. Und ich stimmte nervös in ihr Lachen ein.

Als Adri etwa achtzehn Monate alt war, beobachtete ich während eines Picknicks, daß eine Mutter ihre kleine Tochter bat, ihr das Salz zu holen. Das Kind sah seine Mutter an und lief dann los, ergriff den Salzstreuer und brachte ihn ihr. Ich war fassungslos. War es tatsächlich »normal«, daß ein Kind dieses Alters einen so komplizierten Auftrag ausführte? Ich fragte die Mutter, wie alt dieses Genie sei. »Fünfzehn Monate«, antwortete sie. Fast wäre ich in Tränen ausgebrochen. Ich sah zu Adri hinüber, die um einen Baumstamm herumkrabbelte, ihn berührte, mit der flachen Hand auf den Boden patschte – versunken in eine Welt, die ohne Sinn und Zweck zu sein schien. Sie war Lichtjahre davon entfernt, einen Salzstreuer holen zu können. Plötzlich hatte ich große Angst um sie. Körperlich war sie so schön, so vollkommen. Was ging da vor sich? Was stimmte mit ihr nicht? Oder mit mir? Mit uns?

Adri wußte, daß Rodrigo und ich ihre Eltern waren, oder zumindest ganz besondere Menschen in ihrem Leben, das spürte ich. Oft schenkte sie uns ein warmes, strahlendes Lächeln oder kam uns mit ausgestreckten Armen entgegen. Dennoch weinte Adri nie, wenn einer von uns sie verließ. Vom frühesten Alter an lächelte sie glücklich auf dem Arm dessen, der sie gerade hielt. Ob Rodrigo und ich sie für eine Stunde, einen Tag oder eine Woche alleinließen: Adri lächelte, wenn wir gingen und lächelte noch immer, wenn wir zurückkamen.

Ich war Adris Mutter, wußte aber nie wirklich, was das bedeutete. Nie kam Adri mit Schmerzen oder Kümmernissen zu mir gelaufen. So etwas schien sie sogar selten zu haben. Und obwohl sie für gewöhnlich munter und guter Dinge war, reagierte sie kaum, wenn ich versuchte, mit ihr zu spielen. Wenn ich mir mitunter andere Mütter betrachtete, die zwar erschöpft über Überlastung klagten, aber sich dennoch in der Liebe und Zärtlichkeit ihrer Kinder sonnten, machte ich mir bewußt, daß das Muttersein für mich nicht so lohnend zu sein schien wie für sie. Doch sobald derartige Überlegungen in mir hochkamen, verdrängte ich sie schnell wieder. Welches Recht hatte ich, mehr von Adri zu verlangen? Glaubte ich denn, mein Kind sei verpflichtet, meine Bedürfnisse zu befriedigen? Es war leichter, mir Vorwürfe zu machen, als die Möglichkeit zu erwägen, mit Adri könnte etwas nicht stimmen.

Im Herbst 1983 begann Adri mit ihren Besuchen der Montessori-Vorschule. Ich war erleichtert, sie im Kindergarten zu wissen, und tröstete mich mit der Illusion, wenn sie einen normalen Kindergarten besuchte, müsse sie auch normal sein. Und ich stürzte mich in die Arbeit – um über Adris Entwicklung nicht nachdenken zu müssen.

Auch Rodrigo hatte beruflich viel zu tun. Er arbeitete lange und war viel unterwegs. Wenn er zu Hause war, unterhielten wir uns über sein Unternehmen oder darüber, wie hübsch und wundervoll Adri doch war. Aber sobald ich mit ihm über meine Beunruhigung sprechen wollte, wehrte er ab. Er konnte einfach nicht verstehen, weshalb ich mir Sorgen über sie machte. Hatte der Kinderarzt nicht immer wieder erklärt, es sei alles in Ordnung? Abgesehen davon gebe es einen Präzedenzfall in der Familie: Auch Rodrigo hatte bis zum Alter von fast fünf Jahren kein Wort gesprochen. Das würde schon noch kommen.

3.

Hilfe aus der Hölle

Im Alter von zwei Jahren schien Adri in ihrer Entwicklung eine gewisse Stabilität zu erreichen. Ihr Sprachschatz bestand aus vier Worten: »Mama«, »Dada«, »bye-bye« und »alles gemacht«. Einmal, als Rodrigo ihr aus einem Tierbuch vorlas, wiederholte sie das Wort »Tiger«. Wir schwebten auf Wolken. Aber unsere Begeisterung dauerte nicht lange an. Adri sagte das Wort nie wieder.

Im Kindergarten hatte sie mit viel Geduld und Wiederholung die täglichen Abläufe gelernt: ihre Matte hervorzuholen, sich Spielmaterial auszusuchen, dies später an seinen Platz zurückzulegen und sich etwas anderes auszuwählen. In ihrer Anwendung der entwicklungsfördernden Montessori-Materialien machte sie jedoch keinerlei Fortschritte. Dennoch war ihre Lehrerin nicht zu der Aussage bereit, es könnte da ein Problem geben. Im November wurde Adri bei einem von der Montessori-Schule geförderten Test der Sprach- und Sprechfähigkeiten als »unter normal« bewertet. Da man zögerte, daraus Schlüsse zu ziehen, sprach das Prüferteam lediglich die Empfehlung aus, sie im Frühjahr erneut zu testen.

Da Adri für ihr Leben gern schaukelte, gingen Rodrigo und ich häufig mit ihr auf den Spielplatz in der Nähe unserer Wohnung. Wenn wir sie anstießen, lehnte sie sich so weit wie möglich zurück und jauchzte vor Vergnügen. Je höher sie flog, desto glücklicher war sie. Aber während andere Kinder lernten, sich durch Beinbewegungen selbst in Schwung zu bringen, schaffte das Adri trotz all unserer Bemühungen nicht. Wenn wir nicht schaukelten, versuchten andere Kinder oft, mit Adri zu spielen, liefen ihr nach oder krabbelten ihr in die Sandkiste hinterher. Wie üblich schenkte ihnen Adri keinen Blick.

Ich ertappte mich dabei, unbewußt einen Abstand zwischen uns und anderen zu schaffen, wenn wir auf den Spielplatz gingen. Ich wollte nicht so tun, als bemerkte ich die Seitenblicke der anderen Mütter nicht. Ich wollte mich von ihnen nicht in Gespräche verwickeln lassen und erklären müssen, warum Adri so zurückhaltend war, warum sie noch nicht sprechen konnte, warum sie nicht spielte. Wie hätte ich es erklären sollen? Ich wußte es ja selbst nicht.

Zu Adris zweitem Geburtstag kauften Rodrigo und ich ihr eine Babypuppe. Im Grunde erwarteten wir gar nicht, daß sie sich damit beschäftigte – schließlich ließ sich an ihr nichts in schnelle Drehungen versetzen, und sie verursachte auch keine Geräusche. Im Grunde war es mehr ein Geschenk für mich als für sie. Ich wollte einfach, daß sie eine Babypuppe bekam. Meine ältere Schwester Jan war aus Kalifornien zu Besuch gekommen, und wir alle saßen bei einer Freundin um den Tisch herum. Fast schuldbewußt, daß wir so egoistisch waren, ihr etwas zu schenken, was ihr mit Sicherheit nicht gefallen würde, reichte ich Adri das Paket und half ihr beim Auspacken. Einen Moment lang sah sie die Puppe nur an. Dann griff sie zu, und anstatt die Puppe auf den Boden zu werfen oder herumzuwirbeln, drückte Adri sie fest an sich. Gebannt sah ich zu, wie sie aufstand und mit ihrem Puppenbaby im Arm langsam um den Tisch herumging. Mit Tränen in den Augen sahen meine Schwester und ich uns an. Jan spürte es auch. Adri nahm Kontakt zu uns auf, zu unserer Welt. Doch dann ließ sie die Puppe fallen und hob sie nicht wieder auf.

Im April 1984 wurde Adri erneut auf ihre Sprach- und Sprechfähigkeiten hin getestet. Wieder fielen die Resultate unschlüssig aus, aber immerhin empfahl man uns diesmal, Adris Gehör überprüfen zu lassen. Wir taten es, und das Ergebnis war »normal«. Da ich mir sonst keinen Rat mehr wußte, wandte ich mich erneut an Adris Kinderarzt mit der Bitte um Hilfe. Schließlich räumte er die Möglichkeit gewisser Probleme ein und verwies uns zur weiteren Untersuchung an eine Psychologin.

Als Adri und ich wenige Wochen später zu unserem ersten Termin bei ihr gingen, hatte ich nicht die geringste Ahnung, was ich mir davon erhoffen durfte. Aber das offene Lächeln der Psychologin und ihre liebenswürdige Art nahmen mich schnell für sie ein. Sie und ich setzten uns. Adri ging auf ein paar Spielsachen in einer Ecke zu, nahm etwas auf und begann, damit auf den Boden zu schlagen. Ich wußte nicht, was von mir erwartet wurde. Sollte ich zu Adri gehen? Sollte ich sie davon abhalten? Oder wollte die Psychologin Adris Spielverhalten kennenlernen? Fragend sah ich sie an. Lächelnd erklärte sie mir, Adri könne spielen, wie es ihr beliebte. Während wir miteinander sprachen, behielt sie Adri im Auge. Es war ein sehr angenehmer Besuch. Ich empfand es als große Erleichterung, endlich meine Besorgnisse über Adri aussprechen zu können. Und es war wohltuend, in einer Umgebung zu sein, in der ihr Verhalten akzeptiert wurde.

Adri und ich suchten die Psychologin insgesamt dreimal auf. Obwohl es mir lieber gewesen wäre, wenn sie mitbekommen hätte, daß Adri bei einiger Ermutigung mitunter auch zu komplexeren Spielen fähig war, hielt ich mich zurück. Ich war überzeugt davon, daß sie vor allem Adris natürliches Spielverhalten beobachten wollte. Bei unserem letzten Termin hatte ich das Gefühl, daß die Psychologin und mich eine freundschaftliche Partnerschaft verband, die darauf abzielte, Adri zu verstehen und ihr zu helfen. Fast tat es mir leid, daß unsere Besuche zu Ende gingen.

Als wir an diesem letzten Vormittag ihre Praxis verließen, übergab sie mir ihre Rechnung, damit wir sie unserer Versicherung einreichten. Ich überflog sie flüchtig, und mir fiel nicht Ungewöhnliches auf, bis ich zur letzten Seite kam. Dort stand hinter dem Wort Diagnose: gestörte Mutter-Kind-Beziehung. Es traf mich wie ein Schlag. Mit keinem Wort hatte die Psychologin angedeutet, daß sie mich für den Grund des Problems hielt. In ihrer schriftlichen Begründung gab sie mein zurückhaltendes, wenig kooperatives Verhalten gegenüber Adri während unserer Besuche an. Ich war verzweifelt, fühlte mich betrogen. Sie hatte nicht einmal versucht, mich bei meiner Suche nach Hilfe für Adri zu unterstützen. Statt dessen hatte sie die ganze Zeit Beweismaterial gegen mich gesammelt.

Während ein Teil von mir gegen diese Diagnose aufbegehrte, fühlte sich ein anderer Teil sehr schuldig. Ich kam mir wie eine Verbrecherin vor, die schließlich doch ertappt worden war. Jemand hatte mich durchschaut, hatte erkannt, was für eine schlechte Mutter ich tatsächlich war. Schlecht genug, um den Menschen zu verletzen, ja fast zu zerstören, den ich am meisten liebte. Mir war, als hätte man mich zum Tode verurteilt.

Ich hatte damit gerechnet, eine ganz normale Mutter zu werden, ein gesundes Kind zur Welt zu bringen. Ich hatte mich sogar für eine besonders aufgeklärte Mutter gehalten. Vor Adris Geburt war ich fest entschlossen, mein Kind nicht mit übertriebenen Erwartungen zu belasten. Sie oder er sollte frei entscheiden können, welchen Lebensweg sie oder er einschlug: Elite-Universität oder Bohemien. Ich hatte jedoch nicht damit gerechnet, daß ich vielleicht gar keine Gelegenheit erhalten würde, soviel Großmut zu beweisen. Ich bin gar nicht auf den Gedanken gekommen, daß ich ein Kind zur Welt bringen könnte, das nicht nur für Harvard, sondern auch für den Kindergarten ungeeignet war.

Im Gegensatz zu mir reagierte Rodrigo auf die Diagnose der Psychologin schlichtweg empört. Ich war zwar erleichtert, daß er mit ihr nicht übereinstimmte, aber seine Reaktion half mir bei der Bewältigung meiner Schuldgefühle und meiner Verwirrung nur wenig. Die Psychologin empfahl mir zwar eine Therapie bei ihr, aber nichts hätte mir ferner sein können. Als Rodrigo meinte, es sei vielleicht ein guter Zeitpunkt, seine Geschäftsinteressen in Kalifornien auszubauen, worüber wir bereits seit Monaten diskutierten, stimmte ich schnell zu.

Und so flog Rodrigo im Sommer 1984 nach Los Angeles, um ein Haus zu mieten. Ich wollte so weit wie möglich von New York City fort. Aber ansonsten war ich mir über fast nichts mehr im klaren: weder über meine Gefühle noch über meine Fähigkeiten als Mutter, nicht einmal über meine Ehe. Unsere Babysitterin konnte uns nicht begleiten, also engagierte ich schnell eine neue. Obwohl das für Adri schwer gewesen sein muß, gab sie durch nichts zu erkennen, daß sie sich unseres Umzugs bewußt war und der Tatsache, daß sie auf ihre alte Freundin verzichten mußte. Ich stand unter einem solchen Druck, unter solchem Stress, daß ich eigentlich nichts anderes wollte, als eine Weile für mich zu sein. Aber wie konnte ich Adri allein lassen? Schließlich schickte ich die neue Babysitterin, Adri und Kathy, Rodrigos Sekretärin und meine beste Freundin, mit ihrer dreijährigen Tochter Rae Lynn nach Kalifornien, während ich noch zwei Wochen in New York blieb, angeblich um unsere persönlichen Dinge zu klären.

Ich rief täglich an, und Kathy erklärte, Adri ginge es gut, obwohl sie nicht mehr ganz so unbeschwert wie früher wirke. Ich hörte nur, daß Adri gesund war – das genügte mir. Aber als ich sie dann zwei Wochen später wiedersah, brach ich in Tränen aus. Ich hatte eine muntere, fast zu muntere, lächelnde Zweieinhalbjährige nach Los Angeles geschickt. Das Kind, das ich bei meiner Ankunft vorfand, war durcheinander, apathisch und stumm. Ich war entsetzt und wütend auf mich selbst und die Psychologin. Ich war zuvor schon von Adri fortgewesen, doch da hatte ich zumindest soviel Vernunft aufgebracht, sie in ihrer häuslichen Umgebung und in der Obhut eines vertrauten Menschen zurückzulassen. Vor diesen Besuchen bei der Psychologin hätte ich meine Tochter nie mit Fremden in eine neue und unbekannte Umgebung geschickt. Adri mußte meine Abwesenheit wie eine Ewigkeit vorgekommen sein.

4.

Kalifornien

Glücklicherweise besserte sich Adris Zustand, sobald wir wieder beisammen waren, und nach wenigen Tagen schien sie ganz die alte zu sein. Obwohl ich ihr um nichts in der Welt hatte schaden wollen, lehrte mich unsere Trennung doch etwas Unschätzbares. Ich stellte fest, daß ich für Adri wichtig war, daß meine Tochter mich liebte und brauchte, auch wenn sie mir das nicht immer zeigen konnte. Es war eine teuer bezahlte Lektion, aber sie war sehr wichtig für mich.

In Los Angeles mußte Rodrigo jeden Morgen um halb fünf aufstehen, um vor der Eröffnung des Wertpapiermarkts im Büro zu sein. Da er darüber hinaus oft geschäftlich umherreisen mußte, waren Adri und ich damals häufig allein. Doch das störte uns nicht. Wir schwammen viel, spielten in unserem neuen Garten und genossen die Wärme und Schönheit des südlichen Kalifornien. Wie fast zu erwarten, bewährte sich die Babysitterin nicht, die ich in New York so übereilt engagiert hatte. Nach ihrer Abreise kam meine zwanzigjährige Cousine Julie, um einige Zeit mit uns zu verbringen. Wir wurden ein verschworener Frauenhaushalt: Kathy, Julie, Adri, Rae Lynn und ich. Wir teilten uns die Arbeit, lachten und weinten miteinander.

Nicht lange nach meiner Ankunft stellte ich fest, daß in Los Angeles eins der bedeutendsten neurologischen Diagnosezentren der Welt beheimatet ist: das *Neuropsychia-*

tric Institute (NPI). Ich vereinbarte sofort den nächstmöglichen Termin. Ich fand auch einen Kinderarzt und begann nach einer passenden Vorschule zu suchen, in der Adri die individuelle Aufmerksamkeit und Förderung zuteil wurde, die sie brauchte. Ich war nicht sicher, was ich bei meinen Besuchen in Kindergärten und Vorschulen über Adris Entwicklung verlauten lassen sollte. Auf keinen Fall die Diagnose der Psychologin. Nein, hier in Kalifornien würden wir ganz von vorn beginnen. Die Fachleute des NPI sollten ihre eigene Diagnose stellen.

Mitte des Sommers begannen die Besuchstermine im NPI, die sich über zwei Jahre hinziehen sollten. In den ersten Monaten wurde Adri zu diversen Tests ihres Sprach- und Sprechvermögens unterzogen. Aber auch wenn die Berichte, die ich danach erhielt, Adris Entwicklungsprobleme recht genau beschrieben, enthielten sie doch nie eine tatsächliche Diagnose. Trotz unserer Ermunterungen und Bemühungen waren zu dieser Zeit die drei oder vier Worte aus Adris Vokabular nahezu völlig verschwunden.

Nach der ersten Testrunde empfahl das NPI eine Sprachtherapie. Und so begann Adri mit wöchentlichen Sitzungen, die ihr dazu verhelfen sollten, bestimmte Entwicklungsaufgaben zu meistern, beispielsweise auf Dinge zu zeigen oder zu beweisen, daß sie Ursache und Wirkung verstand. Manchmal nahm ich an den Sitzungen teil, manchmal beobachtete ich sie auch nur durch einen Einwegspiegel. Die Sprachtherapeutin war sehr enthusiastisch, daher schien Adri das Zusammensein mit ihr zu gefallen, auch wenn sie mehr zusah als mitmachte. Doch dann und wann verblüffte sie uns beide damit, daß sie plötzlich korrekt zeigte oder auf die richtige Taste drückte. Es war ein Rätsel. Wir konnten sie zu den Reaktionen weder inspirieren noch zwingen. Wir konnten nur die seltenen Momente genießen, in denen sie richtig reagierte.

Ganz deutlich erinnere mich an einen bestimmten Vormittag. Im Wohnzimmer hatte Adri gerade Zeitschriften und Magazine aus den Regalen geholt und überall auf dem Boden verstreut. Das machte sie mindestens einmal, mitunter zweimal am Tag, und ich war es wirklich leid. Ich bat sie zwar immer, die Zeitschriften wieder aufzuheben, aber gewöhnlich ignorierte sie mich, und es endete damit, daß ich sie aufsammelte. Da die Magazine dem Hauseigentümer gehörten, konnte ich sie nicht einfach fortwerfen. Ich hätte sie natürlich außerhalb Adris Reichweite deponieren können, doch war ich der Ansicht, daß Adri so gut wie möglich lernen sollte, in der bestehenden Umgebung zu leben, anstatt daß diese ihr angepaßt werden muß.

An diesem Morgen bat ich sie so gelassen wie möglich, die Zeitschriften aufzuheben. Nichts geschah. Ich wiederholte meine Bitte mit erhobener Stimme. Ohne mich zu beachten, lief Adri auf die Magazine zu, setzte sich und begann in ihnen zu blättern, wobei sie einige von ihnen zerriß. Zunehmend gereizt hob ich nachdrücklich eine der Zeitschriften auf, legte sie auf den Stapel und erklärte, daß sie es genau so machen solle. Dann legte ich ein paar weitere Magazine auf den Stapel. Doch trotz meiner lauten Stimme und meiner übertriebenen Gesten schien Adri nicht zu begreifen. Also legte ich meine Hand auf ihre und wir führten die Aufgabe gemeinsam aus. Wir nahmen ein Magazin auf und legten es auf den Stapel, dann ein weiteres. Immer und immer wieder. Aber in dem Moment, in dem ich meine Hand sinken ließ, fiel auch ihre herab.

Es war eine völlig unkomplizierte Aufgabe, und ich war überzeugt davon, daß es einen Weg geben müßte, sie Adri begreiflich zu machen. Mit genügend Anleitung und Wiederholung würde sie es schließlich schon lernen. Wir saßen zusammen und übten mehr als eine Stunde. Ich war absolut frustriert – und Adri ebenfalls. Die mögliche Tragweite des Ganzen war wirklich erschreckend. War sie tatsächlich so beeinträchtigt, daß sie nicht einmal diese einfache Aufgabe bewältigen konnte? Welche Zukunft lag vor diesem Kind, wenn es so eingeschränkt war?

Entschlossen fuhr ich mit unseren Übungen fort. Irgendwann würde sie die Zeitschriften schon aufheben. Ich konnte die trostlose Zukunft einfach nicht akzeptieren, die diese verstreuten Magazine repräsentierten. Nach zwei Stunden war ich bereit zum Aufgeben. Adri muß wohl ähnlich erschöpft gewesen sein, denn plötzlich sprang sie vom Boden hoch, marschierte auf die anderen Zeitschriften zu, nahm eine hoch und schleuderte sie ärgerlich auf den Stapel. Ich weiß nicht, was mich mehr verblüffte: die Tatsache, daß sie die Aufgabe schließlich doch bewältigte, oder daß sie wütend zu sein schien. Beides war völlig neu.

Jetzt war ich verwirrter denn je. Ging es hier nur darum, daß eine von uns ihren Willen durchsetzte. Nur um Folgsamkeit oder nicht? Wohl kaum. Besonders, da Adri meistens mehr in sich gekehrt als aufmüpfig wirkte. Und doch war sie eindeutig in der Lage, eine Aufgabe zu begreifen und auszuführen. Ich grübelte über dieses neue Verständnis nach, kam der Lösung von Adris Geheimnis jedoch keinen Schritt näher.

Bedauerlicherweise war dieser Vormittag keineswegs der Beginn einer neuen Ära von Verständnis und Weiterentwicklung. Er repräsentierte lediglich einen der wenigen Kämpfe dieser Art, die ich gewann. Wie die anderen seltenen Momente, in denen Adri waches Bewußtsein zeigte, wurde auch er zu einer Erinnerung. Nach einer Weile fragte ich mich, ob es wirklich geschehen war oder ich es mir nur eingebildet hatte. Konnte Adri über diese Augenblicke entscheiden, in denen sie fähig war, bestimmten Anforderungen gerecht zu werden, oder entschieden sie irgendwie für sie?

Rodrigo und ich gingen mit Adri oft in Vergnügungsparks, weil sie Karussellfahrten über alles liebte. Besonders einen dieser Ausflüge werde ich nie vergessen. Schon als sie sehr klein war, fiel uns auf, daß sich Adri selten weh tat, und selbst wenn sie sich verletzte, weinte sie niemals. Sie schien geradezu schmerzunempfindlich zu sein.

An diesem Vormittag wollten wir Eintrittskarten für Disneyland kaufen. Rodrigo stand am Kassenfenster, Adri und ich hinter ihm. Das Kassenhäuschen hatte einen schmalen Metallvorbau. Es war ein warmer, sonniger Tag. Plötzlich bemerkte ich, daß sich Adri gegen diesen Vorbau lehnte und mit der Hand das Metall anfaßte. Schnell berührte auch ich es, zog meine Finger aber entsetzt zurück. Das Metall war glühend heiß, meine hochroten Finger schmerzten, als hätte ich sie mir verbrannt. Ich ergriff Adris Hand und sah mir ihre Finger an. Aber sie waren überhaupt nicht rot, und sie zeigte kein Anzeichen von Unbehagen. Rodrigo und ich sahen uns verständnislos an. War es ihr Sinnessystem, das sie von uns unterschied?

Von September an besuchte Adri einen Kindergarten, der sich besonders um emotional und verhaltensgestörte Kinder kümmerte. Sie betreuten jedoch auch Kinder, bei denen – wie bei Adri – noch keinerlei Diagnose vorlag.

Da die Mitarbeit der Eltern erwünscht war, begleitete ich sie an einem oder zwei Vormittagen in den Kindergarten. Schon bald stellte ich fest, daß sich die anderen Kinder für gewöhnlich an den Aktivitäten beteiligten, auch wenn sie häufig schrien oder sich in anderer Weise auffällig benahmen. Adri saß fast ausnahmslos allein da. Manchmal, wenn die Erzieherinnen es gestatteten, rannte sie einfach im Raum herum. Zu bestimmten Zeiten wurde von Adri verlangt, sich mit den anderen zusammenzusetzen. Sie tat es, verbrachte aber die meiste Zeit damit, in Büchern zu blättern, von denen sie die meisten verkehrt herum hielt –

absolut teilnahmslos gegenüber der Unterhaltung der anderen über den heutigen Wochentag, den Monat, das Jahr und das Wetter. Ihre mangelnde Beteiligung beunruhigte mich weniger als die auf den Kopf gestellten Bücher. Ich kannte Kinder, die bereits mit einem Jahr Bilderbücher »richtig« herumdrehten. In meinem Bemühen, meine Angst über ihre Entwicklung zu beschwichtigen, griff ich schnell zu und drehte das Buch um. Bemühte sich Adri wirklich? Wenn ja – sahen wir uns großen Problemen gegenüber. Wenn nicht – warum nicht?

Ich wollte wieder arbeiten gehen, aber nicht in der Modebranche und nicht ganztags. Glücklicherweise gestatteten mir unsere finanziellen Umstände, eine ehrenamtliche Tätigkeit zu übernehmen. In Los Angeles übertragen die Sozialbehörden oft schwierige Fälle von Kindesmißbrauch und -vernachlässigung einem *Guardian-Ad-Litem*-Büro*. Als ich las, daß sie Mitarbeiter suchten, bewarb ich mich und wurde angenommen. Meine Aufgabe bestand darin, bestimmte Kinder zu besuchen und mit den Eltern, Pflegeeltern und anderen Personen zu sprechen, um dem Gericht dann Unterbringungsempfehlungen zu geben.

Schnell fand ich heraus, daß mir diese Arbeit sehr gefiel. Ich lernte einige außergewöhnliche Kinder und etliche außerordentliche Pflegeeltern kennen. Eine dieser Ausnahme-Pflegemütter war Coreece Fisher, die mir eine liebe Freundin und ständige Quelle der Inspiration wurde. Nie zuvor hatte ich erlebt, daß ein Mensch so liebevoll und selbstlos ein Pflegekind nach dem anderen aufzog, von denen sie etliche adoptierte. Und nie zuvor hatte ich jemanden kennengelernt, der so befähigt war, unabhängig von Rassen und Klassen Bande zwischen den Menschen zu schmieden.

* Guardian ad litem = Beschützer im Streitfall

Obwohl mich meine Sorge um Adri nie verließ, war es für uns alle eine glückliche Zeit. Adri liebte das Meer, und wenn sie aus dem Kindergarten kam, schleuderte sie ihre Schuhe von sich und lief mit einem von uns – Rodrigo, Laura, ihrer Babysitterin Jamie oder mir – am Strand entlang. Doch selbst das war nicht immer nur entspannend. Sobald man zufällig Adris Hand losließ, sauste sie davon wie der Blitz. Jeder von uns ist irgendwann einmal voll angezogen ins Meer gerannt, um sie zurückzuholen. Und ähnlich begeistert wie vom Meer war sie vom Sand. Sie stopfte ihn sich händeweise in den Mund. Immer wieder mußte man ihr in den Mund greifen und versuchen, den Sand wieder herauszubekommen, ohne gebissen zu werden. Das war nicht ungefährlich – und selten erfolgreich.

Doch uns allen war zu dieser Zeit klar, daß es zu den Risiken unseres Jobs gehörte, gebissen oder gekratzt zu werden. Man nahm Adri in die Arme und spürte plötzlich ihre Zähne oder Fingernägel in seiner Haut. Sie war eine Expertin darin, in den Arm zu beißen, der sie hielt. Unsere Schultern und Arme waren fast immer blau und grün. Unsere Stirnen und Nacken zeigten Kratzspuren. Laura, Jamie und ich lernten sehr schnell, die Stellen mit Make-up zu kaschieren. Wir versuchten, es leicht zu nehmen, und lachten, um nicht weinen zu müssen. Wir wußten, daß Adri nicht boshaft war, aber weil wir uns so unendlich und liebevoll bemühten, endlich an sie heranzukommen, war es schwer, nicht verletzt zu sein, wenn sie mit Beißen und Kratzen reagierte. Dennoch wollten wir alle seltsamerweise mit ihr zusammen sein. Irgendwie schien ihre Heiterkeit und ihre Liebe die Schmerzen und Kränkungen in den Hintergrund zu drängen.

Kurz nach ihrem dritten Geburtstag besuchten Rodrigo, Adri und ich über Weihnachten meine Tante in Mexiko. Eines Nachmittags schwammen wir gemeinsam im Swimmingpool. Adri trug ihr letztes Paar Schwimmflügel, zerbiß sie aber unverzüglich – genau wie ich befürchtet hatte. Wir suchten die ganze Stadt nach Ersatz ab, konnten aber keinen auftreiben. Da wir ihr nicht das Vergnügen nehmen wollten, beschlossen Rodrigo und ich, daß sie auch ohne Schwimmflügel im Pool planschen könne, wenn wir in ihrer Nähe blieben. Vielleicht konnten wir ihr sogar ein paar Schwimmstöße beibringen. Ich stand im flachen Wasser, etwa dreißig Zentimeter von ihnen entfernt, als Rodrigo Adri vorsichtig losließ. Ich war bereit, notfalls zuzugreifen, aber zu unserer Überraschung schwamm sie wie ein Fisch. Wieder einmal waren wir fassungslos. Wann und wie hatte Adri Schwimmen gelernt?

Nach den Weihnachtsfeiertagen vereinbarten wir eine Reihe neuer Untersuchungen im NPI, in der Hoffnung, daß sie uns endlich an jemanden verweisen würden, der Adri verstehen und eine Diagnose finden konnte. Im Verlauf der nächsten Monate wurde ihr Gehör wieder und wieder getestet. Erneut waren die Ergebnisse nicht unbedingt schlüssig. Sie sagten uns, was wir bereits wußten: Adris Hörvermögen war normal.

Im April ging ich mit ihr zu einer Psychiaterin, die sich auf Entwicklungsbewertung spezialisert hatte. Aus Erfahrung klug geworden, fragte ich sie, ob ich in irgendeiner Weise mit Adri interagieren sollte. Sie erklärte, es wäre völlig in Ordnung, wenn ich nur zusähe. Sie würde mich schon wissen lassen, wenn meine Mithilfe vonnöten sei.

Die Psychiaterin setzte sich Adri gegenüber auf den Boden und versuchte erfolglos ihre Aufmerksamkeit zu erregen. Dann legte sie ein paar Holzbausteine vor sie hin und hoffte, daß Adri sie aufeinanderstapelte. Sie tat es nicht.

»Hat Adri jemals irgend etwas aufeinandergestapelt?« wollte sie wissen. Der Wahrheit entsprechend erwiderte ich, daß sie es zu Hause gelegentlich getan hätte. Die Psychiaterin nickte und gab Adri einen Pluspunkt für diese Aufgabe. Dann forderte sie Adri auf, die Bausteine zu einem Eisenbahnzug zusammenzufügen. Dafür bestand kaum Hoffnung. Noch nie hatte Adri mit einer richtigen Spielzeugeisenbahn gespielt, geschweige denn, mit einer nur in ihrer Phantasie existierenden. Die Psychiaterin ließ die Blöcke Blöcke sein und legte einen Ball vor Adri hin, um zu sehen, ob sie ihn in Bewegung setzte. Adri berührte den Ball und rollte ihn von sich weg. Das wurde als Erfolg bewertet. Dann stellte sie mir einige Fragen nach Dingen, die Adri zu Hause bewältigte, und gab Adri ein paar weitere Punkte.

Als der Test vorüber war, kam Adri trotz der großzügigen Bewertung der Psychiaterin gerade in den Fünfziger-Bereich. Den entsprechenden Diagrammen zufolge bedeutete das, daß sie mental leicht zurückgeblieben war. Vermutlich hätte ich wissen müssen, daß es sich um einen offiziellen IQ-Test handelte, dennoch war ich verblüfft. Nie wäre ich auf den Gedanken gekommen, Adri könnte mental zurückgeblieben sein. Das erschien mir einfach nicht überzeugend. Dafür waren ihre Augen zu wach, ihre Bewegungen zu flink und koordiniert. Alle zurückgebliebenen Kinder, die ich kannte, reagierten sehr viel behäbiger. Und im Gegensatz zu Adri schienen sie lernfähig zu sein, wenn auch langsamer und nicht so umfassend wie andere Kinder.

Ich konnte auch nicht erkennen, wie der gerade durchgeführte Bewertungsprozeß zu einer akkuraten Diagnose führen sollte. Sicher, Adri hatte die verlangten Aufgaben nicht bewältigt, aber bedeutete das schon, daß sie dazu nicht in der Lage war? Und wie konnte die Psychiaterin zu einer schlüssigen Bewertung kommen, ohne zu wissen, warum Adri die Aufgaben nicht bewältigt hatte oder bewältigen konnte? Für mich basierten die Ergebnisse lediglich auf Annahmen.

Also hatte ich wieder eine fragwürdige Diagnose. Adri war in ihrer Entwicklung eindeutig verzögert, aber hieß das wirklich, daß sie zurückgeblieben war? Ich fühlte mich völlig durcheinander, und doch stellte die Diagnose absurderweise für mich eine Art Absolution dar. Ich war nicht mehr für Adris Schwierigkeiten verantwortlich zu machen. Doch der »Freispruch« für mich bedeutete eine Art Verurteilung für Adri. Solange ich das Problem war, gab es eine Chance, daß sie sich ändern konnte...

Von einer nahegelegenen Telephonzelle aus rief ich Rodrigo an. Wieder reagierte er anders als ich. Der Psychologin in New York hatte er nicht geglaubt, der Psychiaterin glaubte er sofort. Für ihn schien es logisch zu sein, daß Adri zurückgeblieben war. Während ich Rodrigo zuhörte, kam mir plötzlich eine Erkenntnis. Selbst wenn Adri zurückgeblieben war, könnte sie sehr wohl auf irgendeine andere Weise dauerhaft und ernsthaft geschädigt sein. Und das bedeutete, daß sich ihre Situation vielleicht nie besserte. Das war eine neue und sehr ernüchternde Vorstellung für uns beide.

Im August machten wir Ferien, die für uns zum Alptraum wurden. Wir mieteten ein Haus, und in den ersten Tagen schlief Adri nur schwer ein, doch in der zweiten Woche hatte sie sich an die neue Umgebung gewöhnt. Eines Abends gingen wir in der Annahme zu Bett, der jeweils andere hätte alle Fenster und Türen überprüft. Gegen zwei Uhr morgens fuhr Rodrigo plötzlich aus tiefem Schlaf hoch. »Adri«, war alles, was er sagte, als er aus dem Bett sprang und auf den Flur hinausrannte.

Ich lief in ihr Zimmer, aber da war sie nicht. Ich rannte wieder hinaus und sah, daß sich Rodrigo aus dem offenstehenden Flurfenster lehnte. Schweigend winkte er mich zu sich. Als ich hinausblickte, überlief mich ein Schauder. Wir befanden uns zwei Stockwerke über dem Erdboden. Unter uns lag das Pflaster des Innenhofes. Einen solchen Sturz konnte niemand überleben. Gott sei Dank war sie dort unten nirgendwo zu sehen. Aber als ich hochblickte, klammerte ich mich entsetzt an Rodrigos Arm. Meine kleine dreijährige Tochter hockte rittlings auf dem steil abfallenden Dach, ein Bein baumelte in unsere Richtung. Ich war außer mir vor Angst, aber Adri wirkte höchst zufrieden und lächelte glücklich zu den Sternen auf.

Ohne zu zögern kletterte Rodrigo aus dem Fenster und aufs Dach hinauf. Ich befürchtete, daß Adri aufgeregt reagierte, wenn er auf sie zukam, daß sie aufstehen oder winken könnte. Aber nein. Sie wartete ganz ruhig auf ihn, ließ sich hochheben und zurücktragen. Vielleicht war sie sich der Gefahr doch nicht völlig unbewußt. Zentimeter für Zentimeter ertasteten sie sich ihren Weg zurück, bis sie endlich nahe genug waren, daß ich die Hände ausstrecken und ihnen durch das Fenster ins Haus helfen konnte. Sobald sie in Sicherheit waren, umklammerte ich beide. Wir nahmen Adri mit in unser Bett und drückten sie fest an uns. Nie zuvor in meinem Leben hatte ich eine so namenlose Angst empfunden. Als sie da oben auf dem Dach hockte, war Adri keinerlei Furcht anzumerken gewesen, kein Bewußtsein für ihre Notlage. Jetzt, wo die Gefahr vorüber war, zeigte sie auch keine Erleichterung, daß es vorüber war. Wußte sie, in welcher Gefahr sie geschwebt hatte? Wußte sie, welche Angst wir ausgestanden hatten? Ich konnte nur denken, daß sie einen Schutzengel gehabt haben mußte.

Als wir wieder in Los Angeles waren, bereiteten wir uns auf das neue Schuljahr vor. Adri würde dieselbe Gruppe in demselben Kindergarten besuchen. Mein Jahresziel bestand darin, sie ans »Töpfchen« zu gewöhnen. Das versuchten wir zwar seit ihrem zweiten Lebensjahr, aber bislang vergebens. Obwohl sie nun, mit fast vier Jahren, durchaus fähig war, sich ihrer Kleidung und ihrer schmutzigen Windeln zu entledigen, wobei sie sich mit Vorliebe »künstlerisch« betätigte. Obwohl wir uns an die geruchsintensive Aufgabe nie recht gewöhnten, wurden wir doch Experten darin, »bemalte« Teppiche, Wände, Fenster, Türen, Betten, Bücher, Kleider und Körper zu säubern.

Noch immer standen wir mit dem NPI in Verbindung, suchten nach Antworten und hofften auf eine zutreffende Diagnose. Diesmal schlug das NPI eine neurologische Untersuchung vor, bei der auch ihre Knochen dahingehend überprüft wurden, ob sie sich normal entwickelten, sowie ein EEG in schlafendem und wachem Zustand, um ihre Hirnströme zu messen. Ich stimmte den Tests zu, obwohl ich bezweifelte, daß sich Adri Elektroden an Kopf und Körper befestigen lassen würde, um dann – auf Befehl – in einem fremden Raum einzuschlafen. Aber als ich sie dann eines Morgens ins Krankenhaus brachte und mit dem Schlimmsten rechnete, überraschte sie mich damit, daß sie auf den Untersuchungstisch kletterte und sich die Elektroden ohne jeden Protest anlegen ließ. Das »wache« Elektroenzephalogramm verlief völlig problemlos. Dann dämpfte die Krankenschwester das Licht. Innerhalb kurzer Zeit schlief Adri ein. Der Arzt hat sich sicher gefragt, wie gut ich dieses Kind eigentlich kannte. Das fragte ich mich auch.

Beide EEGs ergaben normale Resultate. Eine Woche später stellte sich auch Adris Knochenbau als normal entwickelt heraus. Wieder gab es keine klare Diagnose für Adris Problem, aber da wir die Bereiche Sprachvermögen, Gehör, Psychologie/Psychiatrie und Neurologie bereits hinter uns hatten, konnte uns das NPI nur noch wenig bieten. Nachem wir die Ressourcen eines der bekanntesten Diagnosezentren der Welt erschöpft hatten, verabschiedeten wir uns vorübergehend von der Welt der Medizin.

Da das von uns gemietete Haus verkauft werden sollte, mußten wir umziehen. Unser neues Heim besaß einen großen umzäunten Garten mit einem Swimmingpool. Da wir den Garten vom Küchenfenster aus überblicken konnten, erlaubte ich Adri, dort für kürzere Zeiträume allein zu spielen. Mit ihren vier Jahren hatte Adri Anspruch auf ein wenig Freiheit und Eigenständigkeit.

Eines Tages, nachdem Adri allein gewesen war, nicht mehr als drei Minuten, ging ich hinaus, um nach ihr zu sehen und stellte fest, daß sie nicht mehr da war. Außer mir vor Angst rief ich Laura zu, sie solle das Haus nach ihr absuchen, während ich den Garten und den Pool noch einmal gründlich überprüfte. Panik stieg in mir hoch, als ich plötzlich schwaches Plätschern und Lachen hörte. Wieder rannte ich zum Pool. Dort war sie nicht. Ich sah mich um. Der Zaun, der unser Grundstück von dem der Nachbarn trennte, schien zu hoch und zu glatt, als daß ihn ein Kind überklettern konnte. Aber als ich auf ihn zulief, wurde das Lachen und Kichern lauter. Verzweifelt rief ich Adris Namen, bekam aber keine Antwort. Dann bemerkte ich in der Nähe des Zaunes einen hohen Baum. Ich hängte mich an die unteren Äste, zog mich hinauf und kletterte hoch genug, um über den Zaun sehen zu können. Zu meiner Verblüffung schwamm Adri voll bekleidet im Pool unserer Nachbarn herum. Ich stieg über den Zaun, lief zum Schwimmbecken und rief Adri zu, sie solle herauskommen. Als sie nicht reagierte, watete ich ins Wasser und zog sie heraus – sie gleichzeitig umarmend und beschimpfend.

Nur drei Minuten – und schon war sie uns entwischt. Das machte mir angst. Und wenn sie nun auf die Straße hinausgelaufen wäre? Einmal hatten wir versucht, ein Armband mit ihrem Namen und ihrer Adresse an ihrem Handgelenk zu befestigten, aber sie hatte es abgestreift, und es war nie ersetzt worden. Da sie nicht sprach und keine Ahnung hatte, wer sie war und wo sie wohnte, konnte ihr auf der Straße alles mögliche zustoßen. Oder noch schlimmer: Wenn sie nun mit schwererer Kleidung oder Schuhen in den Pool gesprungen wäre? Und was, wenn die Nachbarn einen scharfen Wachhund besessen hätten?

Doch trotz meiner Verärgerung und Erleichterung war ich erstaunt. Um aus unserem Garten zu entkommen, mußte Adri den Baum bemerkt und ihn erklettert zu haben, um sich dann in den Nachbargarten fallen zu lassen. Verhielt sich so ein ernsthaft geschädigtes Kind?

Ungefähr zur gleichen Zeit entwickelte Adri plötzlich eine neue und irritierende Eigenschaft. Sie begann, ohne Warnung Teller quer durch den Raum zu schleudern. Ob das nun ihre eigenen waren oder die anderer, leer oder voll, aus Plastik, Pappe, Porzellan oder Glas – Adri schleuderte. Während wir uns nach Kräften bemühten, sie davon abzuhalten oder wenigstens ihr Tempo zu vermindern, flogen in diesem Frühjahr mit entnervender Regelmäßigkeit Teller und Tassen durch unsere Küche. Sie tat es nicht, um uns zu ärgern. Sie freute sich über das Klirren und Klappern, die allgemeine Aufregung, die sie erregte.

Wenn sich Adri auf diese oder ähnliche Weise »schlecht benahm«, versuchte ich ihr Verhalten zu korrigieren, auch wenn ich es insgeheim für nutzlos hielt. Ich glaubte nicht, daß sie den Sinn von Belohnung und Strafe verstand, also hätte es wenig Sinn gehabt, ihr etwas vorzuenthalten. Sie hatte eine Freundin: Rae Lynn, die Tochter von Rodrigos Sekretärin Kathy. Aber Adri wäre es gar nicht aufgefallen, wenn ihr ein Zusammensein mit Rae Lynn verboten worden wäre. Ein Unterbinden dieses Kontakts hätte sich sogar als kontraproduktiv erwiesen, da wir wollten, daß sich Adri geselliger verhielt. Wir versuchten, ihr das Eis am Stiel zu entziehen, das sie so sehr liebte, aber auch das hatte kaum Einfluß auf ihr Verhalten.

Auch andere Formen der Bestrafung schienen sinnlos zu sein. Ich halte nichts von Klapsen, und obwohl es oft genug Momente gab, in denen ich die Nerven verlor und sie laut anschrie oder fest am Arm packte, hat das nie etwas anderes erbracht, als daß ich mich danach schämte.

In Adris Kindergarten waren »Auszeiten« die beliebteste Disziplinierungsmethode. Doch da ich Kinder kannte, die mehr Zeit draußen in einem anderen Raum als in der Gruppe verbrachten, war ich von dieser Methode nicht unbedingt begeistert. Dennoch zeigten wir uns kooperativ und bestimmten einen kleinen Raum neben der Küche zu unserem eigenen »Karzer«. Von diesem Zeitpunkt an begab sich Adri mindestens ein- oder zweimal am Tag dort hinein. Ich glaube, es hat ihr darin sehr gefallen. Es war ein kleiner, behaglicher Raum, in dem niemand etwas von ihr wollte. Für gewöhnlich mußten wir sie bitten, wieder herauszukommen. Es war nicht gerade eine Abschreckung.

Im März verkündete meine Freundin Kathy, daß sie heiraten würde, und ich erfuhr zu meiner Überraschung, daß ich erneut schwanger war. Während mich diese Aussicht ein wenig beängstigte, zeigte sich Rodrigo aufrichtig erfreut. Angesichts seiner Begeisterung schwand meine Besorgnis schnell. Ich stürzte mich in die Vorbereitung von Kathys Verlobungsparty.

Eine Freundin hatte vorgeschlagen, daß ich einen Hellseher engagierte. Da ich über Hellseher nicht viel wußte, und sie mehr oder weniger für Zauberer hielt, hatte ich keine Ahnung, was ich zu erwarten hatte, aber es hörte sich ganz spannend und spaßig an.

Am Tag der Party versammelten sich rund ein Dutzend Freundinnen und der Hellseher im Wohnzimmer. Er fragte, ob jemand Photos von Freunden oder Angehörigen dabei hätte. Alle fingen an zu suchen und förderten irgendein Bild zutage. Ohne hinzusehen nahm er von jeder ein Photo entgegen, hielt es mit dem Gesicht nach unten in den Händen und schloß die Augen. Dann versetzte er sich in einen tranceähnlichen Zustand und beschrieb die betreffende Person und ihr Leben auf verblüffend zutreffende Weise. Wir alle waren über seine Fähigkeiten erstaunt und auch seltsam beunruhigt.

Als ich an der Reihe war, gab ich dem Hellseher ein Photo von Adri, auf dem sie einen Matrosenanzug trug und strahlend lächelte. Er hielt es mit dem Gesicht nach unten und begann zu sprechen.

Er erklärte, daß die Person auf dem Photo ein früheres Leben auf See verbracht hätte. Sie liebe das Meer, fügte er hinzu, und würde in einem eng strukturierten Leben nie glücklich werden. Sie brauche ein großes Maß an Freiheit. Noch immer wie in Trance, hielt er plötzlich inne. Ein verwirrter Ausdruck überzog sein Gesicht. Diese Person, fuhr er langsam fort, käme offenbar von sehr weit her. »Von sehr weit her«, wiederholte er.

Die Deutung unterschied sich sehr von den anderen, die er gegeben hatte, und selbst er schien darüber verwirrt zu sein und unsicher, was sie bedeutete. Für mich ergab sie jedoch einen Sinn. Wie konnte man Adri besser beschreiben, als damit, daß sie von sehr weit her kam? Selbst wenn sie mit uns zusammen war, schien Adri immer sehr weit weg zu sein.

Plötzlich verspannte sich der ganze Körper des Hellsehers. Sein Gesicht wurde hochrot, Schweiß trat ihm auf die Stirn, seine Hände begannen zu zittern und er sprudelte hervor, es würde brennen. Sie wäre von einem Feuer bedroht, das sie verbrennen würde. Er war sehr erregt. Dann schien er sich fast gewaltsam aus der Trance zu befreien und fragte mich, ob Adri jemals von einem Brand bedroht gewesen wäre. Selbst als ich das verneinte, schien er die Vorstellung nicht abschütteln zu können. Er fragte mich, wo sie sich im Moment aufhielt, und als ich ihm sagte, ihm oberen Stockwerk, bat er mich, hinaufzugehen und nach ihr zu sehen. Ich rannte hinauf und fand sie, wie ich sie verlassen hatte: friedlich schlafend. Ich glaube zwar, daß er selbst nicht genau wußte, was er von seinen Eindrücken halten sollte, aber er forderte mich dringend auf, sie vor Feuer und Bränden zu schützen. Seine Deutungen hatten uns alle verblüfft, aber diese Sache mit dem Feuer hatte mir einen Schauer über den Rücken gejagt. Als er seine Vorstellung wenig später beendete, aber war ich froh, ihn gehen zu sehen.

Kurz danach erkältete sich Adri, und Rodrigo und ich gingen mit ihr zum Arzt, um sie vorsichtshalber untersuchen zu lassen. Statt unseres gewohnten Kinderarztes trafen wir einen jungen Arzt als Vertretung an. Wir wir erwartet hatten, war die Erkältung nichts Ernstes. Wir plauderten ein wenig mit ihm, aber erst als wir fast wieder zur Tür hinaus waren, wandte er sich plötzlich an mich und fragte das, was ihm die ganze Zeit auf der Seele gelegen haben mußte: »Was ist eigentlich mit ihr?«

Seine Offenheit überraschte mich, aber ich war auch angenehm berührt. Zumindest erkannte er an, daß es da ein Problem gab. Ich sagte ihm, daß wir das selbst nicht genau wüßten. Er wollte wissen, ob wir mit ihr im *Neuropsychiatric Institute* gewesen wären, und ich erklärte, daß wir gerade eine zweijährige Untersuchung im NPI hinter uns hätten. Da fragte der junge Arzt, ob ich mit Adri schon einmal Dr. Parmalee aufgesucht hätte. Als ich das verneinte, empfahl er uns, so schnell wie möglich einen Termin mit ihm zu vereinbaren.

Als Rodrigo und ich mit Adri einige Wochen später zu Dr. Parmalee gingen, begrüßte er uns freundlich und forderte Adri auf, nach Lust und Laune zu spielen. Sie setzte sich neben einem Spielzeugregal auf den Boden und begann die Räder eines Autos zu drehen. Der Arzt beobachtete sie ein paar Minuten lang und stellte uns dann einige Fragen nach ihrem Verhalten zu Hause. Und dann erklärte er uns unumwunden, daß sie autistisch sei.

Ich war fassungslos. Nach vierjährigem Suchen, Fragen und Forschen hatte ich wirklich nicht erwartet, ausgerechnet von ihm eine Diagnose zu bekommen, und dann auch noch so schnell. Ich hatte zwar nur vage Vorstellungen davon, was Autismus war, aber schlimmer als mentale Störungen oder die Ungewißheit darüber, was eigentlich mit ihr los war, konnte es kaum sein. Aufgrund ihres allgemeinen Verhaltens und ihrer »Sprachlosigkeit« war sich Dr. Parmalee seiner Diagnose ziemlich sicher. Da in den vergangenen Jahren jedoch niemand Autismus als Möglichkeit genannt hatte, empfahl er uns, noch eine andere Expertenmeinung einzuholen. Er nannte uns den Namen eines anderen Arztes am NPI, eines Facharztes für Autismus: Dr. Ornitz.

Wenige Tage, nachdem ich uns bei Dr. Ornitz angemeldet hatte, erhielt ich von ihm einen sehr langen, ausführlichen Fragebogen. Als ich ihn ausfüllte, war ich verblüfft. Neben den Fragen, die sich detailliert mit Adris fehlendem Reaktionsvermögen und ihrer Sprachlosigkeit befaßten, gab es viele andere, die Verhaltensweisen betrafen, von denen ich bisher angenommen hatte, daß ausschließlich Adri sie zeigte.

Läuft sie auf den Zehen? Ja. Nimmt sie Ihre Hand, um Sie zu Dingen zu führen, die sie haben will? Ja. Öffnet sie die Hand und läßt scheinbar unbewußt Dinge fallen? Ja. Dreht sie sich gern um ihre Achse und läuft sie im Kreis? Ja. Natürlich gab es auch Eigenschaften, die auf Adri nicht zutrafen. So wurde beispielsweise gefragt, ob sie sich längere Sätze merken und diese später wiedergeben konnte. Nur in meinen Wunschvorstellungen.

Gewiß zeigen auch »normale« Kinder einige dieser Verhaltensweisen, aber vorübergehend und als Bestandteil eines umfassenderen Könnens und Wissens. Jetzt sah es so aus, als definierte dieses Betragen nicht nur Adri, sondern eine ganze Gruppe von Menschen. Das wirkte eigentümlich beruhigend. Adri war nicht das einzige Kind auf der Welt, das sich so verhielt. Wir waren nicht die einzigen Eltern, die versuchten, mit dieser besonderen Situation fertig zu werden.

Im Gegensatz zu Dr. Parmalee wirkte Dr. Ornitz bei unserem Besuch ein wenig brüsk und distanziert. Er beobachtete Adri ein paar Minuten lang, warf dann einen Blick auf den Fragebogen und bestätigte die Diagnose: Adri war in der Tat autistisch.

Obwohl mir bewußt war, daß es sich bei Autismus um eine ernste Sache handelte, verspürte ich doch von dem Moment an, als es für Adris Zustand einen Namen gab, eine gewisse Erleichterung. Ich hatte in meinem Psychologiebüchern aus der Collegezeit nachgeschlagen. Ich wußte, daß autistische Kinder für unbegreiflich, distanziert und unfähig zu Kontakten mit anderen gehalten wurden. Ich glaubte mich auch zu erinnern, daß sie als ziemlich intelligent eingeschätzt wurden. Wenn Adri autistisch war, konnte sie nicht geistig zurückgeblieben sein, folgerte ich. Das reichte mir. Für den Moment wollte ich gar nicht mehr wissen. Mit dieser Diagnose waren wir bestimmt in der Lage, die Menschen und Methoden zu finden, die ihr halfen. Von nun an konnte Adri beginnen, wirkliche Fortschritte zu machen.

Im Gegensatz zu mir brauchte Rodrigo sofort weitere Informationen. Schnell besorgte er sich einige einschlägige Bücher und begann zu lesen. Nach einigen Wochen griff auch ich zögernd nach ihnen. Zum größten Teil waren die Informationen ziemlich entmutigend. Aber es gab keine

Forschungsergebnisse, die Autismus mit Hirnschäden in Verbindung brachten. Das klang hoffnungsvoll. Andererseits schienen die statistischen Chancen einer Genesung vom Autismus gegen Null zu tendieren. Aber wenn die Mediziner keine Ahnung hatten, weshalb oder wie Menschen autistisch wurden, woher wollten sie dann wissen, daß dieser Zustand dauerhaft und unabänderlich war? Und selbst wenn diese Kondition nicht reversibel war, wie konnten sie beurteilen, wie weit ein autistischer Mensch gefördert werden konnte?

Bei unseren Nachforschungen erfuhren wir, daß es kein bekanntes physiologisches Kennzeichen oder Kriterium für Autismus gibt. Es ist ein sogenanntes »Spektrum von Funktionsstörungen«, das durch eine Anzahl typischer Verhaltensweisen sowohl charakterisiert als auch diagnostiziert wird: vor allem Selbstbezogenheit, Insichgekehrtsein, Sprachschwierigkeiten und die Vermeidung von Augenkontakten. Weiterhin las ich zu meiner Überraschung und Bestürzung, daß die meisten Experten die überwiegende Mehrheit autistischer Menschen auch für zurückgeblieben hielt. Hatte die Psychiaterin des NPI etwa doch recht? Ging es hier um einen Fall doppelter Gefährdung? Doch das überzeugte mich nicht.

In einigen der Bücher wurde darauf hingewiesen, daß Autisten zutreffender als »funktional zurückgeblieben« bezeichnet werden sollten. Das konnte ich leichter akzeptieren. Adri war nur wenigen Anforderungen des Alltaglebens gewachsen und noch weniger auf dem Gebiet des Wissens. Und ganz eindeutig war sie nicht dazu fähig, einen IQ-Test zu absolvieren. Aber bedeutete das tatsächlich, daß sie intellektuell beeinträchtigt war? Was hatte ihre offensichtliche und absolute Lernunfähigkeit zu bedeuten? Und was ihre eigenartigen Augenblicke totaler Kompetenz, die sie ebenso spontan wie sporadisch zeigte?

Unterschieden sie diese Eigenschaften denn nicht von Menschen, die zurückgeblieben waren? Ich wollte nicht, daß sie als permanent beschränkt bezeichnet wurde. Sie war erst vier Jahre alt und hatte jede Menge Zeit, ihnen allen zu beweisen, daß sie sich irrten.

Wieder und wieder lasen wir, wie wenig wir von Adri erwarten durften, und wie wahrscheinlich es war, daß sie lebenslanger Pflege bedurfte. Die Bücher beschrieben ihr Verhalten sehr genau, daher zweifelte ich die Diagnose keineswegs an. Aber weil sie so liebenswürdig, bezaubernd und zärtlich war, konnte ich die Prognose weder glauben noch akzeptieren. Trotz der gewählten Fachsprache und der ausgefeilten Studien war für mich offensichtlich, daß keiner der Experten wirklich verstand, was Autismus verursachte. Alles, was sie schilderten und berichteten, beruhte ausschließlich auf Beobachtungen.

Nun, auch ich beobachtete Adri. Auch ich sah das Oberflächliche, das ihnen aufgefallen war. Aber was war mit der »inneren« Adri? Was war mit ihren hellwachen, blitzenden Augen? Hatte denn keiner in sie geblickt? In ihnen lag eine ganze Welt. Aber da ich nicht für unrealistisch oder naiv gehalten werden wollte, behielt ich meine Hoffnungen für mich.

Auch Rodrigo behielt seine Gedanken für sich. Obwohl er meinen Optimismus unterstützte, erzählte er mir später, wie erschütternd und deprimierend die Lektüre für ihn gewesen war. Davor hätte er nie gedacht, daß es Menschen gab, die vielleicht nie sprechen oder auf eine andere Weise kommunizieren lernen könnten. Und jetzt las er nicht nur, daß es sie gab, sondern daß das höchstwahrscheinlich auf seine eigene Tochter zutraf.

Fast unverzüglich begannen wir uns nach Hilfsmöglichkeiten für Adri umzusehen. Wir gingen ganz selbstverständlich davon aus, daß es zahllose Programme zur Förderung autistischer Kinder gab, und daß wir jetzt, da wir den »Zugangscode« besaßen, uns ihrer nur zu bedienen brauchten. Ich rechnete sogar fest damit, daß mir Dr. Parmalee oder Dr. Ornitz eine Liste entsprechender Organisationen zur Verfügung stellen würde.

Doch statt dessen mußten wir feststellen, daß eine solche Liste nicht existierte. Es schien auch keine Förderungsprogramme zu geben. Dr. Parmalee kannte keines, und Dr. Ornitz nannte uns auf Nachfragen eine einzige Möglichkeit am NPI. Wir erkundigten uns und erfuhren, daß das Programm Bestandteil einer laufenden Forschungsarbeit war und nur Kinder unter vier Jahren aufgenommen wurden. Adri war zu alt. Unser einziger Weg führte in eine Sackgasse.

Selbst mit unserer neuen Diagnose kamen wir nicht weiter. Einige Experten empfahlen zwar, Kinder mit Entwicklungsstörungen in öffentliche Schulen zu integrieren, aber ich machte mir gar nicht erst die Mühe, bei entsprechenden Schulen anzufragen. Ich war sicher, daß man dort weder über die Ressourcen noch über die nötige Ausbildung verfügte, um mit einem Kind wie Adri arbeiten zu können. Ich fragte mich auch, was Integration eigentlich bewirken sollte. In den letzten zwei Jahren war Adri in ihrer Gruppe emotional und verhaltensgestörter Kinder mehr oder weniger integriert gewesen. Viele dieser Kinder waren weit »normaler« als sie, und doch hatte ihr Verhalten nicht auf sie abgefärbt. Würde sie in einer regulären Schulklasse nicht einfach sich selbst überlassen, ausgegrenzt oder – noch schlimmer – von den anderen Kindern verspottet werden? Ich ging daran, ein Schulungsprogramm zu finden, das sich auf autistische Kinder konzentrierte.

Im Anhang eines der neueren Bücher entdeckte ich zu meiner Begeisterung, daß es eine nationale Interessenvertretung gab. Ich rief die Zentrale der *Autism Society of America* an, und sie schickten mir einige Broschüren, ihr Informationsheft und eine Ankündigung ihrer Jahreskonferenz, die im Juli stattfinden sollte. Es war eine dreitägige Veranstaltung, auf der hochrangige Autismus-Experten und Vertreter erfolgreicher Förderungsprogramme Vorträge halten wollten. Rodrigo und ich beschlossen, daran teilzunehmen.

Umgeben von einigen der bekanntesten Autismus-Fachleute der Welt fühlten wir uns auf der Konferenz wie in einer Oase mitten in der Wüste. Erst etliche Jahre – und etliche Konferenzen – später wußten wir, daß die Treffen alljährlich fast ähnlich verliefen, da es so wenige Fortschritte auf diesem Gebiet gab. Vielleicht erklärte das, daß viele der anderen Eltern auf der Konferenz so resigniert, sogar zynisch wirkten. Doch im Gegensatz zu diesen »Erfahrenen«, hatten wir noch immer Hoffnung. Ich nahm als sicher an, daß in diesem Mekka jemand wissen würde, wie man das »reparierte«, was ich für einen Fehler im Nervensystem hielt.

Unter den verschiedenen Präsentationen beeindruckte uns besonders das des *Language and Cognitive Development Center* (LCDC) in Boston. Der Leiter des Förderungsprogramms zeigte Videos von Kindern, die wie Adri herumsprangen, sich drehten, mit den Händen flatterten und größtenteils nicht sprechen konnten. Aber obwohl diese Kinder eindeutig autistisch waren, beteiligten sie sich doch an den Aktivitäten im Klassenzimmer. Bei den meisten dieser Aktivitäten schien es um die Vervollständigung aufeinanderfolgender Handlungen zu gehen.

Beispielsweise ergriff ein Kind eine Tasse, ging damit zum Wasserhahn, öffnete den Hahn, stellte die Tasse darunter, drehte den Hahn wieder ab, kehrte zu seinem Platz zurück und nahm schließlich einen Schluck. Das mag sich für einen gewöhnlichen Menschen simpel anhören, aber für einen Autisten kann es eine nur schwer zu bewältigende Aufgabe sein. Ich wußte, daß Adri ohne Hilfe eine solche Aufgabenfolge nicht meistern würde. Mit Sicherheit traf das auf viele dieser Kinder zu. Und doch bewiesen die Videos, wie sehr sich die Fähigkeiten der Kinder mit der Zeit verbesserten. Ich war beeindruckt.

Im Grunde ging es dem LCDC-Programm darum, autistischen Menschen dabei zu helfen, ihr Gehirn neu zu programmieren. Unter Anleitung eines Lehrers wiederholten die Kinder eine Handlungsfolge, bis sie ihnen extrem vertraut war. Dann unterbrach der Lehrer die Sequenz in der Hoffnung, daß das autistische Kind sie aufgrund seines neugewonnenen Verhaltensmusters selbständig fortsetzen konnte. Im Gegensatz zu anderen Förderungsprogrammen beschränkte sich das LCDC nicht auf die Einübung elementarer Fähigkeiten wie Essen, Zu- und Aufknöpfen oder Sortieren. Statt dessen zielte ihre Methode darauf ab, die, wie sie annahmen, »tieferliegenden sprachlichen und kognitiven Defizite« der Autisten anzusprechen. Das gefiel mir. Es hörte sich sehr wissenschaftlich an. Obwohl ich wollte, daß Adri elementare Fähigkeiten beherrschte, um in der Welt zurechtzukommen, hielt ich sie doch auch für fähig, mehr als das zu lernen. Nach der Konferenz trafen wir uns mit dem LCDC-Leiter und vereinbarten einen Begutachtungstermin für Adri.

Ein paar Wochen später flogen Rodrigo, Adri und ich nach Boston. Auf der Fahrt zum LCDC stellten wir irgendwie befremdet fest, daß sich die Institution nicht gerade in der besten Umgebung befand. Wir hielten vor einem recht düster wirkenden Backsteinbau, dessen Fenster durch Gitterstäbe geschützt waren. Erfreulicherweise entsprach das Innere keineswegs dem Äußeren. Dennoch erschauerte ich unwillkürlich bei der Vorstellung, daß Adri ihre Zeit in einem so bedrückenden Gebäude zubringen sollte. Aber ich war fest entschlossen, mich von Äußerlichkeiten nicht beeinflussen zu lassen. Wir waren wegen des Förderungsprogramms gekommen, nicht wegen des Gebäudes.

Die Begutachtung verlief anders als jeder Test, an dem Adri bisher teilgenommen hatte. Sie wurde nicht aufgefordert, einen Ball zu rollen oder Bauklötze zu stapeln. Stattdessen verfügten sie über alle möglichen Geräte und speziell angefertigte Holzgegenstände. Obwohl wir nicht wußten, was sie eigentlich bewerteten, war es doch faszinierend, Adri dabei zuzusehen, wie sie über ein Brett mit verschieden geformten Löchern lief. Beim ersten Mal blickte sie nach unten und achtete sehr genau auf die Löcher, um nicht hineinzufallen. Sie schaffte es über das Brett, ohne zu straucheln. Danach verschwendete sie keinen einzigen Blick mehr nach unten. Ruhig und zügig lief sie hinüber, die Augen nach vorne gerichtet.

Als nächstes stellte man Adri vor einen an einem Seil hängenden Ball und ein LCDC-Angehöriger stieß ihn in ihre Richtung. Anstatt die Hände zu heben, um ihn zurückzustoßen oder sich zu schützen, ließ sich Adri einfach von dem Ball treffen. Bei anderer Gelegenheit war Adri mit nur geringfügiger Unterstützung in der Lage, Gegenstände aus einem Korb zu nehmen und sie nacheinander eine kleine Kinderrutsche hinuntergleiten zu lassen.

Bei einem weiteren Test stellte man eine Plastiktasse vor Adri hin und forderte sie auf, sie auf einen Tassenstapel zu stellen. Die Prüfer wollten sehen, wie Adri die Tasse aufnahm und ob sie dazu fähig war, sich in der richtigen Weise zu orientieren, um sie auf den Stapel zu stellen. Ich nahm an, daß das eine leichte Aufgabe für Adri wäre, aber so war es nicht. Manchmal konnte sie die Tasse richtig stapeln, aber manchmal gelang es ihr nicht. Obwohl sie sich zu bemühen schien, schaffte sie es einfach nicht.

Dann bat mich eine LCDC-Angehörige, den Raum zu verlassen, damit sie feststellen konnte, wie Adri auf Trennungen reagierte. Auf einem Bildschirm im angrenzenden Raum sah ich, daß Adri auf die Tür blickte, aber keine Anstalten machte, mir zu folgen. Sie zeigte weder Angst noch Unruhe während meiner Abwesenheit. Nach wenigen Minuten wurde ich wieder hineingerufen.

Als alles vorüber war, sagte mit der Leiter, er stimme mit der Diagnose überein und halte Adri für eine geeignete Kandidatin für das LCDC-Programm. Ich seufzte erleichtert auf. Endlich waren wir auf Menschen getroffen, die genug über Autismus wußten, um eine einmalige und beeindruckende Serie von Bewertungstests zu entwickeln. Ich war fest davon überzeugt, daß sie aufgrund ihrer Kenntnisse auch ein Förderungsprogramm geschaffen hatten, das autistischen Menschen optimal half. Am Abend beschlossen Rodrigo und ich in unserem Hotelzimmer, unseren Haushalt und sein Unternehmen nach Boston zu verlegen, damit Adri an dem Förderungsprogramm teilnehmen konnte.

5.

Boston

Als wir nach Boston zogen, war ich im achten Monat schwanger. Adri begann mit ihrem Besuch des Förderungsprogramms, und ich machte mich auf die Suche nach einem Haus und einem Gynäkologen. Im LCDC beschäftigte sich Adri mit Aufgaben, die denen des Begutachtungstests ähnlich waren, lernte aber auch ein rudimentäres Kommunikationssystem mittels Zeichen, das auf einer vereinfachten Version der üblichen Zeichensprache basierte. Es wurde durch eine Kombination aus Videos, Einwirken auf das Verhalten und tatsächlicher Manipulation ihrer Hände vermittelt. Die Anzahl der Zeichen, die ein Kind jeweils lernen konnte, war sehr unterschiedlich, aber alle schienen zumindest einige Zeichen wie »Hello«, »Bad«, »Cracker«, »Essen« und »fertig« meistern zu können.

Nach einem Monat unablässiger Suche bezogen wir ein Haus im Vorort Brookline, nur fünfzehn Minuten vom LCDC entfernt. Rodrigo und ich erzählten Adri oft von dem Baby und legten ihre Hand auf meinen Bauch, aber wir wußten nicht, wieviel sie davon verstand. Wenn sie im Bett zwischen uns lag, tätschelte sie zwar häufig meinen Bauch, aber da sie viele Dinge betätschelte, konnten wir nicht sicher sein, ob das etwas bedeutete. Aber ich hatte es gern.

Am 7. November wachte ich gegen sechs Uhr mit Wehen auf. Gegen elf Uhr fuhren wir ins Krankenhaus, und rund zwölf Stunden später wurde unser Sohn Sebastian geboren. Er war ein großer, gesunder Junge mit schwarzen Haaren. Als ihn mir die Schwester an die Brust legte, begann er sofort zu saugen. Das war in der Tat ein gutes Zeichen, obwohl Probleme beim Stillen nicht ungewöhnlich und mit Sicherheit kein Hinweis auf Autismus sind. Lange nach Adris Geburt hatte ich erfahren, daß Ärzte Schwierigkeiten beim Stillen für ein »schwaches« neurologisches Anzeichen halten, das potentielle Probleme ankündigen könnte. Auch wenn kein eindeutiger Beweis dafür erbracht wurde, daß Autismus genetisch bedingt ist, gibt es doch gewisse Hinweise darauf, und so war ich sehr erleichtert, daß Seby, wie wir ihn sofort nannten, ordentlich saugte.

Als uns Adri erstmals im Krankenhaus besuchte, übersah sie ihren kleinen Bruder völlig. Wir nahmen ihre Hand und halfen ihr dabei, ihn zu berühren, aber als wir sie losließen, schlenderte sie davon. Und dann wiederholte sich die Geschichte. Einen Tag, bevor wir das Krankenhaus verlassen sollten, zeigten sich die Ärzte beunruhigt über Sebys Bilirubin-Werte. Soweit mir bekannt war, gab es keinen Zusammenhang zwischen Gelbsucht und Autismus, dennoch machte ich mir Sorgen. Ich wollte nicht, daß Seby in einem Inkubator isoliert wurde. Am Tag der Entlassung waren seine Werte weder gestiegen noch gesunken, und wir flehten die Ärzte an, uns mit ihm nach Hause gehen zu lassen. Schließlich waren sie einverstanden. Damit sie es sich nicht noch einmal überlegten, zogen wir ihn schnell an und verließen das Krankenhaus.

Zu Hause erholte sich Seby sehr schnell und schon bald erkannten wir, daß das Leben mit ihm ganz anders verlaufen würde als das mit Adri. Zunächst einmal trank er, als könnte er gar nicht genug bekommen. Er weinte auch, aber das war das übliche Schreien eines Säuglings: laut, zornig, fordernd. Adris schrilles Schreien war aus dem Nichts gekommen und hatte trotz all unserer Bemühungen nicht aufgehört. Seby schrie nach Aufmerksamkeit, er schrie nach Nahrung, er schrie, damit seine Windeln gewechselt wurden, er schrie, weil er sich über irgend etwas aufregte. Aber sobald er bekam, was er wollte, beruhigte er sich.

In diesen ersten Monaten gab es ein weiteres gutes Zeichen: Seby sah uns direkt in die Augen. Er lächelte mich an und versuchte, meine Aufmerksamkeit zu erregen. Er wußte, wer ich war und wollte, daß ich in seiner Nähe blieb. Sobald ich ihn verließ, begann er zu jammern, kam ich wieder, zeigte er mit Gesten und Miene, wie sehr er sich freute. Rodrigo und ich wußten, daß wir wichtig für ihn waren. In vielerlei Hinsicht lehrte mich erst Seby, was es heißt, eine Mutter zu sein. Rodrigo ging es ähnlich. Obwohl Rodrigo Adri abgöttisch liebte, war sein Miteinander mit Seby doch anders. Sebys Gesicht strahlte auf, wenn er seinen Dad sah und entsprechend reagierte Rodrigo. Das war ein Duett, kein Solo.

Bis auf gelegentliche Versuche, ihn heimlich zu zwicken, ignorierte Adri Seby meistens. Ich versuchte, auch mit ihr möglichst viel Zeit zu verbringen, damit sie sich nicht zurückgesetzt fühlte. Auch wenn es zwischen beiden zu keinen größeren Zwischenfällen kam, gab es doch kaum Anzeichen dafür, daß sie zärtliche Zuneigung zueinander entwickelten. Sie waren eher wie zwei eigenständige Satelliten, die denselben Planeten umkreisten.

Im Dezember wurde Adri fünf Jahre alt. Sie war noch immer sehr hübsch, graziös und zierlich. Noch immer trug sie Windeln, noch immer sprach sie nicht, und noch immer war sie uns auf eine geheimnisvolle Weise »sehr fern«. Sie ging jeden Tag zum LCDC, und auch zu Hause befolgten wir sehr genau die Vorgaben das Förderungsprogramms. In Gesprächen mit ihr benutzten wir möglichst neben den Worten auch Zeichen. Eigentlich hatten wir erwartet, daß sie inzwischen Zeichen anwenden würde, zumindest ansatzweise. Doch bisher hatte sie es noch kein einziges Mal getan. Wir sehnten uns danach, daß Adri ein Zeichen wiederholte, um uns zu zeigen, daß sie verstand, worum es uns ging, was wir ihr beibringen wollten.

Ende Januar, etwa fünf Monate nach ihrem Beginn im LCDC, spielte Adri zu Hause mit mir. Wie so oft, wenn sie etwas wollte, nahm sie meine Hand und führte mich zur Haustür, um mir zu zeigen, daß sie gern spazierengehen würde. Ich zog sie an, holte mir meinen Mantel, und wir beide gingen zur Tür. Während des gesamten Ablaufs erklärte ich jeden Schritt verbal, machte die entsprechenden Zeichen und half ihr, gleichfalls die Zeichen zu machen. Bevor ich die Tür öffnete, tat ich das, was ich inzwischen fast schon automatisch machte. Ich blieb stehen, sah sie an und sagte: »Was soll ich jetzt tun?« Erwartungsvoll blickte ich sie an. Und dann, gerade als ich selbst das »Öffnen«-Zeichen machen wollte, sah ich, wie sich Adris kleine Hände plötzlich schlossen und wieder öffneten.

»Du hast es geschafft, Adri«, rief ich und zog sie in meine Arme. »Du hast 'öffnen' gesagt. Ich kann dich verstehen!« Halb lachend, halb weinend öffnete ich schnell die Tür. Es war Adris Zeichen von Kommunikation, und ich wollte, daß sie die Wirkung unmittelbar erlebte. Allerdings wollte ich nicht zu lange fortbleiben, um zu sehen, ob sie bei der Heimkehr das Zeichen wiederholte.

Also kehrten wir nach einem kleinen Spaziergang zurück, und an der Tür fragte ich wie üblich: »Was soll ich jetzt tun?« Ich hielt kurz den Atem an, dann schlossen und öffneten sich ihre Hände wieder. Sie hatte zweimal das »Öffnen«-Zeichen gemacht. Das war kein einmaliges Wunder. Das war der echte Versuch einer Verständigung. Ich rannte zum Telephon und rief Rodrigo an. Er konnte kaum abwarten, nach Hause zu kommen und ihre Leistung zu bewundern. Am Abend feierten wir ein fröhliches »Kommunikations«-Fest.

In den folgenden Monaten lernte Adri sechs weitere Zeichen: »Geben«, »mehr«, »Cracker«, »Schließen«, »Essen«, »fertig«. Danach konnte oder wollte sie einfach keine anderen Zeichen mehr lernen. Obwohl ich mir sehr wünschte, sie könnte noch weitere meistern und sie ständig dazu ermutigte, war das eigentlich nicht überraschend. Ihre grobmotorischen Fähigkeiten waren stets ausgezeichnet gewesen, sie konnte laufen und springen wie jedes andere Kind, aber ihre Feinmotorik wies Defizite auf. Sie war kaum in der Lage, mit Werkzeugen umzugehen. Sie konnte keinen Stift oder Pinsel halten, um zu schreiben oder zu malen. Sie konnte keine Bluse knöpfen oder einen Reißverschluß auf- und zuziehen. Etwas zwischen zwei Fingern zu halten, war sehr schwer für sie und verlangte mehr Körperbeherrschung, als sie aufbringen konnte. Wenn sie beispielsweise Popcorn oder Kartoffelchips essen wollte, griff sie sich meist eine Handvoll und versuchte, sich alles auf einmal in den Mund zu stopfen. Das meiste landete daneben.

Angesichts dieser feinmotorischen Beeinträchtigung war es sogar recht erstaunlich, daß sie überhaupt Zeichen machen konnte. Und so waren wir über ihre Leistungen glücklich und begeistert, sagten sie uns doch, daß sie auf einer gewissen Ebene den Sinn von Kommunikation verstand und sie in die Wege leiten konnte. Für uns war das ein großer Schritt vorwärts in Adris Entwicklung und ihrer Fähigkeit, sich in dieser Welt zurechtzufinden.

Trotz Adris Erfolgen im LCDC suchten Rodrigo und ich nach weiteren Informationen über Autismus und neuen Versuchen, die Probleme autistischer Menschen zu bewältigen. Im Januar erfuhren wir von einem Integrationsversuch autistischer mit anderen Kindern in Japan. Wir hörten, daß Besucher der Klassen die autistischen Kinder von den »normalen« nicht unterscheiden könnten. Das vermochten wir zwar kaum zu glauben, fanden es jedoch faszinierend genug, um mehr darüber herausfinden zu wollen. Rodrigo und ich beschlossen, der Higashi-Schule im folgenden Monat einen Besuch abzustatten.

Es war, als kämen wir in eine andere Welt. Zunächst einmal wirkte alles pieksauber. Darauf achteten die Kinder selbst, wurde uns gesagt. In einer Klasse hörten wir einer musikalischen Darbietung zu. Ich konnte die autistischen Kinder nur erkennen, wenn ich ganz genau hinsah: Hinter jedem kauerte ein Erwachsener, um notfalls eingreifen zu können. Die Lehrpläne schienen wissenschaftlicher orientiert zu sein als die einer Durchschnittsschule in den Vereinigten Staaten. Offenbar wurden an die »normalen« wie die autistischen Kinder höhere Ansprüche gestellt.

In einer besonderen Klasse lernte ich neun oder zehn amerikanische autistische Schüler im Alter von vier bis siebzehn Jahren kennen. Sie wurden von japanischen Lehrern in englischer Sprache unterrichtet. Wegen der Sprachbarriere glaubte die Schulgründerin Dr. Kitahara, die amerikanischen Kinder nicht in japanischsprechende Klassen integrieren zu können. Dennoch zeigten auch die amerikanischen autistischen Schüler ein ausgezeichnetes Benehmen und wurden wie ihre japanischen Mitschüler in wissenschaftlichen Fächern unterrichtet. Das war ebenso beeindruckend wie ermutigend.

Die Lehrer wiesen uns auf eine amerikanische Vierjährige hin, die vor der Reise nach Japan fast gestorben wäre. Sie hatte sich zu essen geweigert und mußte intravenös ernährt werden. Inzwischen schien sie ein putzmunteres kleines Mädchen zu sein. Wir erfuhren auch, daß viele der Kinder mit Helmen in der Schule erschienen waren, da sie zuvor ständig mit dem Kopf gegen Wände geschlagen hatten. Wie verzweifelt mußten die Eltern dieser Kinder gewesen sein. Adri hatte nie Neigungen zur Selbstverstümmelung gezeigt, aber selbst wenn: Hätte ich den Mut aufgebracht, sie ins Ausland zu schicken? Ich konnte mir ein Leben ohne sie in unserem Heim einfach nicht vorstellen.

Dr. Kitaharas Überzeugung nach waren autistische Kinder weit fähiger, als es den Anschein hatte. Ihr Ziel bestand darin, ihnen durch die Schulstruktur und Routine dabei zu helfen, einen »Alltagsrhythmus« zu entwickeln. Darüber hinaus war Dr. Kitahara davon überzeugt, daß autistische Kinder durch Beispiele lernen. Daher wurde an der Higashi-Schule fast ausnahmslos in Gruppen gearbeitet – im Gegensatz zu den Lehrer-Schüler-Interaktionen, die für die amerikanische Schule so typisch sind.

Auf dem täglichen Stundenplan standen regelmäßige gymnastische und sportliche Übungen. Die Lehrer bestanden auf der Einhaltung strikter Betragensregeln. Von allen Kindern wurden Grundkenntnisse sozialen Verhaltens erwartet, beispielsweise stillzusitzen, anderen den Vortritt zu lassen, in der Reihe zu laufen und die Einhaltung von Tischmanieren. Und jeder Schüler wurde seinen Begabungen entsprechend unterrichtet. Manchen wurden lediglich Grundkenntnisse vermittelt, während andere an anspruchsvollem Oberschulunterricht teilnahmen.

Gegen Ende unseres Besuches erfuhren wir, daß die Higashi-Schule vorhatte, eine ähnliche Schule in den Vereinigten Staaten zu eröffnen – in Boston. Sie hofften, bereits im kommenden Herbst mit dem Unterricht beginnen zu können. Auch wenn ich im Hinblick auf ihre Methoden noch ein paar ernsthafte Fragen hatte, denn bisher hatte mir noch niemand befriedigend erklärt, wie sie eigentlich ihre Erfolge erreichten, hielt ich ihre Förderungsmaßnahmen für positiv. Und es war unsere Verpflichtung Adri gegenüber, auf dieser Grundlage weitere Nachforschungen anzustellen.

Im Frühjahr, während Seby bereits lächelte, sich aufsetzte und »zum richtigen Zeitpunkt« zu sprechen begann und Adri weiter das LCDC besuchte, wollte ich mich wieder auf sozialem Gebiet betätigen. Mit einem Start-Darlehen von Rodrigos Unternehmen gründeten wir zwei Stiftungen: die K.I.D.S. (Kids In Disadvantaged Situations) Foundation, deren Ziel es war, alleinerziehenden und auf Sozialunterstützung angewiesenen Müttern durch Vermittlung von Wohnungen sowie beruflicher und pädagogischer Unterstützung auf ihrem Weg zur Selbständigkeit zu helfen. Und die *Adriana Stiftung*, die wir uns als nationales Informations- und Beratungszentrum für autistische Kinder und Jugendliche sowie ihre Eltern vorstellten, mit besonderer Betonung möglichst früher Diagnose und Förderung.

Im Spätsommer erfuhren Rodrigo und ich zu unserer großen, gemeinsamen Freude, daß ich erneut schwanger war. Schon vor Sebys Geburt hatten wir davon gesprochen, daß wir uns noch ein drittes Kind wünschten. Wir wollten ein Geschwisterchen für Seby, das ihm altersmäßig näher war. Wir hielten es auch für wichtig, daß Seby die mögliche Last und Verantwortung für Adris Pflege in der Zukunft nicht allein tragen mußte.

Im Herbst 1987, als Adri ihr zweites Jahr am LCDC begann, öffnete die Boston *Higashi School* ihre Tore. Rodrigo hätte sie am liebsten sofort dorthin geschickt, aber dazu war ich noch nicht bereit. Sie machte am LCDC durchaus Fortschritte, und ich wollte mich noch gründlicher über die Higashi-Methoden informieren. Aber das war gar nicht so einfach. Die meisten japanischen Lehrer lernten zwar Englisch, aber noch waren ihre Sprachkenntnisse eher begrenzt. Außerdem waren sie es nicht gewohnt, ihre Lehrmethoden zu erklären. Wir fanden heraus, daß japanische Eltern, im Gegensatz zu Amerikanern, den Lehrern ihrer Kinder keine Sachfragen stellten. Doch bei jedem meiner Besuche konnte ich feststellen, daß die Kinder in ihrer Obhut unbestreitbar Fortschritte machten. Noch überzeugender war für mich die Tatsache, daß die Eltern, üblicherweise die schärfsten Kritiker, der Schule fast einhelliges Lob zollten.

Im Frühjahr 1988 bekam ich gewisse Bedenken gegen das LCDC. Das zweite Jahr schien lediglich eine Wiederholung des ersten zu sein. Adri trat auf der Stelle. Mit sechseinhalb konnte sie noch immer nicht auf die Toilette gehen, sich nicht ausdrücken, und verbrachte ihre Tage mit wenig weiterführenden Aktivitäten: Sie sortierte Farben, wiederholte Routineaufgaben und beobachtete beziehungsweise übte die Zeichen. Der Philosophie des LCDC entsprechend hatten diese Aktivitäten mit Sicherheit ihren Sinn. Aber ich fing an, mit Rodrigo darin übereinzustimmen, daß sie im Hinblick darauf, Adri dabei zu helfen, sich in ihrem richtigen Leben weiterzuentwickeln, nur wenig Sinn machten.

Bevor wir etwas unternehmen konnten, griff die Natur ein. Am 10. April saßen wir vor dem Zubettgehen im Fernsehzimmer und sahen den Film »Dumbo«. Genau in dem Moment, als der Storch herniederschwebte, verspürte ich eine Wehe. Unser drittes Baby kam genau nach Fahrplan. Weder der inzwischen anderthalbjährige Seby noch Adri zeigten irgendein Interesse an den Ereignissen. Am frühen Morgen des 11. April wurde Sabrina geboren. Sie wog knapp neun Pfund und ließ sich von Anfang an ohne Probleme stillen.

Genau wie wir uns vor Sebys Geburt geängstigt hatten, er könnte autistisch sein, befürchteten wir nun ähnliches bei

Brie. Würden wir uns mit einem weiteren autistischen Kind abfinden können? Zumindest ich wußte, daß meine Antwort ja sein würde. Denn so schwierig Adri auch war, ich liebte sie bedingungslos. Und bei allen Tränen und Kämpfen erkannte ich, daß sie mich positiv veränderte, mich großzügiger und offener werden ließ.

Meine Erziehung hatte mich gelehrt, Intelligenz höher als alles andere zu bewerten. Wie lernt man mit einer solchen Konditionierung, einen Menschen wie Adri zu lieben, dem es an dieser Kapazität so entscheidend zu fehlen scheint? Irgendwann änderte ich mein Wertesystem. Das geschah nicht bewußt. Es war keine intellektuelle Entscheidung. Es ist einfach passiert. Ich schätzte Adri mehr als alles andere auf der Welt. Da sie aber allem Anschein nach nicht »intelligent« war, konnte ich Intelligenz nicht mehr zum Maßstab aller Dinge machen. Liebenswürdigkeit, Toleranz – schlichte »Menschlichkeit«, falls es so etwas gibt – wurden für mich unendlich viel wichtiger. Ich lernte ein paar entscheidende Lektionen. Wenn ich nicht wollte, daß Adri oder ich vorschnell und hart beurteilt wurden, dann sollte ich besser aufhören, andere vorschnell und zu hart zu beurteilen. Wer war ich, daß ich mir über andere ein Urteil erlauben durfte?

Obwohl ich mich stets für einen mitfühlenden Menschen gehalten hatte und davon überzeugt war, daß Begünstigten die Verantwortung zukam, für die weniger Begünstigten zu sorgen und sie zu beschützen, hatte mein Mitgefühl vor Adris Geburt etwas Gönnerhaftes. Irgendwie war ich der Meinung, daß ich den Benachteiligten einen Gefallen tat. Ich verstand noch nicht, daß wir alle – allein durch unsere Existenz – ein Recht auf unseren Platz auf Erden haben. Ich begriff nicht, daß man einen Menschen auch dann wirklich lieben konnte, wenn ihm alle Eigenschaften fehlen, die man für »wertvoll« hält. Ich hatte keine Ahnung, was bedingungslose Liebe bedeutet. Ich wußte nicht einmal, wie viel ich nicht wußte.

Vor Adris Geburt war ich fest davon überzeugt, daß ich nicht nur mein eigenes Leben, sondern auch das anderer bestimmen könne. Adri hat mich eines Besseren belehrt. Sie machte mir klar, daß ich nicht der Nabel der Welt bin. Das war eine schmerzliche Lektion, eine, mit der ich wirklich zu kämpfen hatte. Aber ich lernte sie, weil ich sie nötig hatte. Unter Adris Anleitung habe ich gelernt, mich als Wesen zu begreifen, das sich immer weiter entwickeln kann – und muß.

Zwei Tage nach ihrer Geburt nahmen wir Brie mit nach Hause und entgingen diesmal sogar der Gelbsucht-Gefahr. Brie fügte sich völlig problemlos in unser Leben ein. Am ersten Tag zu Hause vollbrachte sie sogar eine erstaunliche Leistung. Ich legte sie auf dem Bauch in ihr Bettchen, und als ich wenige Minuten später wieder zurückkam, lag sie auf dem Rücken. Ich bin buchstäblich in die Höhe gesprungen und schrie nach Rodrigo, damit er sich das ansah. Ob er sie vielleicht umgedreht hätte, wollte ich von ihm wissen. Nein, erwiderte er, er sei unten gewesen. Es gab keine andere Erklärung: Mit drei Tagen hatte sich Brie selbst umgedreht! Ich schloß daraus, daß Sabrina genau wie ihre Schwester und ihr Bruder ein höchst ungewöhnliches Geschöpf war.

Nachdem Adri im Mai bei den Standardtests im LCDC niedriger eingestuft wurde als gut zwei Jahre zuvor im NPI, entschied ich, daß es höchste Zeit war, mit Dr. Kitahara, die sich zu dieser Zeit gerade in Boston aufhielt, einen Termin zu vereinbaren. Als wir das Hotelzimmer betraten, in dem das Gespräch stattfinden sollte, kam uns Dr. Kitahara lächelnd entgegen. Sie beugte sich vor, nahm Adris Hand, sah ihr in die Augen und sagte etwas auf Japanisch. Adri entzog sich ihr und lief in eine Ecke des Raumes. Rodrigo und ich warfen uns verstohlene Blicke zu. Mit Sicherheit war das nicht das Verhalten, das Dr. Kitahara erwartete.

Dann besprach sich Dr. Kitahara mit ihren japanischen Kollegen. Kaum eine Minute später kam einer der Männer zu uns und erklärte, sie hätte Adri in die Schule aufgenommen. Das war's. Adri hatte Dr. Kitaharas einziges Kriterium erfüllt, indem sie den »Blick-in-die-Augen«-Test bestand. Dr. Kitahara hatte die Tiefe und Intelligenz in Adris Augen gesehen, und das genügte ihr. In diesem Moment verdiente sie sich meine dauernde Hochachtung. Sie hatte dort nach Adri gesucht, wo kein Experte vor ihr sie zu finden versucht hatte.

Wir verbrachten einen unbeschwerten August in dem Haus in New Hampshire, das wir im letzten Frühjahr gekauft hatten. Es lag an einem See, und die Kinder verbrachten lange Stunden am Strand. Adri liebte es, im Wasser zu liegen, in die Luft geworfen zu werden und auf dem Floß zu treiben. Sie setzte sich hin, »malte« mit den Fingern oder einem Stock im Sand, um dann und wann aufzuspringen, zum Wasser zu laufen oder jauchzend quer über Sebys und Bries Sandburgen zu marschieren. Seby und Brie reagierten zwar empört auf die Zerstörung ihrer Kunstwerke, waren aber an ein derartiges Verhalten gewöhnt. Sie schienen es als Bestandteil ihres Lebens mit Adri zu akzeptieren.

Als wir im September nach Boston zurückkehrten, begann Adri mit ihrem Besuch der *Higashi School.* Sie befand sich im Gebäude einer kürzlich geschlossenen Public School, das Higashi vom Staat Massachusetts gekauft hatte. Es war ein schönes Gefühl, sich Adri auf diesen Fluren vorzustellen. Sie erinnerten mich an die Schule meiner Kinderzeit: eine ganz gewöhnliche Schule, gebaut für ganz gewöhnliche Kinder. Als ich Adri erstmals dorthin brachte, sah ich einige Kinder »in Reih und Glied« den

Gang entlangkommen, ihre Hände ruhten leicht auf den Schultern des jeweils vor ihnen gehenden Kindes. Ungläubig schüttelte ich den Kopf. Glaubten sie wirklich, sie könnten Adri dazu bringen, sich ähnlich zu verhalten? Die anderen vielleicht, dachte ich, aber nicht Adri. Ich war sicher, daß das nie gelingen würde.

Rund einen Monat später lud mich die Schule zu einem Besuch ein. Ich wußte zwar nicht, was ich erwarten durfte, aber mit Sicherheit hätte ich nie damit gerechnet, meine Tochter in einer Reihe laufen zu sehen, mit den Händen auf den Schultern des Kindes vor ihr. Es schien ein Wunder zu sein, das erste von mehreren, die wir in Adris ersten sechs Monaten an der *Higashi School* erlebten.

Die bedeutsamste dieser Leistungen bestand darin, daß Adri mit fast sieben Jahren endlich auf die Toilette ging. Die Schule wandte keinerlei Tricks an, nur gesunden Menschenverstand. Sie nahmen ihr die Windeln ab und legten sie ihr auch nicht wieder an – ganz gleichgültig, zu wievielen »Unfällen« es kam. Man ging in regelmäßigen Abständen mit ihr aufs WC und half ihr beim Saubermachen, falls sie das Toilettenbecken verfehlte.

Zu Hause übernahm Rodrigo die Verantwortung für das »Nacht-Training«. Wie von der Schule empfohlen, ging Adri ohne Windeln zu Bett, und Rodrigo weckte sie eine Stunde, nachdem sie eingeschlafen war, um sie ins Bad zu bringen, und dann noch einmal morgens, eine Stunde bevor sie üblicherweise aufstand. Nach rund einem Monat wußte Adri, wann sie ins Bad mußte und wartete bereits darauf, daß wir sie dorthin brachten. In der Schule ging sie mitunter sogar allein.

Adri lernte auch, stillzusitzen und ihr Mittagessen mit nur minimaler Hilfe einzunehmen. Obwohl sie offenbar keine der gymnastischen Übungen lernen konnte, blieb sie dennoch an ihrem Platz, während die anderen Kinder ihre

Übungen absolvierten. Das Geheimnis der Schule hieß Beharrlichkeit, erfuhr ich. Higashi-Lehrer und -Lehrerinnen sind hartnäckiger und eigensinniger als selbst das beeinträchtigtste und/oder eigensinnigste autistische Kind.

Als Bestandteil des Higashi-Lehrplans trainierten die Kinder bestimmte motorische Fähigkeiten durch Balancieren auf einem Schwebebalken, Dribbeln mit einem Basketball, Radfahren, Rollerskating und so weiter. Am Ende des Schuljahres führten die Schüler ihr neuerworbenes Können im Rahmen einer dreistündigen Vorstellung mit Musik, Kostümen und entsprechenden Kulissen vor. Eine Halle wurde gemietet, und Eltern, Verwandte, Freunde und eingeladene Vertreter der Öffentlichkeit – einige von ihnen sogar aus Japan – warteten gespannt auf das, was da kommen sollte. Anfangs hatte ich gewisse Bedenken im Hinblick auf den Wert dieser Veranstaltung. Erst als ich Adri bei ihrer ersten Jahresschluß-Feier sah, begann ich die Anstrengungen zu schätzen und merkte, wieviel sie ihr und uns bedeuteten.

Mit angehaltenem Atem saß ich im Zuschauerraum, drückte die Daumen und sah fasziniert zu, wie sich unsere älteste Tochter auf der Bühne bewegte. Adri war so stolz auf sich! Ihre Augen strahlten, als wir danach alle hinaufstürmten, um ihr zu gratulieren. Zum erstenmal in ihrem Leben erhielt sie öffentliches Lob und Anerkennung für ihre Leistungen.

Welche andere Schule, welches andere Förderungsprogramm hätte den Mut zu einer so aufwendigen Vorstellung aufgebracht? Die meisten wären vermutlich kaum bereit, hart genug zu arbeiten, um den Erfolg zu garantieren, oder würden das Risiko eines neuerlichen Scheiterns im Leben autistischer Kinder scheuen, die davon bereits mehr als genug erlebt hatten. Kein Wunder, daß die Eltern die Schule so enthusiastisch unterstützten.

Es sah so aus, als würde die *Higashi School* im Gegensatz zu anderen Schulen über genügend Wissen und Erfahrung verfügen, um Lernprogramme für die Kinder über einen langen Zeitraum zu garantieren, nicht nur für das erste und zweite Jahr. Und da Adri bereits in den ersten Monaten so große Fortschritte gemacht hatte, schien es durchaus denkbar, daß sie sich wie einige der anderen Schüler irgendwann traditionell schulischen Aufgaben widmen oder vielleicht sogar ein Instrument spielen konnte. Auf der *Higashi School* zeichnete sie Buchstaben und Zahlen nach, statt nur Farben und Holzkegel zu sortieren. Das war ein entscheidender Unterschied. Ihr Tag ähnelte dem an einer regulären Schule.

Da ich Adri auf ihrer Schule gut untergebracht wußte, der zweijährige Seby morgens eine Spielgruppe besuchte und nur noch Brie zu Hause war, aber nicht mehr gestillt werden mußte, begann ich halbtags am *Boston College* für meinen Magister in Sozialarbeit zu arbeiten. Ich stellte bald fest, daß das Studium weniger juristisch, wie ich erwartet hatte, sondern mehr medizinisch orientiert war. Ich lernte nicht, eine wirksame Stimme für die Benachteiligten zu werden, sondern erhielt eine Ausbildung in Psychotherapie. Das war zwar nicht der Weg, den ich mir erwählt hätte, aber ich hatte großen Spaß an meinen Studien.

Auch wenn sie weitere Forschritte machte, waren Adris Leistungen im zweiten Jahr an der *Higashi School* weit weniger aufsehenerregend als im ersten. Im Gegensatz zu einigen anderen Kindern schaffte sie die gymnastischen Übungen nicht und entwickelte sich auch im streng schulischen Sinn nicht weiter. Dennoch reagierten wir schockiert und enttäuscht, als sie in eine Klasse nicht besonders erfolgreicher Schüler versetzt wurde – zu den Versagern, sozusagen. Es war wie eine kalte Dusche. Selbst hier, an der besten aller Schulen, gehörte Adri zu den schlechtesten

Schülern. Wenn man ihr an der Higashi nichts beibringen konnte, war sie vielleicht gar nicht zum Lernen fähig. Rodrigo hatte nie übermäßige Hoffnungen gehegt. Langsam begann ich mich mit der Möglichkeit vertraut zu machen, daß diese Vorschulebene – das an die Tafel gezeichnete Bild eines Iglu mit dem danebengeschriebenen Wort »kalt« – Adris Gipfel intellektueller Leistungsfähigkeit sein könnte.

Selbstverständlich hörte ich nie auf, nach Antworten zu suchen, erwartete aber nicht mehr, sie auch zu finden. Vielleicht hatten alle Experten schließlich doch recht. Vielleicht war das Licht, das ich in Adris Augen gesehen hatte, nur eine Projektion meines Wunschdenkens gewesen, eine Fata Morgana in der Wüste. Vielleicht konnte es, wie die Experten gemeint hatten, keinen Durchbruch geben, weil nichts zu durchbrechen war.

Rodrigo und ich sprachen stundenlang über Adris Zukunft und darüber, wie wir ihr Wohlergehen auch nach unserem Tod absichern konnten. Inzwischen übte sogar die Diagnose einer leichten mentalen Behinderung einen gewissen Reiz auf uns aus. Dann dürften wir zumindest damit rechnen, daß sie das sogenannte »Alter der Verständigkeit« erreichte, das geistige Stadium einer Siebenjährigen. Dann könnte sie eventuell genügend rudimentäre Denkfähigkeiten entwickeln, um in der Welt zurechtzukommen. Aber jetzt, fünf Jahre nach ihrer Diagnose, und mit der bestmöglichen Unterstützung medizinischer und wissenschaftlicher Institutionen befand sie sich auf der geistigen Ebene einer Zweijährigen. Die Möglichkeit, daß Adri je das »Alter der Verständigkeit« erreichen könnte, schien fast abwegig.

6.

Eine Tür öffnet sich

Das letzte, was wir erwarteten, war ein Wunder.

Schon seit Monaten wußten wir von einer neuen Therapie für autistische Kinder, schenkten ihr aber keine besondere Beachtung. Dabei kommunizierten autistische Kinder durch Maschineschreiben und brachten es zu anspruchsvollen literarischen Leistungen. Falls es überhaupt so etwas gab, konnte es sich meiner Überzeugung nach nur um Autisten »auf hohem Funktionsniveau« handeln, um Menschen, die bereits über gewisse Sprachfähigkeiten verfügten. Aber von diesen war Adri Lichtjahre entfernt.

Im Januar 1991 hörte ich jedoch an der *Higashi School* zu meiner Überraschung, daß es einer unserer Schüler mit dieser Methode versucht hatte. Ein Junge, den ich kannte, hatte als Antwort auf die Frage, auf welchem Planeten er lebte, das Wort »Erde« getippt. Ein wenig jünger als meine Tochter, konnte er sich nicht ausdrücken, neigte zu Selbstmißhandlungen und befand sich auf ähnlich »niedrigem Funktionsniveau« wie Adri. Ich war verblüfft. Der Vater des Jungen kannte sich aus. Er vermied es, im Zusammenhang mit Autismus von »Wunder« und »Durchbruch« zu sprechen – Worte, die falsche Hoffnungen wecken könnten.

Ich war überzeugt davon, daß es irgendeinen Haken an der Geschichte geben mußte, von dem man mir bisher noch nichts erzählt hatte. Aber auch als ich mich genauer umhörte, erfuhr ich nichts Negatives. Dieser Vater hatte gesehen, wie sein Sohn mit Hilfe der sogenannten *Facilitated Communication* (FC)* das Wort »Erde« tippte. Der Mann, mit dem ich mich in Verbindung setzen müsse, so erfuhr ich, sei Dr. Douglas Biklen, ein Professor an der Syracuse University, der sich darauf spezialisiert hatte, Kinder und Erwachsene mit besonderen Bedürfnissen in Schulen und Gemeinschaften zu integrieren.

Ich rief Dr. Biklen an, und er schickte mir eine Abhandlung, die er gerade über FC verfaßt hatte. Ihr entnahm ich, daß die Methode von Rosemary Crossley in Australien entwickelt worden war. Dabei unterstützte eine besonders ausgebildete Person die Hand oder den Arm eines »gehandikapten« Menschen auf eine Weise, die diesem das Tippen ermöglichte. Rosemary Crossley hatte die Methode zunächst bei Menschen mit Gehirnlähmung angewandt, dann aber eines Tages aus einer Laune heraus auch bei einem Autisten. Zu ihrer Überraschung hatte es funktioniert. Schon bald half sie auf diese Art auch anderen Autisten. Einige Zeit später setzte sie sich mit Dr. Biklen in Verbindung, der nach anfänglicher Skepsis bereit war, sich ihre Methode bei einer seiner Reisen nach Australien vorstellen zu lassen. Aus einem geplanten Aufenthalt von wenigen Tagen wurden etliche Wochen. Überzeugt von der Wirksamkeit der Methode und fest entschlossen, sie auch in den Vereinigten Staaten einzuführen, kehrte Dr. Biklen nach Syracuse zurück.

Fasziniert, aber immer noch ein wenig skeptisch, rief ich Dr. Biklen erneut an. Er erzählte mir, daß FC bei vielen autistischen Kindern in Syracuse angewandt würde und daß

* In Deutschland wird diese Methode »gestützte« oder »unterstützte Kommunikation« genannt. Die amerikanische Abkürzung FC ist aber auch hier gebräuchlich.

er eine Reihe von Helfern anhand der Methode ausgebildet hätte, von denen einige für Demonstrationen zur Verfügung stünden. Ich schlug der *Higashi School* vor, eine derartige Demonstration zu ermöglichen. Als sie zustimmten, rief ich wieder in Syracuse an und bekam Annegret Schubert und Marilyn Chadwick genannt, zwei mit FC vertraute Therapeutinnen. Als Termine für den Kursus setzten wir den 22. und 23. Februar 1991 fest. An diesen beiden Tagen wollten sie so viele Kinder wie möglich daran teilnehmen lassen. Sie sollten von der *Higashi School* ausgewählt werden. Adriana war eins von 14 ausgesuchten Kindern.

Am Morgen des 22. Februar brachte ich Adri zur Schule – gespannt, aber ohne große Hoffnungen. Adris Helferin Marilyn begrüßte sie fröhlich, führte sie zu einem Stuhl und setzte sich neben sie. Ich nahm hinter den beiden Platz. Marilyn zeigte Adri zunächst Bilder von autistischen Kindern und Erwachsenen, die auf Buchstaben zeigten, wobei ihre Hände, Handgelenke oder Ellbogen vom jeweiligen Helfer leicht geführt wurden. Das sei *Facilitated Communication,* erklärte sie, und das könne Adri auch.

Adri sah sich die Bilder nicht einmal an. Unbeeindruckt von ihrer Gleichgültigkeit nahm Marilyn Adris Finger und zeigte ihr, wie sie ihre Hand unterstützen wollte. Langsam wirkte die ganze Sache auf mich fast utopisch. Um tippen zu können, mußte Adri nicht nur denken und Informationen verarbeiten können, sondern auch lesen und buchstabieren – aber sie zeigte nicht das geringste Interesse. Ich blickte Marilyn an und erwartete fast, in ihrer Miene ein Eingeständnis des Scheiterns oder zumindest Verlegenheit zu sehen. Aber sie wirkte völlig gelassen.

Dann legte sie Adris Hand in ihre Handfläche und isolierte ihren Zeigefinger, indem sie die anderen Finger sanft hinunterdrückte. Sie zeigte Adri ein Blatt Papier, auf das Spielzeuge, Nahrungsmittel und Tiere gezeichnet waren, und bat sie, auf die Tiere zu zeigen. Ich wartete ab, so emotionslos, daß ich nicht einmal mit einer Enttäuschung rechnete. Nach einem Moment bewegte Adri zu meiner großen Überraschung die Hand und legte ihren Zeigefinger auf die Tiere. Ich rutschte näher. War das Zufall?

Nun forderte Marilyn Adri auf, ihr die Nahrungsmittel zu zeigen. Bevor ich zweimal geatmet hatte, reagierte Adri völlig korrekt. Ich konnte nicht glauben, was ich da sah. Adri bewies Problembewußtsein und Absicht. War das mein Kind?

Danach hörte ich fassungslos zu, wie Marilyn Adri erklärte, sie wisse, daß diese Aufgaben für sie sehr leicht und langweilig seien, aber gleich würde sie sie mit schwierigeren Dingen beschäftigen. Obwohl ich es Adri gegenüber nie an Respekt fehlen ließ, hatte ich doch nie so mit ihr gesprochen, als wäre sie eine absolut »normale« Neunjährige. Ich kam mir vor wie Alice im Wunderland: als wäre ich in eine Traumwelt geschlüpft, in der das Ungewöhnliche gewöhnlich wird.

Dann las Marilyn Adri eine Beschreibung vor: »Dieses Tier hat Schnurrhaare und kurze Ohren.« Sie zeigte Adri ein Blatt mit Zeichnungen von sechzehn verschiedenen Tieren und forderte sie auf, auf das zu zeigen, das sie gerade beschrieben hatte. Ohne Zögern bewegte sich Adris Finger zu der Zeichnung einer Katze. Bevor ich Zeit hatte, mich von meinem Schock zu erholen, holte Marilyn einen *Canon Communicator* hervor, ein elektronisches Schreibgerät von der Größe eines Rechners, und fragte Adri, ob sie Lust hätte, das Wort für das Tier zu schreiben. Ich begann lautlos zu weinen. Und durch meine Tränen beobachtete ich atemlos, wie Adri die Buchstaben C…A…T tippte. Ich hatte nicht einmal gewußt, daß sie wußte, was eine Katze war, geschweige denn, daß sie das Wort dafür buchstabieren konnte.

Marilyn fuhr fort, als wären die Vorgänge absolut alltäglich. Sie holte eine andere Seite hervor, auf der die entsprechenden Worte für die 16 Tiere standen. Sie zeigte auf eins der Worte und forderte Adri auf, es zu lesen und dann auf das dazu passende Tier zu zeigen. Adris Blick überflog die Seite und nach einem Moment deutete sie korrekt auf das Schwein und tippte die Buchstaben PIG auf dem kleinen Computer. Sie konnte nicht nur buchstabieren, sie konnte auch lesen! Ich war so erschüttert, daß ich kaum mitbekam, was sich da vor meinen Augen abspielte. Marilyn stellte eine Reihe von Fragen, und Adri beantwortete sie alle. Sie tippte, daß sie Bücher mochte, daß Bücher in Bibliotheken zu finden waren, und daß sie Sandwiches mit Bolognasauce besonders gern aß.

Marilyn endete mit der Frage: »Möchtest du vielleicht deiner Mom etwas sagen?« In meinem tranceähnlichen Zustand sah ich, daß folgende Buchstaben auf dem Computer erschienen:

IEEJUSTWANTEDTOTELLMOMSHEISTERRI ... An diesem Punkt war ich überzeugt davon, daß Adri mit den Buchstaben BLE enden würde: Ich will meiner Mom nur sagen, daß sie furchtbar ist... Doch statt dessen endete sie mit den Buchstaben FIC: Ich wollte meiner Mom nur sagen, daß sie wundervoll ist...

Ich lachte, weinte, befand mich am Rand der Hysterie. Adri konnte nicht nur denken, buchstabieren und lesen. Sie vergab mir auch, sie empfand etwas für mich! Später erinnerte ich mich nur daran, daß ich mich zwischen Schluchzen und Umarmungen immer wieder bei ihr entschuldigte: »Es tut mir leid. Es tut mir so leid. Das wußte ich nicht. Ich habe dich so lieb, Adri. Ich liebe dich.«

Leute scharten sich um uns, und das nächste Kind betrat den Raum. Eine Lehrerin erschien, um Adri in ihre Klasse zu bringen. Am liebsten hätte ich Adri an mich gerissen und wäre mit ihr nach Hause gefahren. Sie konnte doch nicht in ihre Klasse zurück, als wäre nichts geschehen. Aber ich war noch immer so benommen, daß sie fort war, bevor ich reagieren konnte. Ich rannte ins Schulbüro, rief Rodrigos Sekretärin an und sagte ihr, daß ich auf dem Weg zu ihnen sei. Das mußte ich Rodrigo persönlich erzählen.

Der *Canon Communicator* druckt die getippten Mitteilungen auf einem schmalen Papierstreifen aus. Marilyn hatte Adris Botschaften auf ein Blatt Papier geklebt, und das lag auf dem Beifahrersitz, als ich zu Rodrigos Büro fuhr. Immer wieder rief ich mir die gerade erlebte Szene vor Augen und blickte alle paar Minuten auf den Bogen, um mich davon zu überzeugen, daß ich nicht träumte.

Als ich Rodrigo Adris Worte zeigte, brach er in Tränen aus. Auch ich weinte: tausend Tränen der Freude und der Erleichterung. Als wir aus unserem Glückstaumel erwachten, telephonierten wir in Boston und New York herum und machten schließlich einen *Canon Communicator* ausfindig, der kurzfristig geliefert werden konnte. Mit Marilyn hatte ich bereits vereinbart, daß sie am nächsten Tag zu uns kommen würde, um wieder mit Adri zu tippen und uns mit der Methode vertraut zu machen. Die nächsten vierundzwanzig Stunden schienen kein Ende nehmen zu wollen. Ich brannte darauf, mit Adri in Kontakt zu treten, mit ihr zu »sprechen«. Ich mußte mich vergewissern, daß das Erlebte Wirklichkeit war.

Am nächsten Tag sahen Rodrigo und ich fasziniert zu, wie Marilyn erneut mit Adri arbeitete. Obwohl die Fragen zu den Themen Geographie und Sonnensystem einfach waren, die Adri beantwortete, wunderte ich mich. Wann und wie hatte sie diese Dinge gelernt?

Irgendwann fragte Marilyn Adri, ob sie gern mit Mom backe, und diese erwiderte, daß ihr das nicht besonders gefalle. Aber die größte Überraschung waren ihre rechnerischen Fähigkeiten. Nie im Traum hätte ich daran gedacht, Adri mathematische Fragen zu stellen, aber Marilyn hatte ihre Arbeit mit autistischen Kindern gelehrt, daß diese mathematisch durchaus begabt waren. Und so stellte sie ihr gelassen Aufgaben, bei denen Adri erst addieren, dann subtrahieren, multiplizieren und dividieren mußte. Sie löste jede einzelne von ihnen korrekt. Rodrigo und mir verschlug es die Sprache. Marilyn nicht. Ihrer Erfahrung nach waren derartige Fähigkeiten keineswegs ungewöhnlich.

Adri zappelte während der ganzen Zeit herum und versuchte mehrmals den Canon-Computer auf den Boden zu werfen oder den Tisch umzustoßen. Aber Marilyn blieb ruhig und aufmerksam, vermied Katastrophen oder bereinigte sie schnell, falls es doch einmal dazu kam. Etwas später fragte sie, ob es einer von uns versuchen wollte. Obwohl Rodrigo ganz begierig darauf war, reichte die Zeit nur für einen von uns beiden, und so ließ er mir den Vortritt. Ich konnte es kaum erwarten. Zunächst half mir Marilyn, Adri zu helfen. Mit ihrer Unterstützung konnte ich Adri dabei helfen, Fragen mit einem oder zwei Worten zu beantworten. Es war außerordentlich. Es war der Himmel.

Dann ließ Marilyn meine Hand los und ich half Adri allein. Während der ganzen Zeit war ich überzeugt gewesen, daß Adri die Antworten gab, doch nun stellten sich, fast wider Willen, Zweifel ein. War es tatsächlich Adri gewesen, oder hatte Marilyn die Dinge vielleicht irgendwie beeinflußt? Es war einfach zu wundervoll, um wahr sein zu können.

Mit angehaltenem Atem hielt ich ihre Hand über das Keyboard. Und dann, plötzlich, spürte ich es, den leichten Druck, mit dem sie meine Finger zu dem Buchstaben lenkte, den die wollte, zum nächsten und übernächsten. Es war das unglaublichste Gefühl meines Lebens. Ihre Hand schob meine. Ich konnte es spüren. Sie drückte ihren eigenen Willen aus. Sie kommunizierte. Sie war da: meine Tochter Adriana Noelle Rocha.

In den Stunden und Tagen nach Marilyns Besuch mögen die Dinge bei uns zu Hause für den zufälligen Beobachter ausgesehen haben wie immer. Aber sie waren nicht mehr wie immer und würden nie wieder so sein. Noch immer rannte Adri scheinbar ziellos durchs Haus, ließ planlos Dinge fallen, lauschte dem »Schnee« auf dem Fernsehschirm und bemalte jede Oberfläche mit allem, was sie gerade fand. Aber jetzt wußte ich, daß das lediglich autistische Verhaltensmuster waren. Sie sagten nichts über das aus, was in Adri vorging. Unser Kind war sehr viel mehr als die Verkörperung ihrer physischen Aktionen, mehr als ein Phantasieprodukt ihres Vaters oder ihrer Mutter, mehr als eine Projektion unseres Wunschdenkens. Sie war eine eigene unverwechselbare Persönlichkeit.

Fast sofort änderte sich etwas an unserem Verhalten gegenüber Adri. Ich hörte auf, mit ihr in knappen Sätzen zu sprechen, die nur aus einem oder zwei Wörtern bestanden, und ich hörte auch auf, in ihrer Gegenwart Selbstgespräche zu führen. Jetzt redete ich in vollständigen Sätzen mit ihr und sah sie direkt an, wenn ich mit ihr sprach. Ich wußte, daß sie mich verstand.

Seby und Brie bemerkten die neue Atmosphäre ebenfalls. Auch sie begannen, Adri anders zu behandeln. Und obwohl Adri äußerlich nicht darauf reagierte, schien sie doch Freude, Liebe und sogar Dankbarkeit auszustrahlen. Sie begann, sich mit der Welt vertraut zu machen.

Am nächsten Tag wurde Adris neuer *Canon Communicator* geliefert. Von da an begann ich, täglich mit ihr zu kommunizieren. Zunächst verzichtete ich darauf, vollständige Sätze von ihr zu erwarten. Wie fast alle neuen FC-Helfer brauchte ich zunächst eine Phase der Eingewöhnung.

Ich hielt Adris Hand und begann, wie empfohlen, mit »Allgemeinwissen«. Ich stellte ihr Fragen wie: »Auf welchem Planet leben wir?« Das gab uns die Chance, uns mit FC vertraut zu machen. Wenn Adri ihren Zeigefinger zu den Tasten bewegte, sollte ich ihn ganz leicht zurückziehen. Dieser geringfügige Widerstand trug dazu bei, ihre Vorwärtsbewegung auf die Tasten hin zu verlangsamen und zu stabilisieren.

Es war ein unvergleichliches Gefühl, Adri kennenzulernen, selbst scheinbar kleine Dinge von ihr zu erfahren: Was sie zum Frühstück essen, was sie anziehen, wie sie den Tag verbringen wollte. Nach der Schule setzten wir uns für gewöhnlich eine Stunde oder länger zusammen, arbeiteten an einem Lernprogramm, das ich für sie zusammengestellt hatte, und unterhielten uns. In dieser Zeit, in der sich mehr und mehr ausgedrückte »Beweise« ansammelten, wurde ich vollkommen und unwiderruflich davon überzeugt, daß dieses Phänomen Wirklichkeit war: Diese »getippte Stimme« war die meiner Tochter.

Adri konnte flüssig und schnell tippen, aber häufiger ging es langsam und mühsam voran. Oft saßen wir minutenlang mit über dem Keyboard verschlungenen Händen da und warteten darauf, daß sich ihr Finger auf die Tasten zubewegte. Mit häufigen Pausen dauerte es mitunter eine Stunde, nur um einen Satz zustande zu bringen. Häufig unterbrach Adri unsere »Arbeit«, indem sie ihren Computer auf den Boden schleuderte, mich zu kratzen versuchte oder impulsiv nach dem Druckband griff und es herauszog. Sobald sie gegen das Tippen zu rebellieren schien, fragte ich sie, ob sie eine Pause machen oder ganz aufhören wollte. Und obwohl ihr Körper eine andere Botschaft vermittelte, erklärte sie mir über FC fast immer, fortfahren zu wollen.

So schwer das mitunter war, entschied ich doch, auf Adri zu hören und nicht auf ihren Körper. Alles andere wäre mir wie eine Nichtachtung vorgekommen. Welche Botschaft würde ich ihr vermitteln, wenn ich aufhörte, nur weil sie die Kontrolle über ihren Körper verlor? Daß ich ihren Worten nicht wirklich glaubte? Daß ich nicht interessiert genug war, um zu ihr zu halten? Daß ich ihr nur beistand, wenn es mir behagte? Sie verdiente Besseres. Sie verdiente meinen Respekt und meine Hingabe. Und so ließ ich auch in Momenten, in denen ich auf einer Pause bestand, nie das Thema fallen. Wir kamen stets wieder darauf zurück, damit sie ihre Gedanken zu Ende führen konnte.

Manchmal setzten wir uns an einen Tisch, besonders dann, wenn wir Schulaufgaben erledigten. Aber sehr viel häufiger setzten wir uns nebeneinander auf die Couch oder in einer Ecke auf den Boden. Mitunter blickte sie beim Tippen auf das Keyboard, doch meistens schien sie gar nicht hinzusehen. Als ich es eines Tages bei Rechenaufgaben leid war, sie immer wieder zu ermahnen, auf die Tasten zu blicken, fragte ich sie, warum sie das Keyboard gar nicht ansah. Sie erwiderte:

ICH SEHE DIE ZAHLEN IN MEINEM KOPF

In den ersten zwei Monaten arbeiteten Adri und ich mit ein paar einfachen Schulbüchern, die ich über den Schulbuchhandel besorgt hatte. Aber ich hatte auch ein paar persönliche Themenkategorien zusammengestellt. Auf Themen zu kommen, bereitete mit keinerlei Schwierigkeiten, denn ich hatte kaum eine Ahnung von den Dingen, die man für gewöhnlich von seinem Kind wußte. Ich stellte ihr Fragen nach Essen, Sport, Fernsehen, Spielzeug, Kleidung, Familie, Schule und Erinnerungen. Manche der Fragen bezogen sich auf ihre Gedanken und Gefühle, bei anderen ging es mir lediglich um Informationen. Und fast täglich teilte mir Adri mit, daß sie mehr lernen wollte. Immer wieder tippte sie:

ICH BRAUCHE NEUE AUFGABEN

Und die brauchte sie wirklich. In der Schule wurde sie immer noch mit Kindergarten-Aufgaben beschäftigt, da die *Higashi School* erstaunlicherweise nicht bereit schien, die bemerkenswerten FC-Resultate anzuerkennen. Obwohl sich mit Ausnahme von einem alle Kinder bei der FC-Präsentation erfolgreich mitgeteilt hatten, tat die Schule so, als hätte es diesen Versuch gar nicht gegeben. Sie teilten einigen der Eltern nicht einmal mit, daß ihre Kinder getippt hatten. Sie sprachen über FC einfach nicht. Sie übernahmen die Methode nicht in den Unterricht. Sie erkannten Adris Fortschritte nicht an und versetzten sie nicht in eine höhere Klasse.

Trotz meiner Enttäuschung vertraute ich weiterhin auf ihre Integrität. Mir war bewußt, daß sie sich – wie ich – vermutlich zunächst einmal von ihrem Schock erholen mußten. Wahrscheinlich hatten sie nicht erwartet, daß Kinder, die sie so gut kannten, etwas derart Ungewöhnliches zustande brachten – besonders mit Hilfe einer Methode, die nicht ihre eigene war. Die Übernahme von FC in ihr allgemeines Konzept würde zu beträchtlichen Veränderungen führen, vor allem in Philosophie und Programm ihrer »Alltags-Therapie«. Und die war für sie nahezu sakrosankt. Dennoch glaubte ich, daß sie sich mit der Zeit für FC entscheiden würden. Wie könnten sie auf etwas verzichten, was zum Besten für die Kinder war?

Unterdessen fühlten Adri und ich uns unterfordert. Eines Tages las ich Adri ihren Individual Education Plan (IEP) vor, den der Staat Massachusetts für jedes Kind mit besonderen Bedürfnissen vorschreibt. Adris Plan enthielt als Lernziele eine Reihe funktionaler Fähigkeiten, aber kaum streng schulische Aufgaben. Als ich fragte, was sie davon hielt, tippte sie schnell:

KEINE RICHTIGEN AUFGABEN ICH NICHT DUMM

Ich versuchte die in der Schule fehlenden Herausforderungen dadurch zu kompensieren, daß ich ihr zu Hause schwerere und interessantere Aufgaben stellte. Anhand von Lehrbüchern des zweiten, dritten und vierten Schuljahrs beschäftigten wir uns mit Erdkunde, Mathematik und Naturwissenschaften. Adri überflog sie geradezu und schien sich auf die Antworten schon vorzubereiten, bevor sie Zeit hatte, die Aufgaben ganz zu lesen. Ich hielt sie dazu an, sich mehr Zeit zu lassen, bis mir schließlich klar wurde, daß sie die gar nicht braucht, weil sie sehr schnell liest. Im Durchschnitt brauchte sie etwa sieben Sekunden, um eine Seite mit zwei bis drei Absätzen zu lesen. Und dann war sie im allgemeinen in der Lage, die Fragen korrekt zu beantworten.

Ich ließ Adri täglich entscheiden, was sie lernen oder worüber sie sprechen wollte. Gewöhnlich begann sie unsere Arbeitsstunde mit Sach- und Fachthemen und beendete sie mit einer kurzen persönlichen Unterhaltung. Ich spürte, daß sie zögerte, sich allzu schnell zu offenbaren, und ich wollte sie nicht drängen. Mir war bewußt, wie beängstigend das alles für sie sein mußte. Sie sollte die Chance haben, sich in ihrem eigenen Tempo in diese interpersonale Welt einzufinden. Darüber hinaus war sie intellektuell ausgehungert, daher war das Lernen spannend und wichtig für sie.

Manchmal kam Rodrigo rechtzeitig nach Hause, um das Ende unserer Stunde mitzubekommen. Ich wußte, wie gern auch er mit Adri über FC kommunizieren würde, aber ich wollte keinen übermäßigen Druck auf Adri ausüben. Außerdem war ich der Meinung: je weniger FC-Helfer, desto besser. Darin irrte ich mich, wie ich später erfuhr. Aber damals bat ich Rodrigo, erst mich ein wenig vertrauter mit der Methode werden zu lassen, bevor er es versuchte.

Da ich kein einziges Wort von Adri vergessen wollte, begann ich zum ersten Mal in meinem Leben ein Tagebuch zu führen. Während ich meine Tage mit allen meinen Kindern verbrachte, konzentrierte sich mein Tagebuch auf Adri. Mein Tagebuch war meine Therapie. Ich schrieb meine Fragen hinein und klebte Adris Antworten darunter. Die Einträge des ersten Monats erhalten viele »Kennenlern«-Momente – kleine Dinge, die so viel bedeuteten. Beispielsweise den Augenblick, an dem Brie erstmals ihre Haare so wie Adri tragen wollte. Das war der Tag, an dem Adri wirklich eine große Schwester wurde. Oder der Tag, an dem wir zu McDonald's gingen, und Adri zum ersten Mal selbst bestellte – glücklicherweise nicht Chicken McNuggets, aber einen Hamburger! Und was für eine Überraschung, als Adri sich ein Kleid wünschte, möglichst gemustert, anstelle der Hosen, die ihre Mutter bevorzugte. Und ihre Haare liebt sie lang, in einem Pferdeschwanz. Adris Lieblingsfarbe ist rot, wie ich erfuhr, obwohl sie erklärte: ICH MAG AUCH PURPUR

Jede Mitteilung war ein Geschenk für mich – nach neun langen Jahren bekam ich mein eigenes Kind geschenkt. Und irgendwie bekam ich auch mein eigenes Leben wiedergeschenkt. Ich war nicht länger für Entscheidungen verantwortlich, die Adri nun selbst treffen konnte. Plötzlich waren wir frei. Jemand, der nie in einer solchen Situation war, wird kaum verstehen können, was eine solche Freiheit bedeutet. Buchstabe für Buchstabe, Wort für Wort, eroberte sich Adri ihren Platz in dieser Welt.

Einige unserer Unterhaltungen in den ersten Monaten waren schmerzlich, andere verblüffend. Eines Nachmittags entschied sich Adri für die Themenkategorie »Erinnerungen«. Ich rechnete nicht damit, daß sie sich an vieles aus ihren ersten drei Lebensjahren erinnerte – das konnten die wenigsten Menschen. Dennoch hielt ich es für angebracht, mit diesem Zeitraum zu beginnen. An diesen Nachmittag führten wir das folgende Gespräch:

Kristi: Kannst du dich an deinen Kindergarten erinnern, Adri?

Adri: JA

Bevor ich die nächste Frage stellen konnte, tippte sie weiter.

Adri: JENNIFER

Kristi: Wer war Jennifer? Eine Erzieherin?

Adri: JA

Kristi: Wo hast du damals gelebt?

Adri: NU YORK

Kristi: In welchen Kindergarten bist du in New York gegangen?

Adri: MONTESSORI

Ich war überrascht. Als wir in New York wohnten, war Adri zwei Jahre alt gewesen. Wie konnte sie sich an diese Zeit erinnern? Wie konnte sie sich an den Namen Montessori erinnern? Und an den Namen ihrer Erzieherin? Ich hatte ihn längst vergessen. Ich verbarg meine Verunsicherung und fuhr fort, als wäre es eine ganz gewöhnliche Unterhaltung.

Kristi: Hat es dir dort gefallen?

Adri: JA

Kristi: War es schwer oder leicht?

Adri: LEICHT

Kristi: Wußten deine Erzieher, daß es leicht für dich war?

Adri: NEIN

Kristi: Haben sie geglaubt, es sei schwer?

Adri: JA

Kristi: Hast du damals versucht zu sprechen?

Adri: JA

Kristi: Was ist passiert, als du versucht hast zu sprechen?

Adri: ES KAM NICHTS HERAUS

Was war es wohl für ein Gefühl, in all diesen Jahren sprechen zu wollen, aber »nichts kam heraus«? Sie tat mir unendlich leid.

Anfang März kam das Thema Sprechen erneut auf. An diesem Tag gab Adri eine Menge Laute von sich, während sie tippte. Schließlich fragte ich sie danach.

Kristi: Versuchst du zu sprechen, Adri?

Adri: JA

Kristi: Möchtest du versuchen, Laute zu bilden, um sprechen zu lernen?

Adri: JA

Ganz langsam demonstrierte ich ein »d«, weil ich häufig etwas Ähnliches von ihr gehört hatte. Und dann bat ich sie, es zu wiederholen. Zu meiner großen Freude gelang es ihr. Aber gleichzeitig hatte ich das Gefühl, daß sie etwas zu sagen versuchte.

Kristi: Adri, was versuchst du mit diesem »d«-Laut zu sagen?

Adri: I DON'T TALK (Ich spreche nicht.)

Ich versicherte ihr, daß sie Fortschritte machte. Hätte sie diese Worte aussprechen können, anstatt sie tippen zu müssen, wäre mir vielleicht der Schmerz in ihrer Stimme nicht entgangen und ich hätte gewußt, wie sie sich fühlte. Aber so fuhr ich, begeistert über ihr »d«, fort, bis sie unvermittelt von ihrem Stuhl hochsprang und die ganze Anordnung auf dem Tisch durcheinanderbrachte. Sie begann mit extrem hoher Stimme zu kreischen und hopste auf ihrem Sitz hin und her. Ich hatte keine Ahnung, was eigentlich los war. Ich wußte nur, daß sie sich verzweifelt erregte. Ich legte die Arme um sie und zog sie auf meinen Schoß.

Kristi: Erzähl mir, was los ist, Adri. Warum schreist du so?

Adri: ICH SCHREIE WEIL ICH SPRECHEN WILL

Am liebsten wäre ich in Tränen ausgebrochen. Wie konnte ich nur so unsensibel sein? Ich umarmte sie und entschuldigte mich dafür, sie nicht zu »hören«. Dann versprach ich ihr, nie damit aufzuhören, ihr beim Sprechenlernen zu helfen, wenn sie sich das so sehr wünschte. Als wir uns beide ein wenig beruhigt hatten, fragte ich, ob sie noch etwas sagen wollte.

Adri: BALD SPRECHE ICH MIT MEINER ZUNGE

Bevor Adri zu kommunizieren begann, gehörte die Schlafenszeit zu den schwersten Momenten des Tages. Ich setzte mich zu Adri ins Zimmer, redete mit ihr oder las ihr vor, während sie herumsauste, mit dem Lautstärkenregler am Radio spielte, ein Buch durchblätterte oder mit einem Stock über den Teppich fuhr. In diesen Zeiten, wenn ich ohne Ablenkungen allein mit ihr war, war meine Sehnsucht, mit ihr in Verbindung zu treten, am stärksten. In ihrer Gegenwart vermißte ich sie am meisten.

Aber nachdem sie zu tippen begonnen hatte, nahm ich den Canon mit, damit wir uns unterhalten konnten. Selbst wenn sie müde war und nur ein JETZT NICHT oder GUTE NACHT eintippte, reichte es mir. Überzeugt von unserer nicht abreißenden Verbindung, überkam mich ein Gefühl von Frieden. An vielen Abenden durchströmte mich eine Dankbarkeit und Liebe, daß ich zu schluchzen begann und nicht mehr aufhören konnte. Ich hatte die Empfindung, daß eine lange Reise zu Ende war. Daß ich endlich heimgefunden hatte.

So erschütternd diese ersten Kommunikationen auch waren, stellten sie doch nur den Beginn der Entwicklung unserer Beziehung zueinander dar. In den folgenden Tagen, Wochen und Monaten meiner FC-Unterhaltungen mit Adri begann ich meine älteste Tochter zu entdecken: ein ungewöhnliches Wesen, halb Kind, halb Nymphe, teils Engel, teils Seherin. Und als Adri mir endlich vertraute, begann sie mich zu unterweisen und mein Herz zu öffnen. Was ich von ihr gelernt habe, hat den Verlauf meines Lebens vollkommen und unwiderruflich verändert und mit Freude erfüllt. In den folgenden Kapiteln berufe ich mich auf mein Tagebuch, damit sich Adris Geschichte Ihnen so darstellt wie mir in den entscheidenden Monaten von März bis September 1991.

Teil II

Auftauchen

7.

ICH GESCHICHTE

März 1991

Sonnabend, 16.3.91

Adri ist erstaunlich. In letzter Zeit habe ich oft darüber nachgedacht, wie ich sie am besten unterrichten kann. Aber inzwischen ist mir klargeworden, daß alles, was ich ihr beibringen kann, belangslos im Vergleich zu dem ist, was ich von ihr lerne. Adri braucht mich vielleicht dazu, damit ich Bücher und Lernmaterial beschaffe, aber sie lernt selbst sehr viel schneller und umfassender, als ich es ihr beibringen könnte. Sie ist sehr viel klüger als ich. Ich muß einfach nur ihrer Initiative folgen, anstatt zu versuchen, mein eigenes Programm aufzustellen.

Sonntag, 17.3.91

Ich bin besessen von der Idee, daß die *Facilitated Communication* unverzüglich allen autistischen Menschen verfügbar gemacht werden sollte. Kommunizieren zu können sollte kein Luxus sein. Die Adriana Stiftung muß so schnell wie möglich FC-Ausbildungskurse fördern. Neuerdings ist Adri fast allmorgendlich naß. Ich frage mich, über wieviel Körperbeherrschung sie wirklich verfügt. Gestern abend vor dem Zubettgehen habe ich sie danach gefragt.

Kristi: Adri, könntest du nachts auf die Toilette gehen, wenn es nötig ist?

Adri: JA

Kristi: Gut. Also weißt du, daß du deinen Körper beherrschen kannst. Wirst du morgen trocken sein, wenn ich hereinkomme?

Adri: JA

Und tatsächlich hatte sie heute früh nicht eingenäßt. Warum also vorher die vielen »nassen« Nächte? Es ist schwer, sich diese Unvereinbarkeiten zu erklären. Ich weiß, was für ein verständiges Mädchen sie ist, doch gleichzeitig muß ich mich immer daran erinnern, wie schwer ihr körperliche Kontrolle fällt. Vielleicht bedeutet Fortschritt auf einem Gebiet Rückschritt auf einem anderen? Schließlich verändert sich Adri unglaublich schnell. Wieviel kann ein Mensch davon auf einmal bewältigen?

Montag, 18.3.91

Heute hat sich Adri vor der Schule erstmals die Sachen ausgesucht, die sie anziehen wollte. Ich führte ihre Hand, und sie zeigte mir, was sie haben wollte. Es war phantastisch.

Heute habe ich ihr beim Spielen in ihrem Zimmer zugesehen. Ihr Lieblingsspielzeug ist Sit 'n' Spin. Man setzt sich darauf und dreht sich, indem man sein Körpergewicht verlagert. Sie brachte sich in Höchstgeschwindigkeit und drehte sich nonstop mindestens drei Minuten lang um sich selbst. Ihre Augen waren geschlossen und sie lächelte selig. Es war verblüffend.

Kristi: Wird dir dabei schwindlig, Adri?

Adri: JA

Kristi: Gefällt dir das Gefühl?

Adri: JA

Kristi: Beruhigt dich das schnelle Drehen?

Adri: JA ICH WOHL

Vermutlich meinte sie damit, daß es sie entspannte.

Neulich erklärte Adri, sie würde gern »Geschichten anderer Menschen« lesen. Ich glaube, sie meinte Biographien. Ich hatte bereits eine Biographie von Helen Keller gekauft, die wir gemeinsam lasen. Es schien ihr Spaß zu machen, aber die sehr viel einfacheren »Sesamstraße«-Bücher gefallen ihr genausogut. Wieder so ein bemerkenswertes Nebeneinander.

Heute abend wollte Adri wie üblich vor dem Schlafengehen Radio hören. Ich klebte den Lautstärkenregler in einer bestimmten Position fest, damit sie nicht »voll aufdrehen« konnte, und ging in mein Zimmer. Kurze Zeit später entfernte sie das Klebeband, und ich hörte laute Rockmusik aus ihrem Zimmer dröhnen. Sie liebt den Rhythmus von Rock oder lateinamerikanischer Musik. Ich ging zu ihr und rechnete damit, eine wilde Tanzszene zu sehen, aber sie schlief tief und fest. Wie kann sie diese Lautstärke nur ertragen? Entspannt es sie vielleicht?

Dienstag, 19.3.91

Ich habe über mein Gefühl des Heimkehrens nachgedacht. Hatte ich mich denn verirrt? Ich weiß, daß ich auch mich verlor, als ich Adri an den Autismus verlor. Und so habe ich mich vielleicht wiedergefunden, als ich sie wiederfand. Dennoch wird es noch beträchtlicher Bemühungen – oder Gelassenheit – bedürfen, damit die Ängste der vergangenen Jahre vergehen.

Ich habe meiner Schwester Jan erzählt, daß Adri BALD SPRECHE ICH MIT MEINER ZUNGE getippt hat. Das brachte mich dazu, über die Möglichkeit nachzudenken. Adri kann Laute von sich geben. Vielleicht sind die Sprachzentren ihres Gehirns gar nicht geschädigt, vielleicht gibt es da nur irgendeine Art von Blockierung. Wie kann ich ihr dabei helfen, diese zu umgehen, zu durchbrechen oder zu überwinden?

Und doch werde ich das Gefühl nicht los, Adris Auftauchen in dieser Welt verlangsamen zu müssen, damit sie die Aspekte ihres »Autismus« nicht verliert, die sie unter Umständen brauchen könnte. Wenn der Prozeß zu schnell verläuft, könnte sie sich aus Angst in den Autismus zurückziehen. Ich frage mich, ob Adri früher »aufgetaucht« wäre, wenn es FC früher gegeben hätte, oder ob jetzt ein ganz besonderer Zeitpunkt ist. Und wenn das so sein sollte – ist es ein bestimmter Zeitpunkt in ihrer Entwicklung, in meiner oder ein bestimmter Punkt in der Geschichte?

Heute haben wir Helen Keller gelesen und ich fragte Adri:

Kristi: Gefällt dir die Geschichte?

Adri: JA

Kristi: Erinnert dich dieses tapfere Mädchen an jemanden?

Adri: JA AN MICH

Donnerstag, 21.3.91

»Normale« Menschen haben autistischen Menschen gegenüber eine abschätzige Einstellung. Wir beobachten sie, beschreiben und kategorisieren sie. Und dann machen wir einen riesigen, unlogischen Sprung und definieren den ganzen Menschen auf der Grundlage unserer beschränkten Beobachtungen. In gewissem Sinne reduzieren wir autistische Menschen durch unsere eigenen reduzierten Wahrnehmungen. Und sie haben keine Zuflucht, sind unserer Gnade völlig ausgeliefert. Kein menschliches Wesen kann ohne ein Gefühls- und Geistesleben existieren; nicht einmal, wenn es im Koma liegt. Aber wegen unseres arroganten Bedürfnisses nach Definition und Kontrolle haben wir solch einen Mythos über autistische Menschen geschaffen.

Autismus kann nicht ausschließlich physiologisch sein. So etwas ist nicht vorstellbar. Es muß auch Emotionen geben, und wenn das so ist, muß es auch emotionale Echos geben. Das wird an der Mutter-Kind-Beziehung deutlich. So intensiv ich Adri auch liebte, gab es zwischen uns doch immer eine gefühlsmäßige Distanz, die erst überbrückt werden konnte, als uns FC zur Verfügung stand. Weder Adri noch ich haben eine Kluft zwischen uns aufgerissen – das hat der Autismus getan. Aber FC ermöglichte es mir, hinter den Schein zu blicken.

Daraus kann man nur eine Lehre ziehen. Wenn es uns um die Wahrheit geht, dürfen wir das Universum nicht auf das beschränken, was wir glauben, mit unseren fünf Sinnen wahrnehmen zu können. Die Welt ist nicht so, wie sie erscheint. Adri ist ein lebender Beweis für diese Wahrheit, und das hat begonnen, mein ganzes Denken zu formen. Das Phantastische, das Unmögliche, selbst das Unsinnige kann realer und wahrer sein als alle logischen, meßbaren, realitätsbezogenen Überzeugungen, die unsere Kultur so hoch bewertet.

Freitag, 22.3.91

Heute vormittag arbeiteten Adri und in dem zu einem Schulraum umfunktionierten Sonnenzimmer mit Lehrbüchern der dritten, vierten und fünften Klasse. Wie üblich hat sie alle Fragen korrekt beantwortet. Als wir fertig waren, wollte sich Adri unterhalten.

Adri: DU UNTERSCHÄTZT MICH

Ich dachte, sie meint die Schulbücher. Mir war klar, daß sie zu leicht waren.

Kristi: Wahrscheinlich hast du recht. Meinst du unsere heutige Arbeit? Womit würdest du dich gern beschäftigen?

Adri: ICH BESCHÄFTIGE MICH MIT BUCHSTABIEREN

Kristi: Weißt du, was wir heute unternehmen wollen?

Adri: WIR SEHEN DEN NINJA-TURTLES-FILM ICH ESSE POPCORN

Kristi: Willst du mir sonst noch etwas sagen?

Adri: DU WEISST NICHT ALLZUVIEL NICHT ÜBER MICH

Kristi: Ich weiß nicht allzuviel über dich? Willst du mir das damit sagen?

Adri: JA

Bis jetzt war Adri ganz ruhig gewesen, doch jetzt versuchte sie, mich zu beißen. Ich weiß, wie enttäuschend es für sie sein muß, dauernd mißverstanden zu werden. Aber das Beißen ärgerte mich, und das sagte ich ihr auch.

Adri: NICHT BEISSEN ENTSCHULDIGUNG

Sonntag, 24.3.91

Vor dem Zubettgehen war ich in Adris Zimmer und wir lasen wieder in der Helen-Keller-Biographie.

Kristi: Weißt du, was es heißt, blind zu sein?

Adri: JA SIE KÖNNEN NICHT SEHEN

Ich dachte gerade über meine nächste Frage nach, als Adri spontan zu tippen begann.

Adri: DU UNRUHIG

Ich bemühte mich zwar, mir nicht dauernd Sorgen zu machen, aber in Adris Leben änderte sich so schnell so vieles, und ich wollte alles richtig machen. Vermutlich sah man mir das an. Ich sagte ihr, daß sie vermutlich recht hatte. Dann sagte ich ihr, daß ich gern eine Mitteilung in ihr Notizbuch für die Schule schreiben würde.

Kristi: Willst du Mister T. irgend etwas sagen? Wenn ja, dann beginne mit ‘Lieber T.’, dann weiß er, daß du ihn meinst.

Adri: LIEBER T ICH MUSS ZEHNMAL HÄRTER ARBEITEN ICH ZU GEBILDET ICH BRAUCHE NEUE AUFGABEN

Eine ganz hübsch anspruchsvolle Kommunikation! Ich wußte, was sie meinte, obwohl ich es nicht ganz so ausgedrückt hätte. Adri ist sehr klug.

Montag, 25.3.91

Wir saßen im Sonnenzimmer und arbeiteten mit Adris Schulbüchern. Sie sagte, sie würde sich gern mit »MULTIPLIKATION« beschäftigen, also stellte ich ihr ein paar Rechenaufgaben. Aber gegen Ende der Lektion erregte sie sich und versuchte mich zu beißen. Ich fragte, ob sie eine Pause machen wollte. Da sie JA sagte, wollten wir in die Küche, um einen Happen zu essen.

Als ich sie aus dem Zimmer trug, kamen wir am Lichtschalter vorbei, und ich bat sie, das Licht auszuknipsen. Das hatte ich schon häufiger getan, aber sie hatte nie reagiert. Doch heute streckte sie plötzlich die Hand aus und drückte auf den Schalter. Ich war ganz aufgeregt. Zum ersten Mal tat sie etwas, worum ich sie gebeten hatte. Fehlt es ihr eher an Motivation als an Kontrolle – zumindest manchmal?

In der Küche verblüffte sie mich damit, daß sie tippte, sie wolle ein *Root Beer*, dann selbst zum Kühlschrank lief, ihn öffnete und sich eine Dose herausholte. Wow! Ich holte ein Glas und half ihr beim Öffnen der Dose. Und dann goß sie sich ein. Wir machten Geschichte! Aber als sie trank, wurde sie ganz aufgeregt – vermutlich wegen der Lobeshymnen, mit denen ich sie überhäufte – und verschüttete das *Root Beer*. Ich gab ihr ein paar Zellstofftücher, und sie wischte selbst auf. Eine weitere Sternstunde!

Die Konsequenzen selbst dieser kleinen Veränderungen waren mehr als bedeutsam. Wie anders könnte alles sein, wenn Eltern autistischer Kinder von Anfang an wüßten, daß ihre Kinder klug und verständig sind, und sie entsprechend behandelten? Und was wäre, wenn diese Eltern ihren autistischen Kindern sagten, daß sie sehr wohl wüßten, daß sie intelligent sind, aber in einem Körper steckten, der sich nicht immer beherrschen ließ?

Und was wäre weiterhin, wenn Eltern aus dem autistischen Verhalten ihrer Kinder nicht einfach folgern würden, daß diese nicht wirklich etwas für andere Menschen empfinden und sich nicht für sie interessieren? Wenn Eltern einräumten, daß das Problem eher Übersensibilität als Unempfindlichkeit sein könnte? Wie viele Mißverständnisse, Einsamkeit, Leid und Verwirrung könnten den Kindern und ihren Familien erspart bleiben oder zumindest vermindert werden? Es ist eine Herausforderung für Eltern, selbst mit der FC-Methode. Mitunter ist es sehr schwer, hinter das Verhalten zu schauen. Aber um unsere Kinder zu »befreien«, müssen wir uns bemühen, die Beschränkungen unserer Wahrnehmung zu überwinden. Ich hoffe, ich kann das tun.

Dienstag, 26.3.91

Wieder einmal entschied sich Adri vor dem Einschlafen für Helen Keller. Nachdem wir zu Ende gelesen hatten, stellte ich ihr ein paar Fragen.

Kristi: Was versucht Helen Keller zu tun, Adri?

Adri: SPRECHEN

Obwohl das für Adri das Entscheidende war, war ich nicht sicher, ob sie alle Begriffe verstanden hatte. Ich entschloß mich zu ein paar Nachfragen.

Kristi: Bist du blind, Adri?

Adri: NEIN

Kristi: Taub?

Adri: NEIN

Kristi: Weißt du, warum du nicht sprechen kannst?

Adri: ICH BIN AUTISTISCH

Das verschlug mir fast die Sprache. Ich weiß zwar nicht, was ich erwartet hatte, aber das mit Sicherheit nicht. Ich unterschätzte sie wirklich.

Kristi: Weißt du etwas über Autismus?

Sobald die Frage über meine Lippen war, erkannte ich, wie dumm sie klang. Also sagte ich schnell, natürlich wisse sie etwas über Autismus, schließlich lebe sie damit. Ich entschuldigte mich bei ihr und begann einen kleinen Vortrag über Autismus und andere Behinderungen. Nach ein paar Minuten fragte ich Adri, ob sie noch etwas sagen wollte.

Adri: GEH

Das war recht kurz für einen Gute-Nacht-Wunsch, oder wollte sie mir damit zu verstehen geben, wie wenig ihr mein Vortrag gefallen hatte?

Mittwoch, 27.3.91

Nach der Schule sagte Adri, sie würde gern zweiziffrig multiplizieren. Ich schrieb ihr eine Aufgabe auf: 15 x 8.

Kristi: Weißt du die Lösung, Adri?

Adri: NEIN

Kristi: Weißt du, wie man sie herausbekommen kann?

Adri: NEIN

Ich erklärte ihr die einzelnen Rechenschritte. Dann schrieb ich eine weitere Aufgabe auf: 13 x 3.

Kristi: Was ist dreimal drei, Adri?

Adri: 9

Kristi: Und dreimal eins?

Adri: 3

Kristi: Und wie heißt nun die Lösung der Aufgabe?

Adri: 39

Ich stellte ihr noch etliche Aufgaben mit zunehmendem Schwierigkeitsgrad. Sie löste sie alle ziemlich schnell.

Kristi: Elfmal zwölf?

Adri: 122

Erst später erkannte ich, daß sie diese eine Aufgabe falsch beantwortet hatte. Aber ich bin mir nicht sicher, ob sie falsch gerechnet oder zufällig auf die falsche Zahlentaste geraten war. Jedenfalls ist es nicht unangenehm, daß sie auch einmal etwas falsch macht.

Kristi: Kannst du jetzt multiplizieren?

Adri: JA

Kristi: Willst du aufhören oder noch ein bißchen arbeiten?

Adri: SONNENSYSTEM

Wir arbeiteten noch ein wenig und machten dann Schluß. Auf dem Weg aus dem Zimmer forderte ich sie wieder auf, das Licht auszuschalten. Sie tat es.

Donnerstag, 28.3.91

Auf der Fahrt zu unserem Haus in New Hampshire unterhielten Adri und ich uns auf dem Rücksitz.

Kristi: Gefallen dir die Ninja Turtles?

Adri: JA

Kristi: Welcher gefällt dir am meisten?

Adri: DONATELLO

Es war spät am Nachmittag, und ich fing an, mich ausführlich über den Sonnenuntergang zu verbreiten.

Kristi: Adri, wie findest du den Sonnenuntergang? Ist er nicht wunderschön?

Adri: SAUMÄSSIG

Überrascht sah ich sie an. Das hätte ihr Bruder Seby sagen können. Adri begann zu kichern. Es war ein Scherz. Wieder hatte ich sie unterschätzt. Glaubte ich etwa, autistische Menschen hätten keinen Humor? Ich schloß sie in die Arme.

Mit der FC-Methode ist es nicht leicht, sich locker zu geben, sie hat etwas Gestelztes an sich. Man muß seinen Gedanken eingeben, dann die Antwort abwarten, die nächste

Idee tippen. Manchmal werde ich einfach zu steifleinen. Ich muß das Ganze lockerer gestalten.

Kristi: Willst du Daddy irgend etwas sagen?

Adri: HI DADDY

Kristi: Möchtest du weitersprechen?

Adri: JA BALD SPRECHE ICH MIT MEINER ZUNGE

Ich stimmte ihr zu, daß das unser Ziel war. Sie wirkte nachdenklich.

Adri: DU SCHICKST MICH AUCH ZUR SCHULE

Ich war mir nicht sicher, was sie damit meinte, wollte aber ein wenig nachbohren.

Kristi: Willst du wissen, ob wir darüber nachdenken, eine neue Schule für dich zu suchen?

Adri: JA

Kristi: Willst du denn auf eine andere Schule gehen?

Adri: NEIN

Das überraschte mich, denn sie sprach so oft von ihrem Wunsch, anspruchsvollere Aufgaben gestellt zu bekommen. Da man sich an der *Higashi School* noch immer weigerte, Adris Lernfähigkeiten anzuerkennen, hatten wir über andere Schulmöglichkeiten gesprochen, auch darüber, sie auf eine der Public Schools in Brookline zu schicken. Adri wünschte sich nicht-autistische Freunde, aber die konnte sie auf der *Higashi School* nicht finden. Und so nahm ich an, sie wäre bereit, auf eine andere Schule zu wechseln. Damit unterschätzte ich sie wieder einmal.

Kristi: Willst du auf der *Higashi School* bleiben?

Adri: JA

Kristi: Aber ist es dort für dich nicht zu leicht?

Adri: JA

Kristi: Wäre es dann nicht besser, du würdest eine reguläre Schule besuchen?

Adri: NEIN

Kristi: Warum nicht?

Adri: ICH NICHT NORMAL

Das war wieder eine Bemerkung von ihr, die einem den Atem verschlug. Alles war so schwer für sie, aber das machte ich mir nicht immer klar. Selbstverständlich empfand sie ganz natürliche Bedenken dagegen, eine vertraute Umgebung, in der sie verstanden und akzeptiert wurde, mit einer zu vertauschen, in der sie sich von den anderen Schülern unterschied und vermutlich nicht von allen akzeptiert werden würde.

Diese Vorstellung ängstigte mich ebenfalls. Und wahrscheinlich hätte ich ihr das sagen sollen. Aber statt dessen versuchte ich, ihr Selbstbewußtsein zu stärken. Ich erklärte ihr, daß sie keineswegs anomal sei, nur autistisch. Durch eine Behinderung würde ein Mensch nicht »unnormal«. Ich sagte ihr, wie klug, lustig und wundervoll sie sei, und daß bestimmt jeder gern mit ihr zusammen sein und ihr Freund werden würde. Dann fragte ich:

Kristi: Hast du Angst?

Adri: JA ANDERE SCHULE

Kristi: Ich weiß, daß es eine große Umstellung ist, eine neue Schule zu besuchen, besonders eine reguläre Schule. Dazu braucht man viel Mut und Kraft. Aber du hast doch bereits bewiesen, wieviel Mut und Kraft du hast.

Ich versicherte ihr, daß wir sie nie ohne ihr Einverständnis in einer neuen Schule anmelden würden, daß das letztendlich ihre Entscheidung wäre. Und dann erzählte ich, daß ich bei meinem Besuch in Syracuse kürzlich autistische Schüler kennengelernt hätte, die mit eigenen FC-Helfern reguläre Klassen besuchten und sowohl wissensmäßig als auch emotional voll integriert waren. Ich sagte ihr, daß wir uns auf einem einmaligen Weg befanden. Er mochte vielleicht schwer sein, gebe uns allen aber auch die Möglichkeit, zu lernen und uns weiterzuentwickeln.

Jetzt weiß ich, daß sich das ganz schön überheblich angehört haben muß. Ich tat so, als könnte ich verstehen, was sie fühlte. Doch in Wahrheit sind ihre Erfahrungen sehr viel komplizierter und schmerzlicher als meine oder Rodrigos. Adri muß in einem Körper leben, der sie beständig im Stich läßt. Sie wohnt in einer Welt, in der sie ständig auf andere angewiesen ist, selbst wenn sie nur ein ganz simples Bedürfnis ausdrücken will. Wie könnte ich je verstehen, wie man sich dabei fühlt? Wie konnte ich auch nur so tun, als würde ich es verstehen?

Und dann schrieb Adri unvermittelt

Adri: ICH GESCHICHTE

Ich war nicht sicher, was sie damit meinte, und sie erklärte es mir nicht näher. Zunächst dachte ich, sie wollte vielleicht auf ihren Tod verweisen, verwarf das aber schnell wieder. Oder bezog sie sich auf die ungeheuren Veränderungen in ihrem Leben? Meinte sie, daß die vergangenen neun Jahre nun Geschichte waren? Ich weiß es nicht. Aber es wurde dunkel, und wir mußten mit unserer Unterhaltung aufhören.

Freitag, 29.3.91

Wir waren in der Küche unseres Hauses in New Hampshire. Es gab jede Menge Ablenkungen, daher konnte sich Adri nicht besonders gut konzentrieren.

Kristi: Möchtest du dich unterhalten?

Adri: JA MOM ENDE

Normalerweise tippt sie das, wenn sie mit etwas fertig ist. Ich war verunsichert.

Kristi: Gerade hast du gesagt, daß du dich unterhalten möchtest. Warum sagst du dann 'Ende'?

Sie versuchte etliche Male zu reagieren, aber ich konnte mir keinen Reim darauf machen. Dann begann sie zu schreien.

Kristi: Adri, was ist los? Warum schreist du so?
Adri: ICH WILL SPRECHEN

Es ist so unendlich frustrierend für sie. Selbst wenn sie tippen möchte, schafft sie es mitunter nicht. Es verlangt enorme Konzentration. Aber das ist sehr schwer, wenn es Ablenkungen gibt – egal, ob die nun innerlich oder äußerlich sind. Adri unternimmt so ungeheure Anstrengungen, um ein Teil dieser Welt zu sein.

8.

ICH WILL IDENTITÄT

April 1991

Montag, 1.4.91

Da die Frühjahrsferien zu Ende sind, gehen die Kinder seit heute wieder zur Schule. Adri scheint sich an der *Higashi School* wohlzufühlen.

Als ich ihr heute abend vorlas, verließ sie immer wieder das Zimmer. Schließlich reagierte ich verärgert.

Kristi: Wenn du nicht bei mir bleibst, Adri, höre ich auf vorzulesen.

Adri kam zurückgestürmt. Ich frage sie, ob sie mir etwas sagen wollte.

Adri: GUTE NACHT

Ziemlich nebulös, würde ich sagen. Ich umarmte sie, küßte sie und ging dann in mein Zimmer.

Ich habe darüber nachgedacht, wie sehnlich Adri sprechen möchte. Sie kann denken, sie kann ihre Muskeln bewegen. Sprechen sollte also nicht unmöglich sein. Also warum kann sie es nicht? Ungefähr die Hälfte aller Autisten sprechen. Aber warum fangen manche an zu reden und andere nicht? Wenn ein autistisches Kind im Alter von rund fünf Jahren nicht zu reden beginnt, wird es höchstwahrscheinlich nie sprechen – das scheint statistisch erwiesen. Aber warum? Irgendwer muß dieses Phänomen doch erklären können. Sprachpathologen helfen Menschen, ihr Sprechvermögen zu verbessern, aber wir brauchen jemanden, der weiß, wie man Menschen überhaupt Sprechen lehrt! Ist da jemand?

Dienstag, 2.4.91

Nach der Schule gingen Adri und ich wie üblich ins Sonnenzimmer, um uns zu unterhalten. Aber bevor ich noch eine Frage stellen konnte, begann sie zu tippen.

Adri: ENDE

Kristi: Wir haben doch gerade erst angefangen, aber du willst schon wieder aufhören? Bist du noch immer böse auf mich?

Adri: JA

Ich nahm an, es ginge um gestern abend.

Kristi: Wenn du durch die Gegend läufst, während ich dir vorlese, habe ich das Gefühl, es sei dir egal, ob ich lese oder nicht. Das kränkt mich ein bißchen. Wenn du das in der Schule tust, könntest du auch andere Leute vor den Kopf stoßen. Bist du wegen gestern abend noch immer böse auf mich?

Adri: DU NICHT ZÄRTLICH

Kristi: Entschuldige. Das wollte ich nicht, aber ich glaube, daß ich manchmal auch streng sein muß. Was meinst du? Muß ich nicht zärtlich und streng sein?

Adri: JA

Dann fügte sie hinzu: DU ZUVIELE SORGEN

Kristi: Ich weiß, daß ich mir zuviel Sorgen mache. Machst du denn dir keine?

Adri: NEIN

Das ist erstaunlich. Ich weiß zwar nicht, ob das möglich ist, aber es wäre großartig.

Mittwoch, 3.4.91

Gestern hatte ich Adri versprochen, früh von der Arbeit nach Hause zu kommen, damit wir nachmittags tippen konnten. Aber ich hatte noch schriftliche Arbeiten zu erledigen und kehrte erst kurz vor dem Abendessen zurück. Statt auf mich zugerannt zu kommen, um mich zu begrüßen, übersah mich Adri völlig. Ich umarmte sie trotzdem. Dann holte ich den Canon und fragte, ob sie sich mit mir unterhalten wollte.

Adri: ENDE

Sie stieß mich fort. Und als ich sie umarmen wollte, kratzte sie mich.

Kristi: Bist du böse, weil ich mich verspätet habe?

Adri: JA

Ich erzählte ihr von meiner dringenden Arbeit und entschuldigte mich. Aber sie war noch immer ärgerlich auf mich und zeigte es, indem sie ihr Mineralwasser auf den Boden schüttete. Nachdem wir mit den Essen fertig waren, fragte ich sie, ob wir mit ihren Schulbüchern arbeiteten wollten, und sie antwortete mit NEIN. Aber als ich sie fragte, ob ich ihr etwas vorlesen sollte, tippte sie JA.

Oben in ihrem Zimmer erklärte ich ihr, es sei besser, ihren Zorn mit Worten als durch Kratzen auszudrücken. Sie wirkte sehr erregt. Ich fragte sie mehrmals, ob sie noch über etwas anderes zornig sei. Schließlich antwortete sie mir.

Adri: ICH NOCH NICHT SPRECHEN

Es müsse unendlich frustrierend und schmerzlich für sie sein, erwiderte ich, sich das so verzweifelt zu wünschen und sich so sehr zu bemühen, aber die Worte doch nicht herausbekommen zu können. Während ich sprach, gab sie mehrere Laute von sich.

Kristi: Bist du noch über etwas anderes wütend?

Adri: JA ALLE

Auch das könne ich verstehen. Zorn sei manchmal ein Schutzschild für Schmerz und Leid, sagte ich. Wenn der Schmerz zu groß würde, neigten wir dazu, wild um uns zu schlagen. Während ich redete, kam Seby herein und setzte sich zu uns.

Kristi: Möchtest du Seby irgend etwas sagen?

Adri: ICH LIEBE DICH

Ich war ganz aufgeregt. Das hatte sie noch nie zu jemandem gesagt, nicht einmal zu mir. Seby strahlte. Bisher hatte Adri kein großes Interesse daran gezeigt, sich mit ihren Geschwistern zu unterhalten, und ich war mir sicher, daß Seby nicht wußte, ob Adri ihn gern hatte oder nicht, auch wenn wir es ihm häufig versichert hatten. Ich sah, wie sehr er sich freute.

Nachdem Seby gegangen war, wurde Adris Tippen unzusammenhängend. Ihre Antworten auf meine Fragen ergaben keinen Sinn, und ich sah, daß sie wahllos auf die Tasten drückte. Das mache mir Sorgen, erklärte ich, denn wie wolle sie in der Schule vorankommen, wenn sie nicht deutlich tippte? Sie erwiderte:

Adri: ICH GEBILDET

Kristi: Ich weiß, daß du das bist. Warum erwähnst du das jetzt? Hast du in der Schule Probleme?

Adri: JA

Kristi: Mit wem oder mit was?

Adri: JA MR T

Ihr Lehrer! Das erboste mich maßlos. Warum erkannte man nicht an, daß sie intelligent war? Warum schenkte man ihr keine Aufmerksamkeit? Adri kletterte in unser Bett, und ich ging ihr nach.

Kristi: Bist du müde, Schätzchen?

Adri: JA UND GUTE NACHT

Als Reaktion auf meinen Leserbrief im Autismus-Informationsblatt über Adris erste FC-Versuche haben mich heute einige interessierte Eltern angerufen. Glücklicherweise wird die Adriana Stiftung am Ende des Monats die erste FC-Präsentation veranstalten. Ich gebe auch allen Doug Biklens Telephonnummer in Syracuse. Ich hoffe, er hat nichts dagegen. Für mich ist das immens wichtig. Jetzt, da uns FC zur Verfügung steht, sollten autistische Kinder und Erwachsene keinen Tag mehr auf diese Kommunikationsmöglichkeit verzichten müssen. Die Präsentationen sind dringend notwendig.

Donnerstag, 4.4.91

Morgen will ich eine Grundschule in der Umgebung besuchen. Ich erzählte Adri, was ich schon über sie wußte und fragte sie, was sie davon hielt.

Adri: JA ICH BRAUCHE NEUE SCHULAUFGABEN

Kristi: Also hast du nichts dagegen, daß ich mich dort einmal umsehe? Hast du noch immer Angst vor einer neuen Schule?

Adri: DU ZU BESORGT

Freitag, 5.4.91

Ich erzählte Adri von meinem Besuch in der Schule und meinem Gespräch mit dem Leiter des Sonderprogramms für Schüler mit besonderen Bedürfnissen. Ich wollte wissen, ob sie das interessant fand.

Adri: DU WILLST MICH AUF EINE NEUE SCHULE SCHICKEN?

Kristi: Willst du das denn?

Adri: JA ICH WILL NEUE AUFGABEN ALSO MUSS ICH WECHSELN

Sonnabend, 6.4.91

Heute vormittag hat Adri gut gearbeitet. Ich zeigte ihr ein neues Lernheft, das sich mit Geld beschäftigt, und legte ein paar Münzen auf den Tisch. Zunächst schien sie den Wert der Geldstücke nicht recht zu verstehen, aber sie lernte sehr schnell.

Irgendwann nahm sie ihr Heft und schleuderte es quer durch den Raum. Wenn wir mit neuem Material arbeiten, neige ich zu Wiederholungen. Vermutlich langweilt sie das. Wieder sagte ich ihr, es sei besser, sich durch Tippen auszudrücken, als durch das Werfen von Gegenständen. Doch kaum begannen wir wieder zu arbeiten, schlug sie mich auf die Nase und wollte mich beißen. Es war entnervend, aber bevor ich etwas sagen konnte, tippte sie: TUT MIR LEID

Sonntag, 7.4.91

Vor dem Zubettgehen ging ich in Adris Zimmer und fragte sie, ob sie mir etwas mitteilen wollte.

Adri: HI ICH BRAUCHE NEUE AUFGABEN JA ICH GEBILDET

Ich stimmte ihr zu. Dann griffen wir zu einem Buch, das wir gemeinsam lasen. In ihm beschreibt Temple Grandin, eine Autistin, die Wutanfälle, die sie als kleines Mädchen hatte. Ich fragte Adri, ob auch sie Wutanfälle bekäme. Sie antwortete mit NEIN. Aber als ich sie daran erinnerte, daß sie manchmal um sich schlug, biß und kratzte, stimmte sie mir zu. Dann schien Adri müde zu werden und deutete an, ich solle gehen.

Kristi: Willst du mir nicht zunächst gute Nacht sagen?

Adri: GUTE NACHT

Kristi: Ich hab dich lieb.

Adri: ZÄRTLICH

»Zärtlich« ist ein Wort, das ich nicht oft benutze. Es von Adri zu hören, gibt mir ein sehr warmes Gefühl.

Montag, 8.4.91

Das Abendessen heute war das reine Chaos. Seby und Brie lärmten ununterbrochen, sprangen von ihren Stühlen hoch und schubsten sich gegenseitig. Adri aß mit den Händen. Jedesmals wenn ich ihr eine Gabel reichte, benutzte sie sie für einen einzigen Bissen, um dann wieder mit den Händen zuzulangen. Ich hielt den jüngeren Kindern einen Vortrag über Tischmanieren und wandte mich dann an Adri: »Du auch! Autismus ist keine Entschuldigung dafür, wie ein Ferkel zu essen!«

Adri verdrehte die Augen wie ein ganz gewöhnliches Kind. Das machte mir bewußt, wie sehr ich im Umgang mit Adri meine Worte »redigiere« und kaum wage, das Wort Autismus auszusprechen. Damit muß ich aufhören. Sonst reagiere ich auf den Autismus und nicht auf Adri.

Dienstag, 9.4.91

Heute fragte ich Adri nach unserer Schularbeit, ob sie noch etwas auf dem Herzen hätte.

Adri: JA DU STRENG MIT MIR

Kristi: Ist das gut?

Adri: JA

Wir wiederholten unsere Geld-Lektion und Adri benannte alle Münzen korrekt. Dann stellte ich ihr eine schriftliche Aufgabe. Sie sollte herausfinden, welcher von zwei Gegenständen der teurere und wie groß der Unterschied zwischen beiden war. Sie löste die Aufgabe (\$4.98 – 1.29 = \$3.69) im Kopf; besser als ich es könnte.

Freitag, 12.4.91

Heute kam ich ziemlich abgehetzt und schuldbewußt nach Hause. Adri hatte einen schulfreien Tag und wir hätten hervorragend miteinander arbeiten können. Aber wegen der bevorstehenden FC-Präsentation, meinen

Arbeiten fürs College und einer Autismus-Konferenz in Washington, auf der ich über FC sprechen sollte, hatte ich heute kaum eine freie Minute – und das würde sich auch in den nächsten Tagen kaum ändern.

In ihrem Zimmer versuchte ich eine Viertelstunde lang, sie zum Tippen zu überreden, nachdem ich mich bei ihr entschuldigt hatte. Es hatte keinen Erfolg, daher gab ich schließlich auf. Doch dann tippte sie: TUT MIR LEID. Ich fühle mich nicht gut dabei. Ich bin in die Autismus-Arbeit so eingespannt, daß ich Adri vernachlässigt habe. Verwandle ich mich in eine dieser Mütter, die durch die Behinderung ihres Kindes leben? Ich muß meine Prioritäten erkennen.

Sonnabend, 13.4.91

Heute vormittag waren wir im Sonnenzimmer und haben zum ersten Mal in dieser Woche wirklich miteinander geredet. Es war großartig. Zunächst schien sie zornig zu sein und Schwierigkeiten mit dem Tippen zu haben.

Kristi: Was ist los?

Adri: DU REDEN ENTSCHEIDUNG

Kristi: Ich entscheide reden? Meinst du damit, daß ich darüber entscheide, wann du sprichst? Wann wir den Canon benutzen?

Adri: JA

Kristi: Mir ist bewußt, daß wir in dieser Woche nicht viel miteinander gesprochen haben. Entschuldige. Möchtest du lieber darüber entscheiden, wann wir uns unterhalten?

Adri: JA ICH WILL REDEN

Kristi: Du willst also reden, sobald dir danach ist? Ich denke, da wäre es ganz nützlich, wenn du mit mehreren Leuten kommunizieren könntest. Möchtest du, daß auch andere dir so helfen können wie ich?

Adri: JA

Kristi: Dann mußt du aber ganz genau in der Wahl der Tasten sein, damit dich jeder verstehen kann.

Adri: ZU GEBILDET DU HOHE ERWARTUNGEN

Kristi: Meinst du, daß ich zuviel von dir erwarte?

Adri: NEIN

Kristi: Glaubst du, du schaffst, was ich von dir erwarte?

Adri: JA

Ich war nicht sicher, was sie damit meinte. Ging es ihr um die Schule oder vielleicht das Leben?

Adri: UNTERRICHTE MICH

Kristi: Das versuche ich doch! Ich versuche auch zu verstehen, was du jetzt sagen willst.

Adri: DU ZU BESORGT

Kristi: Worüber?

Adri: SCHULE

Ich erwiderte, ich sei besorgt, daß sie über ihre mangelnden Fortschritte in der Schule frustriert sein könnte. Und daß ich wollte, sie würde von der Schule all das bekommen, was sie sich wünschte, was sie brauchte und verdiente.

Adri: DU MANCHMAL ZU GEMÄSSIGT
MANCHMAL ENTSCHEIDEST MEIN LEBEN

Kristi: Ich entscheide manchmal über dein Leben – sehr oft sogar. Aber du darfst nicht vergessen, daß du erst neun Jahre alt bist.

Adri zuckte mit den Schultern. Vielleicht meint sie, meine Entscheidungen wären ihr zu maßvoll und »zahm«. Ich bin mir nicht sicher.

Kristi: Du würdest also lieber mehr selbst über dein Leben entscheiden?

Adri: JA

Kristi: Okay. Von jetzt an reden wir über alles, und du hast ein Mitspracherecht bei allem, was dein Leben betrifft. Wir werden uns bemühen, dir die Entscheidungen so weit wie möglich zu überlassen. Gibt es etwas, was dich im Moment besonders bedrückt?

Adri: ICH MÖCHTE LERNEN

Und das, nachdem sie mir gerade gesagt hatte, ich würde mir zu große Sorgen über die Schule machen. Sprach sie tatsächlich über die Schule? Ich weiß es nicht. Wir hatten schon darüber geredet, sie zu Hause zu unterrichten. Ging es ihr darum?

Kristi: Wo möchtest du lernen?

Adri: SCHULE

Kristi: Es muß sehr enttäuschend sein, daß die Schule nicht anerkennt, was sich alles für dich verändert hat. Aber ich weiß auch nicht, was man dagegen tun soll. Ich kann sie nicht dazu zwingen, FC in den Lehrplan zu übernehmen. Und da das Schuljahr bald endet, hat es wenig Sinn, jetzt auf eine andere Schule zu wechseln. Vielleicht ist es im Moment das Beste, wenn wir zu Hause mehr arbeiten.

Adri: ZU HAUSE MEHR ARBEIT

Die Batterie gab ihren Geist auf, und wir mußten aufhören. Als ich ihr vor dem Schlafengehen vorlas, wanderte sie im Zimmer herum und zog an der Schnur ihrer Bugs-Bunny-Puppe. Ich weiß nicht, ob sie Bugs-Bunnys Worte kopieren wollte, oder ob es ganz spontan war, jedenfalls hörte ich sie laut sagen: »*Nigh-nigh*« (Nacht-Nacht).

Kristi: Du hast eben wieder mit deiner Zunge gesprochen, Adri. Ich habe dich genau verstanden. Das war ganz großartig!

Versucht sie jedesmal zu sprechen, wenn sie Worte formuliert? Wenn das so ist, kann man ihre Beharrlichkeit nur bewundern. Ich setzte mich auf ihr Bett. Sie zog das Buch »101 Dalmatiner« aus dem Stapel auf dem Boden und kuschelte sich neben mich, während ich ihr vorlas. Das hatte sie noch nie getan.

Freitag, 26.4.91

Beim Frühstück deutete Adri an, daß sie sich unterhalten wollte.

Adri: DU NICHT ENGAGIERT

Kristi: Du hältst mich also nicht für engagiert genug?

Adri: JA ICH BRAUCHE NEUE AUFGABEN

Ich erklärte, daß ich mich sehr wohl für engagiert hielte, aber manches brauche nun einmal seine Zeit, und das müsse sie verstehen. Ich würde mich nach Kräften bemühen, sagte ich ihr.

Kristi: Meinst du damit, daß du zu lernen aufhören willst?

Adri: NEIN

Kristi: Willst du in eine andere Klasse? In eine, in der es schwerer ist als in deiner jetzigen?

Adri: JA

Nach der Schule setzten Adri und ich uns wie üblich im Sonnenzimmer zusammen. Sie wollte mit ihrem »Klang-und-Licht«-Lehrheft arbeiten. Am Ende des Heftes gab es einige Beispiele für die japanische Haiku-Lyrik. Adri schien interessiert.

Kristi: Weißt du, was ein Haiku ist?

Adri: JA

Kristi: Würdest du gern eins schreiben?

Adri: JA

Und dann tippte sie sehr langsam und bedächtig:

Adri: ZÄRTLICHES WIRD

IN DER MORGENDÄMMERUNG ENTSCHIEDEN

NICHT IN DER NACHT

Ich war total verblüfft. Was für ein wundervolles Haiku. Adris erste kreative Arbeit. Es bedurfte großer Mühe und Konzentration, die Worte herauszubekommen, aber sie hatte sich nicht entmutigen lassen. Ich sagte ihr, wie erstaunlich und wunderbar das Gedicht sei, und daß ich es nie vergessen würde. Ich war sehr stolz auf sie, und sie schien ebenfalls stolz auf sich zu sein. Ist ein Haiku wie dieses typisch für eine Neunjährige? Ich glaube nicht.

Sonntag, 28.4.91

Heute abend machte Adri eine Menge Laute, als wir miteinander lasen. Ganz deutlich habe ich sie »Mama« sagen gehört. Es klang wie Musik in meinen Ohren. Es war ein anstrengender Tag, und Adri wirkte erschöpft.

Kristi: Willst du jetzt schlafen?

Adri: NEIN

Kristi: Nun, soll ich jetzt vielleicht gehen?

Adri: JA GUTE NACHT MOM

Kristi: Ich habe dich lieb, Adri. Willst du mir noch etwas sagen?

Adri: JA ICH LIEBE DICH

Das war das erste Mal! Nie in meinem Leben hätte ich erwartet, das von Adri zu hören. Ich fühlte mich unendlich beschenkt. Ich umarmte sie und sagte ihr, wie sehr auch ich sie liebte. Wie auf Wolken schwebte ich aus dem Zimmer.

Dienstag, 30.4.91

Gestern abend fand unsere FC-Präsentation statt. Marilyn Chadwick, Adris FC-Helferin aus Syracuse, war die Referentin. Abgesehen von ein paar kleinen Problemen mit dem Fernseher klappte alles hervorragend. Heute früh tippte Adri sehr ausführlich – ohne zu zögern und ohne dazu aufgefordert zu werden.

Adri: ICH WILL IDENTITÄT ICH BRAUCHE AUSBILDUNG BRAUCHE NEUE SCHULE

ICH NICHT AUSGEBILDET ICH NICHT DUMM

Doch da sie zur Schule mußte, hatten wir keine Zeit, das Gespräch fortzusetzen. Aber ich sagte ihr, daß das ein wichtiges Thema sei und wir uns später darüber unterhalten würden. Sie wollte eine eigenständige Person sein und als solche anerkannt werden. Ist das zuviel verlangt?

Auch nach der Schule blieb Adri mitteilsam. Anstatt mit ihren Lehrheften der dritten und vierten Klasse zu arbeiten, griffen wir zur Enzyklopädie. Nach dem Lesen einiger Abschnitte im Lexikon beantwortete sie etliche meiner Fragen korrekt. Ich nahm an, unsere Arbeit würde zügig vorangehen, aber während einer Pause wechselte Adri das Thema.

Adri: NEULICH ICH NICHT ZORNIG

Ich nahm an, sie würde sich auf den Tag beziehen, an dem sie sagte, ich wäre nicht engagiert genug, konnte sie aber nicht dazu bringen, das näher zu erläutern. Dann begann sie wieder zu tippen.

Adri: ICH MEDIZIN LERNEN

Kristi: Du willst also Medizin studieren? Um Ärztin zu werden?

Adri: JA

Kristi: Was möchtest du studieren?

Adri: NEUROLOGIE JA ICH MACHE NEUROLOGIE NICHT STERBEN LEGHY CLINIC

Ich war überrascht und sehr beeindruckt. Woher wußte sie über Neurologie und die *Lahey Clinic* Bescheid?

Kristi: Du willst also an der *Lahey Clinic* arbeiten?

Adri: JA ICH STERBE GLÜCKLICH WENN ANDEREN HELFE MENSCHEN GLÜCKLICH WENN ICH GLÜCKLICH.

Kristi: Was meinst du mit »Menschen glücklich wenn ich glücklich«? Warum?

Adri: WEIL ICH EINE HEILUNG FÜR KREBS FINDE KREBS FUNGIERT ALS VERMITTLER

FÜR DAS GEHIRN UND SCHICKT EINE NACHRICHT AN DIE ZELLEN

Ich war schockiert. Wovon redete sie da? Woher kam das alles? Es hörte sich sehr komplex und anspruchsvoll an. Um Gelassenheit bemüht fuhr ich fort.

Kristi: Weißt du auch schon, wo du studieren willst?

Adri: JA MIT ICH GEBILDET

Ich lobte ihren Ehrgeiz und ihre Hochschulwahl. Aber woher kannte sie das *Massachusetts Institute for Technology* (MIT)? Es ist merkwürdig. Ich habe keine Ahnung, was sie weiß. Unser Babysitter sagt, kürzlich wäre im Fernsehen eine Dokumentation über Krebs gelaufen, vielleicht hat Adri die gesehen. Dennoch schienen ihre Formulierungen ausschließlich ihre eigenen zu sein.

9.

ICH GESCHEIT NICHT DUMM

Mai 1991

Sonnabend, 4.5.91

Neulich habe ich mich mit der für Sonderpädagogik zuständigen Referentin von Brookline getroffen. Sie hätte nicht liebenswürdiger, ermutigender und hilfreicher sein können. Sie sah sich die Beweise für Adris schulische Fähigkeiten an und äußerte Erstaunen, aber keine Skepsis – zumindest nicht mir gegenüber. Sie riet mir, nach einem ganztägigen FC-Helfer für Adri zu suchen. Ich hoffe, bald jemanden zu finden, der sich während des Sommers mit Adri vertraut macht. Dann dürfte es kaum Schwierigkeiten bereiten, Adri im Herbst mit diesem Helfer in eine reguläre Schule zu schicken.

Adri erklärte sich mit diesen Plänen einverstanden, machte dann aber einen merkwürdigen Kommentar.

Adri: MACHEN GERÄUSCHE DICH GEBILDET

Kristi: Nein, das denke ich nicht. Was meinst du denn?

Adri: NEIN ICH AUSGEBILDET MIT GERÄUSCHEN IN DER SCHULE

Ich bin mir nicht sicher, was sie meinte. Vielleicht den hohen Geräuschpegel mit all den autistischen Kindern an der *Higashi School*. Oder sie wollte sarkastisch darauf hinweisen, daß Geräusche bisher die einzige »Ausbildung« waren, die sie bisher erhalten hatte.

Sonntag, 5.5.91.

Bevor wir uns heute Adris Lernheften zuwandten, wollte ich wissen, warum sie das Fernsehgerät immer auf Kanäle einstellte, auf denen nur »Schnee« zu sehen und zu hören war.

Adri: ICH SPASS

Ich bat sie, dabei wenigstens den Ton ein wenig herunterzuschalten, um die Ohren aller anderen zu schonen.

Nachdem das geregelt war, wandten wir uns der Wissenschaft zu. Ich wollte von Adri wissen, ob sie den Entdecker der Schwerkraft kenne.

Adri: JA NEWTON

Kristi: Richtig. Und woher stammen deine Kenntnisse über Krebs, Adri?

Adri: HABE ICH IM FERNSEHEN GESEHEN

Kristi: Und woher weißt du vom MIT?

Adri: JA VON DIR

Ich konnte mich nicht erinnern, mit ihr über das MIT gesprochen zu haben, aber vielleicht hatte ich es doch irgendwann erwähnt. Dann wollte ich mit Adri ein paar Lernthemen wiederholen, aber sie warf das Gerät auf den Boden und versuchte mich zu beißen. Ich wurde sehr ärgerlich auf sie und erklärte, ein derartiges Verhalten würde ich mir nicht mehr gefallen lassen. Sie müsse und könne sich sehr viel besser benehmen. Ich fragte sie, ob sie dazu etwas zu sagen hätte.

Adri: DU ZU STRENG HÖR AUF

Kristi: Aber du kannst nicht mit Gegenständen um dich werfen und beißen, wenn du wütend bist. Vergiß nicht, daß ich sowohl zärtlich als auch streng sein soll. Das hast du mir selbst gesagt. Willst du noch etwas sagen?

Adri: JA DU MACHST MICH WÜTEND

Ich war ziemlich begeistert, daß sie mir das ganz rückhaltslos sagen konnte.

Kristi: Es ist völlig in Ordnung, daß du wütend wirst, aber kannst du das nicht auf andere Weise deutlich machen, als deinen Canon auf den Boden zu werfen und mich zu beißen? Das Gerät ist ziemlich wertvoll. Es ist deine Stimme.

Adri: SPRECHEN

Kristi: Ja, Sprechen wäre noch sehr viel besser.

Noch immer schien sie zornig zu sein.

Kristi: Willst du mir noch etwas sagen?

Adri: ICH KLUG UND ICH REICH

Sie hörte sich an wie ein verwöhntes Gör. Wie erstaunlich. Es machte mir bewußt, daß ich sie im Grunde ziemlich einseitig sah. Sie ist ein sensibles Kind, das anderen Menschen helfen möchte. Sie ist aber auch ein kleines neunjähriges Mädchen, das wie die meisten Kinder manchmal störrisch und mürrisch sein kann.

Montag, 6.5.91

Heute beim Abendessen erzählten alle Kinder aus der Schule. Als ich Adri nach ihrem Sportunterricht fragte, erwiderte sie:

Adri: NOCH NICHT GEBILDET WIR FUHREN RAD

Es ist schön, daß sie sich an Familienunterhaltungen beteiligen kann.

Dienstag, 7.5.91

Wieder einmal lag der Canon während des Abendessens auf dem Tisch, und ich fragte Adri, wie ihr Tag verlaufen war. Sie gab mir das, was inzwischen zu einer Standardantwort geworden zu sein schien.

Adri: NOCH NICHT GEBILDET

Sie schwankt zwischen ICH ZU GEBILDET und NOCH NICHT GEBILDET. Ich bin mir immer noch nicht sicher, was sie damit meint. Plötzlich begann sie mit hoher Stimme zu schreien und warf sich gegen den Tisch.

Kristi: Was ist los, Adri? Bist du über irgend etwas wütend?

Adri: JA MICH

Macht sie sich etwa Vorwürfe, autistisch zu sein? Leidet sie, wenn sie – oder vielleicht nur ihr Körper – aufbegehrt? Ich sprach mit ihr über ihr Bedürfnis, ihre Empfindungen deutlich zu machen, ihre Frustrationen abzureagieren. Und ich sagte, daß niemand für ihren Autismus verantwortlich war, am allerwenigsten sie.

Mittwoch, 8.5.91

Heute früh unterhielten wir uns vor der Schule.

Adri: DU WARST GESTERN ABEND NICHT LIEB ZU SEBY

Welche Überraschung und was für eine intuitive Bemerkung. Gestern abend brachte ich Adri zu Bett, als Seby, den ich bereits viermal ins Bett gesteckt hatte, erneut hereingeschneit kam. In ärgerlichem Ton sagte ich ihm, er solle sofort wieder in seinem Zimmer verschwinden. Ich dachte gar nicht weiter darüber nach und Adri, wie ich dachte, auch nicht.

Ich hatte mich geirrt. Sie ist immer aufmerksam, ob man es ihr nun ansieht oder nicht. Jetzt sagte ich ihr, daß sie recht hatte. Ich war zwar ärgerlich auf Seby gewesen, hätte aber meine Stimme mäßigen sollen.

Kristi: Was glaubst du, wie sich Seby fühlte, als ich so grob mit ihm sprach?

Adri: VERLETZT ICH AUCH EMPFINDLICH

Sie sei nicht empfindlich, sondern empfindsam, versicherte ich ihr. Ich sagte ihr, wie stolz ich auf sie war und daß ihr Mitgefühl etwas ganz Besonderes und Wundervolles wäre. Und das bei einem Kind, dem nach dem augenblicklichen Verständnis von Autismus angeblich Sensibilität und Mitgefühl für andere fehlt!

Donnerstag, 9.5.91

Heute haben wir einen sehr angenehmen Nachmittag miteinander verbracht. Zunächst hatte Adri draußen gespielt, dann beschäftigten wir uns mit Orthographie. Sie tippte alle Wörter ganz korrekt, fing dann aber plötzlich an zu schreien. Sie griff nach ihrem Gerät und schleuderte es auf den Boden. Sie erregte sich so, daß auch ich zu zittern begann. Ich nahm sie in die Arme und versuchte, uns beide zu beruhigen.

Kristi: Was ist denn nur, Adri? Was hast du?

Adri: ICH WILL SPRECHEN

Natürlich will sie das! Sie möchte an der Welt ganz teilnehmen, nicht am Rand stehenbleiben. Ich kann mir nicht vorstellen, welch ein Gefühl das ist. Wie ist das eigentlich, wenn alle unsere Gedanken in unserem Kopf bleiben müssen, oder wenn wir uns für ein Wort oder einen Gedanken unter Tausenden in unserem Gehirn entscheiden müssen? Und obwohl Adri sich inzwischen mitteilen kann, braucht sie dazu doch immer einen Helfer und ein Keyboard – und selbst dann bringt sie ihre Finger nicht immer dazu, auf die richtigen Tasten zu drücken. Mitunter vergesse ich, daß sie in jeder Minute des Tages kämpfen muß. Ich kann so nüchtern, so ehrgeizig sein, selbst wenn ich glaube, an ihrer Stelle zu handeln. Ich vergesse, wie schwer das für sie sein muß.

Freitag, 10.5.91

Heute habe ich über einen alten Zeitungsartikel nachgedacht, den ich über einen autistischen »Weisen« gelesen habe, der eine Seite in der Enzyklopädie las und dann die Antworten auf jede Frage zu dieser Seite wiedergeben konnte. Ich frage mich, ob Adri dazu in der Lage ist. Fast fürchte ich mich vor der Antwort. Dennoch muß ich soviel wie möglich über sie wissen – ganz gleich, was ich dabei herausfinde.

Sonnabend, 11.5.91

Meinen heutigen Eintrag sehe ich als eine Art Katharsis an. Nach der Schule kamen Adri und ich überein, in einer Kinder-Enzyklopädie zu lesen und die darin enthaltenen Fragen zu beantworten. Ich legte das Buch zwischen uns auf den Tisch und hielt ihre Hand so, daß sie andeuten konnte, wann sie mit einer Seite fertig war. Sie brauchte zum Lesen einer Seite durchschnittlich nur fünf Sekunden und beantwortete dann alle Fragen korrekt.

Das erschreckte mich. Ich möchte ebensowenig, daß sie für eine Art Wunderkind gehalten wird, wie ich möchte, daß man sie als eine Art Schwachkopf abtut. Sie ist eine eigenständige Persönlichkeit, und ich fange gerade erst an, sie kennenzulernen. Ich möchte sie nicht wieder verlieren, an niemanden und an nichts. Ich möchte soviel wie möglich über sie erfahren, aber ich möchte an ihrer Seite lernen. Ich weiß nicht, ob ich sie verstehen kann, da sie so anders lernt als ich – auf eine Art, die außerhalb meines Begriffsvermögens liegt, mir so fern ist.

Ganz kann ich meine Ängste selbst nicht begreifen, aber auf keinen Fall möchte ich sie damit anstecken. Ich möchte ihr absolutes Vertrauen zeigen, ihr Selbstvertrauen stärken, hundertprozentig an sie glauben. Heute mußte ich an den Abend nach unserem ersten FC-Versuch denken. Unkontrolliert schluchzte ich in ihren Zimmer, empfand Erleichterung, Glück, aber auch Angst. Namenlose Angst bei der Vorstellung, daß das alles irgendwie doch nicht wahr sein, daß sie sich mir jeden Augenblick wieder entziehen könnte. Ihre Welt ist mir noch immer fremd. Doch wenn ich möchte, daß sie in meine eintritt, muß ich auch bereit sein, ihre zu betreten.

Ich habe Rodrigo gebeten, für morgen ein paar Abschnitte der Enzyklopädie zu lesen und entsprechende Fragen vorzubereiten. Dann kann Adri die Themenabschnitte lesen, und ich unterstütze ihre Hand, ohne selbst die Antworten zu kennen.

Die ganze Situation ist so überwältigend. Ich bin mir meiner Ängste bewußt und möchte nicht, daß sie mein Urteil beeinflussen. Immer wieder denke ich an die ersten Wochen mit der FC-Methode. Die Angst, daß es nur eine Illusion sein könnte, war so stark gewesen – obwohl ich genau spürte, wie sie auf die Tasten drückte. Obwohl sie mir Dinge mitteilte, von denen ich nichts wußte. Obwohl sie sich zu tippen weigerte, wenn sie es nicht wollte, gleichgültig, wie sehr ich sie auch dazu drängte. Obwohl sie mir ein paar sehr verblüffende Dinge auf eine verblüffende Weise mitteilte, die abseits meines eigenen Denkens lag. Obwohl ich all diese Beweise hatte, war es sehr schwer, an sie zu glauben, weil Schein und Realität so unvereinbar schienen.

Das niederzuschreiben, entspannt mich und läßt mich freier atmen. Mir ist bewußt, daß ich den Dingen ihren Lauf lassen muß, mich nicht einmischen darf. Ich muß mir in Erinnerung rufen, daß es sich um einen Prozeß handelt. Vor allem darf ich nicht vergessen, daß die Tatsache, daß ich vom Wesen dieses Prozesses nichts begreife, ihn ihn keiner Weise beeinträchtigt. Schließlich bin ich weder allwissend noch allmächtig. Meine Ängste sind meine Probleme, nicht Adris.

Sonntag, 12.5.91

Heute beschäftigten sich Rodrigo, Adri und ich mit den Fragen aus der Enzyklopädie, die er vorbereitet hatte. Sie handelten von Sibirien und Sierra Leone. Ich saß neben

Adri und blätterte die Seiten um, während sie sich über Sibirien informierte. Dann beantwortete sie eine der beiden Fragen richtig, die ich ihr stellte.

Bevor wir uns mit dem Thema befassen konnten, stellte ihr Rodrigo dann Fragen über Sierra Leone. Adri beantwortete zwei von drei korrekt. Da Adri nur einen kurzen Blick auf die Sierra-Leone-Seite werfen konnte, bevor ich wieder umblätterte, ist kaum vorstellbar, daß sie so schnell lesen konnte. Die Ergebnisse waren ebenso verwirrend wie wenig überzeugend. Wir mußten es einfach noch einmal probieren. Ich versicherte Adri, daß ich nicht die Absicht hatte, sie zu testen.

Adri: DU ZU SENSIBEL NICHT NÖTIG

Mitunter kann sie sehr verständig sein. Dann fügte sie einen Kommentar hinzu.

Adri: NOCH NICHT AUSGEBILDET

Kristi: Aber genau das tun wir doch gerade. Wann glaubst du denn, ausgebildet zu sein?

Adri: WENN ICH MEHR AUSBILDUNGSSTUNDEN HABE

Wie wahr.

Montag, 13.5.91

Heute vormittag hat uns Marie, Adris alte Lehrerin vom LCDC, besucht. Ich hatte gehofft, daß Adri Marie etwas von ihren neu entdeckten Fähigkeiten zeigen würde. Aber als ich sie fragte, ob sie etwas sagen wolle, tippte sie ihr übliches: »NOCH NICHT AUSGEBILDET«, und wollte oder konnte nichts weiteres mitteilen. Sie zappelte herum und verhielt sich kaum anders als zu jener Zeit, als sie Maries Schülerin gewesen war. Ich war ganz verzweifelt, aber inzwischen weiß ich, daß Adri sehr viel verzweifelter gewesen sein muß. Warum sollte sie etwas vorführen, um mein Ego zu befriedigen? Werde ich jemals lernen?

Dienstag, 14.5.91

Heute kamen wir mit den Fragen, die Rodrigo aus der Enzyklopädie vorbereitet hatte, sehr gut voran. Wir lasen vier Seiten, und Adri beantwortete fünfzehn der achtzehn Fragen korrekt. Als ich sie abends zu Bett brachte, spielt sie mit ihrem »Speak-and-Spell«. Fasziniert sah ich zu, daß sie immer wieder auf den Hebel drückte.

Kristi: Warum drückst du immer so schnell wieder auf den Hebel, Adri? Warum läßt du dem Spielzeug keine Chance zum Reagieren?

Adri: SPASS

Kristi: Es freut mich, wenn es dir Spaß macht, aber ist es gut für dich, das immer wieder zu wiederholen?

Adri: JA GUTE NACHT

Mittwoch, 15.5.91

Ich fand einen Artikel über eine »sprechende Schreibmaschine« aus dem Jahr 1983. Es ging um FC, obwohl man es nicht so nannte. Seither wurden etliche weitere Beispiele für die erfolgreiche Anwendung von FC dokumentiert, allerdings nicht unter diesem Namen. Und seit fünf Jahren wird die Methode in Australien benutzt. Also hat *Facilitated Communication* bereits eine beachtliche Geschichte, auch wenn man jetzt so tut, als wäre es etwas ganz Neues. Welch ein Nachteil für autistische Menschen. So etwas darf nie wieder geschehen.

Sonnabend, 18.5.91

Seit Mittwoch habe ich mich nicht mit Adri unterhalten. Ich fange an zu erkennen, daß ich mich an den Tagen, an denen ich mit ihr kommuniziere, wohl und ausgeglichen fühle, aber gereizt und unausgeglichen, wenn das nicht der Fall ist. Ich muß unbedingt versuchen, täglich mit ihr zu sprechen.

Ständig mache ich mir große Sorgen um Adri und glaube, sie vor negativen Erfahrungen bewahren zu müssen. Ich sorge mich, daß sie sich über mich ärgern oder über irgend etwas aufregen könnte. Dauernd grüble und spekuliere ich. Sie scheint da sehr viel gelassener zu sein. Das muß ich von ihr lernen.

Heute fühlte sich Seby nicht wohl. Ich fragte Adri, ob sie das wisse.

Adri: JA MAGEN

Wieder einmal zeigte sie sich sehr viel aufmerksamer, als ich mitunter glaube. Diesem Kind entgeht nichts.

Sonntag, 19.5.91

Heute haben wir ein Theaterstück mit dem Titel *Tandy's Bishop** gesehen. Es basiert auf den Erlebnissen eines autistischen neunzehnjährigen Mädchens, das mit Hilfe von FC ganz wunderbare Gedichte schreibt. Tandy spielt auch Schach, daher der Titel des Stücks. Das Stück dokumentiert den – erfolglosen – Kampf Tandys und ihrer Mutter um die Anerkennung ihrer Intelligenz und ihrer Fähigkeiten durch die Schule. Ich brauche wohl nicht zu betonen, wie betroffen ich auf die Aufführung reagierte.

Dem Stück zufolge – und offenbar nahm Tandy großen Einfluß auf die Inszenierung – schreibt sie ihren Autismus dem Trauma ihrer Geburt durch Kaiserschnitt, an die sie sich erinnert, ebenso zu wie der siebenwöchigen Abwesenheit ihrer Mutter zu einer Zeit, als sie noch ein Baby war. Der Regisseur erzählte mir, daß Tandy ihren Autismus für »erwählt« hält. Adri zeigte sich während der gesamten Aufführung recht aufmerksam und ging nur wenige Male hinaus. Danach fragte ich sie, was sie von dem Stück hielt.

* bishop = Läufer (im Schachspiel)

Adri: ICH WAR SEHR BEWEGT

Kristi: Hat dich das Stück an jemanden erinnert, Adri?

Adri: AN MICH

Kristi: Kannst du dich wo weit zurück erinnern? Beispielsweise an deine Geburt?

Adri: JA

Dienstag, 21.5.91

Adri und ich hatten noch nie über die Begleitumstände ihrer Geburt gesprochen, und ich glaubte nicht, daß sie meine Fragen beantworten konnte, aber wegen des Theaterstücks wollte ich sie ihr stellen.

Kristi: Weißt du, wo du geboren wurdest, Adri?

Adri: GREENWICH CONNECTICUT

Kristi: Weißt du auch, zu welcher Tageszeit du zur Welt kamst? Morgens, mittags oder nachts?

Adri: NACHTS

Kristi: Erinnerst du dich noch, was du damals empfunden hast?

Adri: ANGST

Ich hatte zwar schon davon gehört, daß sich Menschen an ihre Geburt erinnern konnten, aber noch keinen von ihnen kennengelernt. Ich frage mich, ob sich Adri tatsächlich erinnert oder ob sie irgendwie Einzelheiten ihrer Geburt erfahren hat. Ich weiß es nicht. Danach wollte sie nicht mehr tippen, aber ich hoffe, sie kommt später irgendwann einmal auf dieses Thema zurück.

Mittwoch, 22.5.91

Vor der Schule fragte ich Adri heute früh, ob sie etwas sagen wollte und hoffte, sie würde auf unsere gestrige Unterhaltung zurückkommen. Sie tippte etwas, aber nicht das, was ich erwartet hatte.

Adri: JA HUND FORT

Dienstagnachmittag hatte jemand das Gartentor offenstehen lassen und unser Hund war weggelaufen. Bisher hatten wir ihn nicht wiedergefunden. Ich wußte nicht, daß Adri sein Verschwinden überhaupt bemerkt hatte. Machte sie sich Sorgen um den Hund? Meines Wissens hatte sie nie viel Zeit mit ihm verbracht. Aber inzwischen sollte ich eigentlich wissen, daß bei Adri der Schein oft genug trog.

Unsere Lernstunde nach der Schule war ziemlich frustrierend. Obwohl Adri erklärte, arbeiten zu wollen, wehrte sie sich gegen mich und schob das Gerät von sich. Vielleicht langweilte sie sich inzwischen mit der Enzyklopädie ebenso wie ich. Dennoch hielt ich ihr ernsthaft vor, daß sie sich schon konzentrieren müßte, wenn sie wirklich eine Ausbildung erhalten wolle. Ich sagte ihr auch, daß ich mich bemühen würde, spannendes und interessantes Lernmaterial für sie zu finden.

Kristi: Willst du wirklich keine Pause machen, Adri?

Adri: NEIN

Kristi: Was möchtest du lernen?

Adri: NATURWISSENSCHAFTEN

Ich ging zum Bücherregal und fand ein Buch, mit dem wir noch nicht gearbeitet hatten. Ich schlug es auf und las ihr eine Frage daraus vor.

Kristi: Welche Medikamente zerstören Bakterien, Adri?

Adri: ANTIBIOTIKA

Woher wußte sie das? Ich hatte die Frage ganz willkürlich ausgewählt. Dann bat sie um eine Pause, und wir gingen in die Küche. Dort hatte ich gerade ein neues Poster an die Wand gehängt, das etwa dreißig Zeichnungen von Kindern mit unterschiedlichen Mienen zeigte. Unter jedem Bild stand die entsprechende Erklärung.

Kristi: Welches Bild beschreibt, wie du dich fühlst, Adri?

Ich rechnete damit, daß sie sich für »glücklich« oder »zufrieden« entschied. Statt dessen zeigte sie ohne zu Zögern auf »erschreckt« und dann sofort auf »beschämt«. Ich nahm sie in die Arme und drückte sie fest an mich.

Was erschreckte sie? Zu dieser Welt zu gehören? Oder daß ich aufhören könnte, mit ihr zu sprechen oder ihr zu helfen? Und worüber schämte sie sich? Über ihr Verhalten? Ich versicherte ihr, daß ich stets und unter allem Umständen für sie da sein würde.

Donnerstag, 23.5.91

Heute beim Frühstück wollte ich von Adri wissen, ob sie etwas mitzuteilen hätte.

Adri: DU WUNDERBAR BRAUCHE DICH

Wahrscheinlich wollte sie sich damit für ihr gestriges Verhalten entschuldigen.

Kristi: Willst du mir noch etwas sagen?

Adri: NOCH NICHT GEBILDET

Das alte Lied. Ich sagte ihr, daß ich heute wie versprochen versuchen würde, neue naturwissenschaftliche Bücher für sie zu besorgen.

Kristi: Ich weiß nicht recht, welchen Schwierigkeitsgrad ich mitbringen soll. Was meinst du? Grundschul- oder High-School-Bücher?

Adri: JA COLLEGE

Kristi: Du willst also Collegebücher?

Adri: JA

Ich ging in die Buchhandlung des Boston College und kaufte drei College-Fachbücher: Analysis, Moderne Physik sowie menschliche Anatomie und Physiologie.

Mein Bruder Jamie, der gerade seinen M.B.A. (Magister in Betriebswirtschaft) in Minneapolis bestanden hat, ist zu Besuch. Er wollte Adri gern tippen sehen, also leistete er uns im Sonnenzimmer Gesellschaft. Ich begann mit Lernheften der dritten und vierten Jahrgangsstufe, und Adri bewältigte etliche Seiten ohne jede Schwierigkeit.

Jamie war total verblüfft. Er erinnerte mich an das erste Mal, als ich Adri tippen gesehen hatte. Immer wieder entschuldigte er sich bei ihr und betonte, wie leid es ihm täte, sie die ganzen Jahre hindurch falsch eingeschätzt zu haben. Ich fragte Adri, ob sie wisse, wer Jamie war.

Adri: JA BRUDER

Dann holte ich die neuen Collegebücher hervor. Adri entschied sich für menschliche Anatomie und Physiologie, das wegen der Fachsprache schwerste der drei Bände. Ich hielt ihr das Buch hin und blätterte erst um, wenn sie eine Seite zu Ende gelesen hatte. Sie wirkte ziemlich unkonzentriert, und als wir zum Fragen-Kapitel kamen, beantwortete sie die meisten von ihnen falsch.

Kristi: Sehr viele hast du nicht richtig beantwortet, Adri. Was ist los?

Adri: JA ZU SCHWER

Eine Premiere. Zum ersten Mal räumte sie ein, daß etwas zu schwer war. Auf gewisse Weise enttäuschte es mich. Schließlich wäre es ganz reizvoll gewesen, Jamie zu beeindrucken. In anderer Hinsicht war ich erleichtert.

Kristi: Ja, das glaube ich auch. Willst du sonst noch etwas sagen?

Adri: JA ZÄRTLICH DU STRENG ICH KLUG NICHT DUMM

Glaubte sie, ich könnte sie für dumm halten, weil sie diese Arbeit nicht bewältigte? Ich versicherte ihr, daß das nicht der Fall war. Wir schlugen ein paar weniger schwere naturwissenschaftliche Bücher auf, und Adri beantwortete einige Fragen. Als wir endeten, fragte ich sie, ob sie ihrem Onkel vielleicht sagen möchte, was sie studieren wolle.

Adri: NEUROLOGIE

10.

HEUTE ICH BEREIT ZUR SCHULE ZU GEHEN

Juni 1991

Montag, 10.6.91

Gestern abend habe ich wieder versucht, mit Adri zu kommunizieren, aber sie wollte in den letzten Tagen einfach nicht tippen. Ich bin mir nicht sicher, warum. Vielleicht war sie zornig, daß ich fortgefahren bin: Rodrigo und ich hatten die Syracuse University besucht, um uns mit Doug Biklen zu treffen und einige der Kinder kennenzulernen, die in Begleitung von FC-Helfern dortige Schulen besuchen. Aber vielleicht brauchen wir auch nur ein wenig Zeit, um uns wieder aneinander zu gewöhnen. Aber da sie mit ihrer Babysitterin getippt hat, mache ich mir keine allzu großen Sorgen. Ich verabscheue die Vorstellung, daß Adri auch nur einen Tag auf Kommunikation verzichten muß.

Dienstag, 11.6.91

Heute vormittag hat Adri endlich wieder mit mir »geredet«. Wir sahen uns gerade einen Trickfilm im Fernsehen an.

Kristi: Was denkst du, Adri?

Adri: ICH FERNSEHGESCHICHTEN JUNGE MENSCHEN DIE AUTISMUS HABEN

Kristi: Willst du Fernsehsendungen über oder für junge

autistische Menschen machen? Was möchtest du den Leuten mit deinen Stories sagen?

Adri: ICH SAGE IHNEN DASS AUSBILDUNG BRAUCHEN

Kristi: Weißt du, was für ein besonderer Tag heute ist, Adri?

Adri: MOMS GEBURTSTAG 35

Donnerstag, 13.6.91

Heute habe ich mein erstes Telephongespräch mit Adri geführt. Rodrigo hatte mir zum Geburtstag einen einwöchigen Aufenthalt in einem kalifornischen Erholungsort geschenkt. Unsere Babysitterin hatte Adris Canon geholt, während ich ihr sagte, wie lieb ich sie hatte und wie sehr sie mir fehlte. Ich hörte, daß Adri auf die Tasten drückte. Dann las mir Claudia Adris Botschaft vor.

Adri: ALLES LIEBE MOM UND DAD HI

Claudia hielt Adri wieder den Hörer hin, und ich sagte ihr, wie sehr es mich freute, das von ihr zu hören. Dann fragte Claudia, ob Adri vielleicht noch etwas sagen wollte.

Adri: CLAUDIA LIEB

Auch Claudia wird für immer zu unserem Leben gehören. In Claudias liebevoller Obhut fehlte es Adri an nichts.

Heute lernte ich ein Ehepaar aus Boston kennen: Joan und Miron Borysenko. Sie ist Autorin und er Wissenschaftler. Sie halten überall im Land Vorträge über Ganzheitsmedizin. Wir haben zu viert eine Wanderung unternommen, und das Zusammensein mit ihr hat mir sehr gefallen. Sie ist sehr gescheit, und ich habe das Gefühl, daß sie zu allem und jedem etwas sagen kann.

Da sie sich für spirituelle Themen interessiert, erwähnte ich das Buch eines Psychiaters, von dem ich gehört hatte: *Many Masters, Many Lives.* In ihm berichtet er davon, daß seine Patientin unter Hypnose von früheren Leben zu sprechen begann.

Joan kannte das Buch sehr gut und wußte auch, was der Psychiater nach Erscheinen des Bandes erlebte. Das Gespräch war wirklich sehr interessant. Joan hat etwas Unverwechselbares und Außergewöhnliches an sich. Ich hoffe, sie noch besser kennenlernen zu können.

Freitag, 14.6.91

Heute nahmen wir an einer Selbsthypnose-Vorführung teil. Zunächst führte die Referentin in die Vorteile der Selbsthypnose ein und ermutigte dann zu Versuchen innerhalb der Gruppe. Ich war einmal bei einem Hypnotiseur gewesen, damit er mir half, ein paar Pfunde loszuwerden, aber das hatte nicht geklappt. Ich war zu verspannt. Aber diesmal wollte ich mich wirklich gehen lassen, also bemühte ich mich, zu entspannen und meine Ängste zu verdrängen.

Ich spürte, daß ich in ein Stadium tiefer Entspannung glitt, während die Referentin auf uns einsprach. Kurz darauf forderte sie uns auf, wieder »zurückzukommen«. Als ich wieder voll bei Bewußtsein war, erkannte ich zu meiner Verblüffung, daß inzwischen zwanzig Minuten vergangen waren. Sie beschrieb ein paar Schlüsselempfindungen der Hypnose, und ich wußte, daß ich tatsächlich hypnotisiert gewesen war. Ich war überrascht und sehr stolz auf mich.

Ich hoffe, daß ich es auch allein zustande bringe. Ich muß mich öffnen, wenn ich Adri besser kennenlernen, wenn ich sie verstehen will.

Sonntag, 16.6.91

Heute früh haben wir schweigend eine Meditationswanderung unternommen. Es war eine Erfahrung, wie ich sie noch nie im Leben gemacht habe. Selbst jetzt, beim Schreiben, werde ich ganz nervös. Aber ich will es schildern, bevor ich etwas vergesse oder in Frage stelle.

Schon früh brachen wir auf und liefen schweigend den Berg hinauf. Dabei geriet ich in eine Art träumerischen Zustand, in dem ich mich der Natur sehr verbunden fühlte. Ich spürte die Erde unter meinen Füßen, empfand ganz intensiv, daß sie mich stützte und trug. Dann spürte ich, wie die Luft meinen Körper umfing, mich einhüllte und mir Kraft gab. Ich empfand ein tiefes Gefühl von Dankbarkeit.

Auf dem Gipfel ruhten wir uns etwa zehn Minuten aus. Jeder von uns suchte sich ein einsames Plätzchen. Ich setzte mich auf einen Felsen und fühlte mich ausgeglichen und sehr aufnahmebereit. Plötzlich bemerkte ich diesen kleinen, schwärzlichen, spermienähnlichen Strich links in meinem Gesichtsfeld. Ich blinzelte und schüttelte den Kopf, aber es verschwand nicht. Ich rieb mir die Augen, weil ich annahm, mir wäre vielleicht ein Insekt ins Auge geraten. Aber noch immer war es da, am linken Rand meines Gesichtsfeldes. Langsam bekam ich es mit der Angst zu tun. »Sah« ich Dinge? War ich von Sinnen?

Aber dann atmete ich tief durch und sah einfach zu, wie das Ding mein Gesichtsfeld durchquerte und verschwand. Dann tauchten weitere »Striche« auf. Weil ich sie sehen konnte, nahm ich an, sie wären physisch. Doch dann erkannte ich, daß sie das nicht waren, zumindest nicht in dem Sinn, in dem ich »Körperlichkeit« stets definiert hatte. Man konnte sie nicht berühren, dennoch waren sie real.

Ich beobachtete weiter und fing an, Kreise zu sehen, wie kleine Tropfen. Es war, als würde die Luft aus Wassertröpfchen und winzigen Bächlein bestehen. Die Luft, das erkannte ich plötzlich, ist nicht statisch, sondern lebendig. Sie nährt und unterhält uns in der Tat. Egal, in welche Richtung ich meinen Kopf auch drehte, überall sah ich diese Tröpfchen und winzigen Bäche.

Ich empfand überhaupt keine Beunruhigung mehr. Vielmehr kam es mir so vor, als würde ich mich wieder in diesem traumähnlichen Stadium befinden. Und plötzlich, auf ähnlich geheimnisvolle Weise, begriff ich, was ich da sah. Das war einfach ein Bestandteil dessen, was ist, aber es entzieht sich unserer normalen Wahrnehmung. Genauso wie Adri meine Wahrnehmung des Sichtbaren in Frage stellt, indem sie diesem das, was real ist, entgegensetzt.

Auf dem Weg vom Gipfel dachte ich, noch immer benommen, an meine Kinder. Vor meinem inneren Auge formte sich ein Dreieck, mit Adri an seinem höchsten Punkt, und ich verstand, daß sie die »Lehrerin« war, die Weise. Seby sah ich im linken Winkel und Brie vervollständigte das Dreieck am rechten Winkel. Ich empfand sehr intensiv, daß ich mehr tun mußte, als meine Kinder zu lieben und für sie zu sorgen. Ich mußte anfangen, mit ihnen über das unvergleichliche Geschenk der Liebe zu sprechen, das wir von Gott erhalten, und davon, daß es unsere Pflicht ist, diese Liebe an andere weiterzugeben.

Dienstag, 18.6.91

Es ist schön, wieder zu Hause zu sein. Ich fühle mich verjüngt und rundum gesund. Und obwohl ich noch immer nicht weiß, was mit mir auf diesem Berg geschehen ist, weiß ich doch auch, daß es eine Gnade war und eine Beziehung zu Adris Entfaltung hat.

Mittwoch, 19.6.91

Heute morgen führten Adri und ich unsere erste Unterhaltung seit meiner Rückkehr.

Kristi: Geht dir heute irgend etwas besonders durch den Kopf, Adri?

Adri: GEBILDET STERBEN.

Das beunruhigte mich. Warum sprach sie vom Tod?

Kristi: Ich bin sicher, daß du sehr gebildet sein wirst, wenn du stirbst. Bis dahin ist es noch sehr lange hin, würde ich annehmen. Wie lange? Was meinst du?

Adri: TRILLIONEN JA

Das ist beruhigend. Spontan tippte sie weiter.

Adri: WÜNSCHTE AUTISMUS ZU BEGREIFEN MÖCHTE MENSCHEN MIT AUTISMUS HEILEN EINSTEIN HAT ZÄRTLICH AUSGEBILDET

Etwas Sehnsüchtiges drückte sich in ihren Worten aus. Adri ist von Einstein fasziniert und bringt seinen Namen häufig zur Sprache. Aber es war keine Zeit mehr, sie zu fragen, was sie mit ihren letzten Worten meinte, sonst wären wir zu spät zur Schule gekommen. Aber ich sagte ihr, daß sie in der einmaligen Lage sei, den Autismus sowohl persönlich wie auch intellektuell zu verstehen, und wenn sie sich eifrig genug weiterbilde, könnte sie mit Sicherheit auf diesem Gebiet viel leisten. Und davon bin ich überzeugt. Adri hat der Welt eine Menge zu bieten. Ich werde ein paar Bücher über Einstein für sie besorgen.

Heute habe ich Adri offiziell von der *Higashi School* abgemeldet. Ich schrieb, daß sie nicht am Sommerprogramm teilnehmen und auch im Herbst nicht zum Unterricht zurückkehren würde. Es erleichterte mich sehr, daß ich diese Entscheidung endlich getroffen hatte.

Donnerstag, 20.6.91

Ich habe nach FC-Helfern für Adri Ausschau gehalten, und heute hat sich eine Kandidatin vorgestellt. Adri war ein bißchen gereizt, schob das Gerät von sich und spuckte. Ich glaubte, sie leidet unter dem Druck der enormen Veränderungen in ihrem Leben. Dennoch hat sie ein paar ganz gute Fragen gestellt.

Adri: WILL SIE MEINE LEHRERIN WERDEN?

Karen bejahte das.

Adri: NOCH NICHT GEBILDET

Karen erzählte Adri ein bißchen über sich selbst und ihre Ausbildung. Sie schien nicht recht zu wissen, wie sie sich Adri gegenüber verhalten sollte.

Adri: LIEBST DU BILDUNG

Ja, erwiderte Karen.

Adri: WÄHLST DU SELBST DEINE BILDUNG AUS

Ich nehme an, Adri wollte wissen, für welche Themen sich Karen besonders interessierte, aber Karen glaubte, sie hätte das bereits damit beantwortet, daß sie Sonderpädagogik studiert hatte. Schließlich wechselte ich das Thema und fragte Adri, welche persönlichen Eigenschaften ein FC-Helfer haben müßte.

Adri: STRENG NICHT ZU STRENG LIEBEVOLL ABER STRENG

Karen versicherte, sie könne sowohl streng als auch liebevoll sein. Adri tippte GOODBY. Sie hatte sich mit diesem Gespräch große Mühe gegeben, und ich war sehr stolz auf sie.

Freitag, 21.6.91

Heute hatte Adri Halsschmerzen, daher ging ich mit ihr zu unserem Kinderarzt. Als wir nach Boston zogen, hatten wir uns wegen seiner Erfahrungen in Diagnose und Betreuung autistischer Kinder entschieden. Vor wenigen Monaten hatte ich ihm von der FC-Methode erzählt, und er war ganz begierig darauf, sie demonstriert zu bekommen. Und so hielt ich es für eine gute Möglichkeit, Adri etwas tippen zu lassen, obwohl sie sich nicht wohl fühlte. Als wir seine Praxis betraten, fragte ich sie, ob sie etwas zu sagen hätte, aber trotz ihrer Bemühungen bekam sie nur ein einziges Wort und mehrere unzusammenhängende Buchstaben zustande. Der Arzt reagierte sehr höflich, aber ich glaube, unser Besuch hat seine ursprüngliche Skepsis nur bestätigt. Ich lernte eine Lektion: Adri ist kein Vorführmodell.

Dienstag, 25.6.91

Es sieht so aus, als hätte ich lange nicht geschrieben. Mir war einfach nicht danach. Während des Wochenendes und der letzten beiden Tage war Adri nicht bereit gewesen, groß mit mir zu tippen. Vielleicht liegt das daran, daß ich eine Woche lang fort war, oder – wahrscheinlicher – an unserem Besuch beim Kinderarzt. Ich glaube, sie hat sich vielleicht benutzt gefühlt, oder schämt sich, meinen Erwartungen nicht entsprochen zu haben. Ich habe mich entschuldigt und ihr mehrmals erklärt, daß es meine Schuld war, nicht ihre. Ich hätte sie nicht in diese Situation bringen dürfen.

Aber eine gute Nachricht gibt es doch: Gestern haben wir Wei als Adris FC-Helferin eingestellt. Am ersten Juli fängt sie an, und ich halte sie für hervorragend. Sie macht einen reifen, ausgeglichenen, klugen und tüchtigen Eindruck. Adri mag sie sehr.

Mittwoch, 26.6.91

In dieser Woche wohnt Annegret, die FC-Helferin aus Syracuse bei uns, die die Präsentationen für die Adriana Stiftung durchführt. Gestern abend hat sich Adri aus ihrem Zimmer geschlichen und kam ins Sonnenzimmer hinunter, in dem Annegret arbeitete. In der Annahme, Adri wolle etwas mitteilen, ging sie mit ihr an den Canon. Aber Adri teilte ihr mit:

Adri: ICH KAM HERUNTER UM ZU ZEICHNEN NICHT UM ZU TIPPEN

Das hat mir gefallen. Ich habe mit Annegret über die Möglichkeit gesprochen, daß sie sich ein Jahr von ihrer

Anstellung als Sprachtherapeutin beurlauben läßt, um für die Stiftung zu arbeiten. Wenn wir eine Ganztagskraft hätten, könnten wir überall im Land Präsentationen durchführen und die FC-Methode vielen Menschen näherbringen.

Sie will es sich überlegen. Bei den vielen Reisen und der physischen sowie emotionalen Energie, deren es bedarf, um FC zu vermitteln, wäre es mit Sicherheit kein einfacher Job. Aber auch befriedigend und die Sache wert. Ich weiß, daß Annegret ebensoviel wie mir daran liegt, die FC-Methode bekannter zu machen. Aber ich werde einfach abwarten müssen, ob sie es arrangieren kann.

Heute nahm Adri an der Jahresschlußfeier der *Higashi School* teil. Als ihr Lehrer zu uns kam, fragte ich sie, ob sie ihm etwas mitzuteilen hätte.

Adri: LIEBER T SIE FEHLEN MIR

Ich gab ihm die Nachricht, aber wie üblich, sagte er nicht viel dazu, auch wenn er freundlich zu Adri war. Es ist gut, daß wir auf eine andere Schule wechseln.

Heute abend wollte ich von Adri wissen – jetzt, da sie dort keine Schülerin mehr war –, was sie an der Schule empfunden hatte.

Adri: JA ICH FÜHLTE MICH LEER

Kristi: Du hast dich leer gefühlt? Was meinst du damit?

Adri: NICHTS

Kristi: Also fühlt sich leer an wie nichts?

Adri: JA

Ich bin mir nicht sicher, ob sich sich traurig/leer fühlte, oder ob sie die Vorstellung des Abschieds nicht mehr belastet.

Kristi: Was empfindest du allgemein über deine Zeit auf der *Higashi School*, Adri? Glaubst du, daß sie dir gutgetan hat?

Adri: JA

Kristi: Und was hast du dort gelernt?

Adri: ICH HABE GELERNT ICH INTELLIGENT NICHT DUMM

Kristi: Das zu lernen, ist sehr wichtig. Und wenn dir *Higashi* das beigebracht hat, dann hat sie dir gut getan.

Ich freue mich, daß Adri den Beitrag der *Higashi School* zu ihrer Entwicklung zu schätzen weiß, auch wenn die Schule letzten Endes doch in gewisser Weise versagt hat. Ich werde diese Unterhaltung Adris Dankschreiben an ihren Lehrer beifügen.

Donnerstag, 27.6.91

Heute war ein sehr traumatischer, trauriger und bitterer Tag. Aber gleichzeitig war er auch erstaunlich und wundervoll. Ich hatte Adri mit in die Stiftung genommen, um in Annegrets Beisein Wei in der FC-Methode zu unterweisen. Von Anfang an zeigte sich Adri sehr erregt. Vielleicht hatte sie angenommen, die Sitzung fände in ihrer Schule statt wie beim letzten Mal. Vielleicht hatte sie auch damit gerechnet, ihren geliebten Mr. T. zu sehen. Jedenfalls schien sie von Beginn an zornig zu sein. Sie zappelte herum und versuchte mit einer Heftigkeit zu kratzen, zu treten und zu beißen, wie sie es schon längere Zeit nicht mehr getan hatte. Annegret, Wei und ich scharten uns um sie, nahmen sie in die Arme und versuchten sie dazu zu überreden, uns endlich zu sagen, was sie so erregte. Ich bemühte mich, ganz ruhig zu bleiben und ihr das auch zu vermitteln. Nach längerem guten Zureden, Umarmen und Streicheln war Adri schließlich in der Lage zu tippen.

Ich habe von dieser Sitzung nicht die Originalausdrucke, nur meine Notizen und das Videoband. Mit Annegrets Hilfe teilte Adri mit, daß ihr der bevorstehende Wechsel durchaus bewußt sei, daß sie aber keine Angst davor habe. Sie erklärte, daß sie Mr. T. sehr gern habe und mit ihm zusammensein wolle. Die Intensität ihrer Gefühle rührte mich tief. Hin und wieder traten Tränen in ihre Augen, und auch ich begann zu weinen. Mr. T. war ein Freund, der sich in all den Jahren als Quelle der Stärke und Kraft für Adri erwiesen hatte. Die ganze Situation war ungewöhnlich. Obwohl ich sicher war, daß Adri schon früher Verluste erfahren hatte, war sie doch noch nie in der Lage gewesen, darüber zu weinen. Ich glaube, daß es eine kathartische Erfahrung für sie war. Gegen Ende der Sitzung hatte sie sich beruhigt.

Freitag, 28.6.91

Heute ging ich mit Adri zu ihrer dritten kranial-sakralen Massage bei Felice. Diese Therapie soll Flüssigkeitsunausgewogenheiten im Gehirn korrigieren, die zu sensorischen, motorischen und intellektuellen Problemen führen können. Eine Mutter hatte mir erzählt, daß die Massagen ihrem autistischen Kind halfen, und da Adri unter ähnlichen Schwierigkeiten litt, wollte ich es damit versuchen.

Felice massierte Adri sehr sanft Kopf, Hals und Nacken. Obwohl die ersten beiden Massagen keine offensichtlichen Erfolge gebracht hatten, kamen wir weiter zu Felice, weil es Adri zu gefallen schien. Felice meinte, sie hätte diesmal sehr viel tiefer dringen können. Ich bin mir nicht sicher, was sie damit meinte. Am Ende fragte ich Adri, ob es weh getan habe.

Adri: NEIN

Felice wollte wissen, ob es sie traurig gemacht habe.

Adri: JA

Kristi: Warum hat es dich traurig gemacht? Mußtest du dabei an jemanden denken?

Adri: JA

Kristi: Kannst du auch sagen an wen?

Adri: JA T

Kristi: Willst du Felice sagen, wer T. ist?
Adri: MEIN LEHRER
Kristi: Hast du noch irgend etwas zu sagen, Adri?
Adri: ICH HABE HEUTE AUSBILDUNG

Heute abend sahen die Kinder und ich uns im Fernsehzimmer ein Video an. Alle waren ziemlich laut, besonders Brie. Plötzlich stand Adri auf, ging auf Brie zu und zog sie an den Haaren. Brie begann zu weinen. Ich erklärte Adri, daß man so etwas einfach nicht machte.

Kristi: Warum hast du Brie an den Haaren gezogen?
Adri: MIR GEFÄLLT IHR GEREDE NICHT
Kristi: Ist es dir zu laut?
Adri: JA
Kristi: Dann sollten wir sie bitten, ein bißchen leiser zu sein. Aber man zieht andere nun einmal nicht an den Haaren. Möchtest du Brie jetzt vielleicht etwas sagen?
Adri: ENTSCHULDIGE BRIE

Vor dem Zubettgehen ging ich in Adris Zimmer, um ihr gute Nacht zu sagen.

Kristi: Adri, hast du noch etwas im Hinblick auf T. hinzuzufügen oder möchtest du vielleicht irgend etwas anderes sagen?
Adri: JA DU MUSST T SAGEN DASS ADRI WÜNSCHT ER KÖNNTE SIE BUCHSTABIEREN SEHEN
Kristi: Noch etwas?
Adri: JA NIEMAND VERSTEHT SOVIEL VON ZUNEIGUNG WIE T

Erneut erkannte ich, wie sehr ich ihre emotionale Bindung an ihn unterschätzt hatte.

Kristi: Soll ich T. anrufen und einladen, damit du mit ihm buchstabieren und ihm das Video deiner FC-Sitzung mit Annegret, Wei und mir zeigen kannst?

Adri: JA

Kristi: Wollen wir für T. als Dank vielleicht ein Geschenk kaufen?

Adri: JA

Kristi: Und was sollen wir kaufen?

Adri: PÄDAGOGISCHES SPIELZEUG

Ich versprach Adri, so etwas mit ihr kaufen zu gehen.

Kristi: Was hältst du davon, mit Kindern, die nicht autistisch sind, auf eine Schule zu gehen?

Adri: JA HEUTE ICH BEREIT ZUR SCHULE ZU GEHEN

Sonnabend, 29.6.91

Heute hatte ich eigentlich vor, *Charlotte's Web* vorzulesen, aber Adri wollte Daddy etwas mitteilen.

Adri: WÜNSCHTE ER WÜRDE GESCHICHTE ÜBER SICH LESEN

Kristi: Du möchtest also, daß Daddy etwas von sich selbst erzählt?

Adri: JA

Kristi: Ich werde es ihm sagen.

Sonntag, 30.6.91

Heute hat Adri uns einen großen Schreck eingejagt. Adri hatte ein paar Minuten draußen gespielt, aber als wir zu ihr hinausgingen, konnten wir sie nirgendwo finden. Wir gerieten in Panik. Ich rannte zum Swimmingpool und sah vor meinem inneren Auge mein Kind bereits mit dem Gesicht nach unten im Wasser treiben. Natürlich war sie nicht dort, aber weil das Wasser trübe war und ich den Boden nicht erkennen konnte, begann ich mir einzubilden, sie sei auf den Grund gesunken. Eine grauenhafte Vorstellung.

Als ich zum Haus zurücklief, hörte ich unsere Babysitterin Annie rufen, sie habe Adri gefunden. Ich rannte zu ihr und zog sie in die Arme. Sie hatten sie rund einen Block entfernt entdeckt, als sie wieder nach Hause gelaufen kam. Wir gingen hinein, und ich holte Adris Canon.

Kristi: Wo warst du, Adri?

Adri: ICH MACHE EINEN SPAZIERGANG

Natürlich wünscht sie sich das, was wir anderen für selbstverständlich halten: ein wenig Freiheit und Unabhängigkeit.

II.

ICH BIN GESTORBEN ... ANDERE LEBEN

1. – 18. Juli 1991

Montag, 1.7.91

Heute kam Mr. T. zum Abendessen. Zunächst sah es nicht so aus, als würde es ein angenehmer Abend werden. Er wirkte sehr distanziert, fast abwehrend, und Adri hatte Probleme mit dem Tippen. Doch dann verbesserte sich die Atmosphäre, als T. mit ihr scherzte, sie in die Luft warf und kitzelte.

Nach dem Essen sahen T., Adri und ich uns das Video des Treffens in der Stiftung an, auf dem sie ihren Kummer darüber ausdrückte, sich von T. trennen zu müssen. Das Band ist sehr enthüllend. Adris Gesichtsausdruck entspricht genau ihren Worten. Auch T. spürte das. Er war überrascht über die Intensität ihrer Gefühle und ihre Fähigkeit, sie auszudrücken. Wie gebannt sahen wir zu, und wie üblich traten mir die Tränen in die Augen. T. bat um eine Kopie des Videobandes. Vielleicht will er es den anderen Higashi-Lehrern vorführen.

Später habe ich mich mit Adri über den Abend unterhalten.

Kristi: Bist zu zufrieden darüber, wie der Besuch verlaufen ist?

Adri: NEIN ICH REDE NOCH IMMER NICHT MIT T

Sie hätte alles sehr gut gemacht, sagte ich. Mit dem Tippen hätte es nicht so geklappt, weil sowohl sie als auch T. nervös gewesen wären. Aber schließlich hätte er sie auf dem Video tippen gesehen und erfahren, wieviel er ihr bedeutete. Für mich zumindest sei der Abend ein Erfolg gewesen.

Adri: JA

Kristi: Willst du noch etwas sagen?

Adri: ICH HABE T SEHR GERN

Dienstag, 2.7.91

Adris erster Tag des Heim-Unterrichts. Wir warteten im Sonnenzimmer auf Wei, ihre neue FC-Helferin. Adri war so aufgeregt, daß ich sie fragte, ob sie vielleicht schon beginnen wolle.

Adri: DU KEINE LEHRERIN

Vermutlich will sie unsere Aufgaben streng getrennt halten. In letzter Zeit haben wir auf schulischem Gebiet nicht viel getan, aber das nehme ich nicht so wichtig, da sie sich zumindest wieder mit mir unterhalten hat. Wenig später kam Wei und der Unterricht begann. Allerdings unterstützte vor allem ich in dieser ersten Stunde Adris Hand.

In Landeskunde hatte Adri offenbar keine Lust, die gestellten Fragen zu beantworten, äußerte aber ihre Meinung über die Informationen. Mathematik schien sie allzu leicht zu finden, begeisterte sich aber für die Naturwissenschaften. Morgen wollen wir zusammen Bohnen säen. Dennoch glaube ich, daß ihr die Pausen am meisten gefallen haben.

Heute haben wir Annies Geburtstag mit einem Barbecue gefeiert und es wurde ein wundervoller Abend. Nach dem Kuchen und den Geschenken sagte jedes der Kinder Annie etwas Nettes. Adri tippte:

Adri: ICH HABE ANNIE SEHR LIEB

Annie freute sich sehr und will den Druckstreifen aufbewahren. Immer wieder bin ich tief berührt von der Zuneigung, die jedermann Adri gegenüber empfindet.

Annegret hat angerufen und mitgeteilt, daß sie sich in Syracuse für ein Jahr beurlauben lassen kann, um für die Adriana Stiftung zu arbeiten und die FC-Methode überall im Land vorzustellen. Das sind großartige Neuigkeiten.

Donnerstag, 4.7.91

Joan und Miron Borysenko waren zum Abendessen bei uns. Es war ein sehr schöner Abend. Sie haben die Kinder kennengelernt, und obwohl sich Adri nicht unterhalten wollte, blieb sie doch eine Weile mit uns zusammen. Irgendwann sprach Joan von »Adris universeller Botschaft«. Für sie ist Adri und/oder der Autismus eine »Dramatisierung unserer paralysierten Herzen«.

Sonnabend, 6.7.91.

Plötzlich komme ich mir vor wie in unvertrauten Gewässern. Ich muß unbedingt darauf achten, daß ich genau verstehe, was Adri meint, wenn sie mir etwas erzählt. Besonders wenn es um Themen wie heute geht. Morgens begann eigentlich alles wie üblich. Am Vormittag bereitete ich Wei und Adri den Unterricht für die kommende Woche vor, die ich auf einer Autismus-Konferenz in Indianapolis verbringen werde.

Kristi: Womit willst du dich in der nächsten Woche beschäftigen?

Adri: LEICHT DU LEHRER ICH GEBILDET

Ich war nicht sicher, was sie damit meinte.

Kristi: Soll ich dir ein paar Testaufgaben geben, damit du feststellen kannst, was du am interessantesten und lehrreichsten findest?

Adri: BRAUCHE KEINEN TEST BRAUCHE GEBILDETEN LEHRER

Kristi: Nun, Wei ist gebildet. Sie hat viele Jahre auf dem College verbracht und weiß eine Menge über Autismus.

Adri biß mich. Die falsche Antwort, nehme ich an. Aber es tut weh, gebissen zu werden, und ich sagte Adri, daß ich mich über sie ärgerte.

Adri: ENTSCHULDIGUNG

Noch einmal betonte ich, daß Wei intelligent und gebildet und eine ausgezeichnete Lehrerin für sie sei. Ich fragte mich noch immer, warum sie »gebildet« so betonte, als sie wieder zu tippen begann.

Adri: TOT ICH TOT GEWESEN

Ich war fassungslos. Woher hatte sie das? Ich bemühte mich, mein Unbehagen nicht zu zeigen.

Kristi: Ich weiß nicht, was du damit meinst, Adri. Besteht denn ein Zusammenhang zwischen gebildet und gestorben zu sein?

Adri: ICH BIN GESTORBEN

Es war kein Irrtum gewesen. Sie meinte tatsächlich, was sie getippt hatte. Auf der Suche nach einer möglichen Erklärung kam ich darauf, daß sie die vergangenen Jahre in ihrer autistischen Isolation vielleicht als eine Art »lebenden Tod« betrachtete.

Kristi: Willst du damit sagen, daß du dich in diesem Leben wie tot fühlst? Oder geht es dir um etwas anderes?

Adri: ANDERE LEBEN ICH HABE LANGE ARE GELEBT

Kristi: Meinst du Äras?

Adri: NEIN

Kristi: Jahre?

Adri: JA

Ich versuchte, ganz ruhig und gelassen zu bleiben, und erklärte ihr, daß ich schon davon gehört und gelesen hätte, daß sich Menschen an ihre früheren Leben erinnern konnten. Und falls das auch bei ihr so sei, würde ich mich freuen, wenn sie mir davon erzählte. Aber innerlich erschauerte ich.

Adri: AKZEPTIERST DU DASS ICH DEN TOD DENNOCH ERFAHREN HABE AUF DER UNTERSEITE DARUNTER

Kristi: Ich verstehe nicht, was du mit »darunter« und »auf der Unterseite« meinst. Kannst du es mir vielleicht erklären?

Adri: ICH MEINE IN DER GESCHICHTE

Kristi: Willst du damit sagen, daß du schon einmal gelebt hast?

Adri: JA

Kristi: Du hast schon einmal gelebt? Wirklich? Wo?

Ich sprudelte die Fragen hervor, wollte Zeit gewinnen, wollte ihr glauben, konnte es aber nicht. Jedenfalls nicht so schnell.

Adri: JA SEEMANN

Kristi: Bist du gern auf dem Wasser?

Adri: JA

Kristi: Erinnerst du dich an deinen Tod?

Adri: JA ICH STARB BEI EINEM FEUER AUF RENEA TEMACIJ

Mehrmals versuchte ich, sie dazu zu bringen, das letzte Wort zu erklären. Während sie das alles tippte, hatte ich das Gefühl, ein *Déjà-vu* zu haben.

Kristi: Weißt du, wo du gelebt hast?

Adri: TÜRKEI

Kristi: Wie alt warst du, als du gestorben bist?

Adri: 85

Adri begann in meinen Armen unruhig zu werden und zu zappeln. Ich fragte sie wiederholt, ob sie aufhören oder eine Pause machen wollte, aber jedesmal tippte sie energisch: NEIN Ich hielt sie ganz fest, um sie zu beruhigen. Als es ihr gelungen war, fuhren wir fort.

Kristi: Manche Menschen glauben, daß wir unser augenblickliches Leben aus einem bestimmten Grund gewählt haben. Was hältst du davon?

Sie begann wieder zu zappeln, bemühte sich aber sehr um Beherrschung, um weiter tippen zu können.

Adri: ICH AUTISTISCH WEIL ICH WÜTEND AUF YEEE

Mehrfach, aber erfolglos versuchten wir, aus ihr herauszubekommen, auf wen oder was sie wütend gewesen war.

Kristi: Bist du vor oder nach deiner Geburt autistisch geworden, Adri?

Adri: DANACH

Ich weiß nicht, warum ich diese Frage überhaupt gestellt habe. Kann ein Fötus autistisch werden? In *Tandy's Bishop* erklärt das Mädchen, durch die Abwesenheit seiner Mutter autistisch geworden zu sein. Ich hielt den Atem an. Konnte ich auf irgendeine Weise Adris Autismus verursacht haben?

Kristi: Ich erinnere mich gut an deine Geburt. Die Entbindung ging sehr schnell. War das traumatisch für dich? Und dann mußtest du wegen deiner Gelbsucht ein paar Tage allein in diesem beleuchteten Inkubator verbringen. Hat dich das verzweifeln lassen? Bist du zornig auf mich oder Daddy?

Adri: ICH HABE MICH ZUM AUTISMUS ENTSCHLOSSEN WEIL ICH WÜTEND AUF MICH SELBST BIN.

Ich war fassungslos. Ich weiß nicht einmal mehr, was ich daraufhin sagte. Adri behauptete, sich für ihren Autismus entschieden zu haben – aus Zorn auf sich selbst? Warum? Wie? Was wußte dieses Kind von sich? Was hat das alles zu bedeuten? Es kam mir unglaublich surreal vor. Ich fühlte mich kaum in der Lage, weiter darüber zu sprechen, hatte aber das Gefühl, ihr zur Verfügung stehen zu müssen, wenn sie sich weiter mitteilen wollte.

Kristi: Möchtest du noch etwas sagen, Adri?

Adri: NEIN

Ich war unendlich erleichtert.

Kristi: Möchtest du später noch einmal mit mir darüber sprechen?

Adri: JA

Ich versprach ihr, die Druckstreifen mit Ausnahme von Daddy niemandem zu zeigen und mit keinem darüber zu sprechen, wenn sie es mir nicht zuvor erlaubte. Adri verließ das Zimmer, um mit ihren Geschwistern zu spielen. Ich mußte unbedingt ein wenig allein sein, ging daher in mein Zimmer und schloß die Tür. Fast befand ich mich in einem Schockzustand. Die Welt schien sich um mich zu drehen. Wo war der feste Boden unter meinen Füßen?

Als ich auf dem Bett lag, begannen mir Gedanken durch den Kopf zu schießen. Wenn Adri recht hat und wir immer wieder und wieder zur Welt kommen, wäre das von ungeheurer Tragweite. Für mich ist das eine unglaubliche Vorstellung. Aber Adri weiß Dinge, die ich vermutlich nie wissen werde. Sie erfährt das Leben anders. Sie könnte auch darüber Bescheid wissen.

Ich fragte mich, wie Rodrigo wohl reagieren würde. Wenn er Adris Mitteilungen nun abtat, ihnen keinen Wert beimaß? Ich hatte das Gefühl, auf etwas sehr Wichtiges gestoßen zu sein. Aber es war zerbrechlich – Adri war zerbrechlich. Welche Auswirkungen mußte es auf ihr gerade erst entstehendes Selbstwertgefühl haben, wenn ihre Vorstellungen auf Unverständnis trafen, wenn sie als unsinnig abgetan wurden?

Ich rief Rodrigo herauf und zeigte ihm die Ausdruckstreifen. Es ist möglich, daß er innerlich ganz anders empfand, aber er sah mich nur an und meinte, das sei sehr interessant. Eine so ganz andere Reaktion als meine.

Da ich heute ohnehin nicht mehr viel zustande gebracht hätte und dringend eine Ablenkung brauchte, gingen Rodrigo und ich zu einer Nachmittagsvorstellung ins Kino. Als wir zurückkamen, saßen alle beim Abendessen.

Adri sah mich an, griff zu ihrem Teller und schleuderte ihn quer durch den Raum. Das hatte sie schon lange nicht mehr getan. Ich mußte sie wirklich erzürnt haben. Vielleicht glaubte sie, ich hätte unserer Unterhaltung keine große Bedeutung beigemessen. Es war eine ganz eigentümliche Atmosphäre, da niemand sonst am Tisch wußte, daß sich etwas Ungewöhnliches ereignet hatte – bis auf Rodrigo, und der schien es bereits vergessen zu haben.

Ich holte den Canon.

Kristi: Warum hast du deinen Teller durch die Luft geschleudert, Adri?

Adri: DU NICHT HIER

Wahrscheinlich war es ziemlich egoistisch von mir, ins Kino zu gehen, nachdem sie mir etwas so Wichtiges mitgeteilt hatte. Wieder einmal hatte ich die Intensität ihrer Empfindungen unterschätzt. Ich entschuldigte mich, nahm sie in die Arme und versicherte ihr, daß ich stets für sie da sein würde.

Adri: ICH RUHIG

Kurz bevor ich ins Bett ging, wußte ich plötzlich den Grund für mein *Déjà-vu*-Gefühl: der Hellseher auf der Party meiner Freundin Kathy in Kalifornien. Er hatte erklärt, Adri hätte ein Leben auf See verbracht und wäre bei einem Brand gestorben. Damals hatte ich die beiden Dinge nicht miteinander in Verbindung gebracht und er vermutlich auch nicht. Aber jetzt schien alles ganz klar zu sein. Wie merkwürdig. Das alles hatte sich vor sechs Jahren abgespielt. Was geht hier vor sich?

Montag, 8.7.91

Heute vormittag habe ich mich im Sonnenzimmer mit Adri unterhalten. Ich konnte kaum erwarten, auf unser Thema vom Freitag zurückzukommen, aber ich wollte sie auf keinen Fall drängen. Daher hatte ich ein paar Fragen aus ihren Lernheften für sie vorbereitet. Wie üblich fragte ich sie, ob sie lieber arbeiten oder sich unterhalten wollte.

Adri: MICH ENTSCHLOSSEN NICHTS ZU BRAA

Kristi: Ich weiß nicht, was du meinst, Adri. Kannst du es vielleicht anders ausdrücken?

Adri: BRAUCHE NICHTS

Kristi: Du willst also sagen, daß du dich entschlossen hast, »nichts zu brauchen«?

Adri: JA

Kristi: Warum? Manchmal reagieren Menschen so, wenn sie sich verletzt fühlen. Ist das auch bei dir so?

Adri: JA

Kristi: Wer verletzt dich?

Adri: ICH SELBST

Kristi: Du verletzt dich? Wann und wie?

Adri: ICH HABE MICH IN DER GEBÄRMUTTER VERLETZT

Sie hatte sich in der Gebärmutter verletzt? Ich hatte mir diese Unterhaltung gewünscht, aber kaum hatte sie begonnen, bekam ich es auch schon mit der Angst zu tun. Allein das Wort Gebärmutter aus dem Mund eines Kindes kam mir eigentümlich vor. Ich versuchte, mein Unbehagen zu verdrängen. Ich wollte ihr nahe sein, einfach nur nahe sein, wohin sie mich auch führte.

Kristi: Weißt du, wie du dich verletzt hast?

Adri: JA DURCH NICHT ESSEN

Kristi: Wie kannst du dich verletzen, indem du nichts ißt? Das ist schwer zu verstehen.

Adri: ES HAT MEIN ENDOKRINES SYSTEM ANGEGRIFFEN

Ich mußte einen Moment lang innehalten. Wovon redete sie da? Woher kam das? Sie war mir haushoch überlegen.

Kristi: Ich habe keine Ahnung vom endokrinen System. Was ist das?

Adri: DAS SYSTEM DAS MIT DEM BEDÜRFNIS NACH NÄHRSTOFFEN ZUSAMMENHÄNGT

Kristi: Und was ist mit dem endokrinen System, wenn es keine Nährstoffe bekommt?

Adri: ES ENTNIMMT DEM KÖRPER ENERGIE.

Kristi: Wenn das endokrine System nicht richtig ernährt wird, entzieht es dem Körper also Energie? Ist es das, was du sagen willst? Adri, woher weißt du das?

Adri: ICH BIN GEBILDET

Kristi: Ja, das sehe ich. Aber wie hast du so viel gelernt?

Adri: IN ANDEREN LEBEN

Ich hatte mehr als genug gehört. Ich mußte erst einmal durchatmen.

Kristi: Möchtest du für heute aufhören, Adri?

Adri: JA

Kristi: Willst du ein anderes Mal wieder darüber sprechen?

Adri: JA

Ist Adri offen zu mir? Ein Scherz ist das nicht, das weiß ich. Aber es ist so unglaublich – auch unklar. Was hieß das genau, sie hätte sich »danach« für den Autismus entschieden? Nach der Geburt? Nach der Zeugung? Und sie hat sich selbst dadurch verletzt, daß sie in der Gebärmutter nichts gegessen hat? Ist das möglich?

Ich glaube, sie will etwas Wichtiges mitteilen, aber es ist sehr schwer für sie, das in Worte umzusetzen. Und für mich ist es schwer, diese Vorstellungen zu begreifen. Aber es ist nicht meine Aufgabe, alles zu verstehen, was sie sagt. Meine Aufgabe ist es, ihr nahe zu bleiben – wohin sie mich auch führt.

In den letzten beiden Wochen erbricht sich Adri häufig. Jedesmal nur ein bißchen, aber fast täglich. Eigentlich mache ich mir keine Sorgen, aber ich frage mich, ob sie wegen der Dinge nervös ist, die sie mir erzählt. Ich habe sie darauf angesprochen.

Kristi: Erbrichst du eigentlich absichtlich oder weil du nicht anders kannst, Adri?

Adri: ABSICHTLICH

Kristi: Warum machst du denn so etwas?

Adri: ICH ERBRECHE WEIL DAS EINE NATÜRLICHE MALFARBE ERGIBT

Auf diese Idee wäre ich nie gekommen.

Kristi: Würdest du damit aufhören, wenn ich dir Malstifte und Papier bringe?

Adri: JA

Kristi: Versprichst du mir, deine Malkünste auf das Papier zu beschränken und nicht Wände und Bücher zu beschmieren?

Adri: JA

Kristi: Soll ich sie jetzt holen?

Adri: JA

Ich brachte ihr Stifte und Papier.

Kristi: Und wie lautet unsere Abmachung?

Adri: DASS ICH MICH NICHT ÜBERGEBE

Großartig! Selbst wenn sie Wände bemalen sollte, ist mir das immer noch lieber, als wenn sie den ganzen Tag erbricht. Ich kann kaum glauben, wie sehr sich meine Beziehung zu Adri verändert hat und weiter verändert – im täglichen Miteinander, aber auch durch die Dinge, die sie mir anvertraut. Ich sagte Rodrigo, daß ich selbst ihr Tellerwerfen positiv finde. Es bedeutet, daß sie ihren Willen zeigt, sich wehrt, sich entwickelt.

Dienstag, 9.7.91

Ich habe meine Bücher zu den Themen Schwangerschaft und Geburt durchblättert, aber nur in einem wird das endokrine System erwähnt. Dr. Thomas Verney befaßt sich in seinem Buch *The Secret Life of the Unborn Child* sogar recht ausführlich damit. Er weist darauf hin, daß, wenn sich die Mutter während der Schwangerschaft in einem Zustand der Angst und Unruhe befindet, sich dies irgendwie auf den Fötus übertragen und so unter Umständen die physische Grundlage für gesteigerte Ängste im Kind schaffen könne.

Verney erwähnt auch eine Untersuchung über die Konsequenzen von Unterernährung auf das endokrine System. Könnte das eine Beziehung zu Adris Bemerkung haben, sie hätte »nichts gegessen«? Ich muß mich da noch sehr viel gründlicher informieren. Adri drückt sich sehr anspruchsvoll aus und spricht komplexe Theorien an, aber es ist nicht leicht, sich zusammenzureimen, was sie meint. Und ich bin mir nie sicher, ob ein Wort für sie die gleiche Bedeutung hat wie für mich. Es gibt da so viel zu bedenken.

Vermutlich ist es gut, daß ich für ein paar Tage zu der ASA-Konferenz nach Indianapolis fahre. Vor allem bin ich gespannt auf Doug Biklens Rede. Für den Moment halte ich es für geraten, das meiste von dem, was mir Adri erzählt, für mich zu behalten. Zumindest, bis ich es besser verstehe. Ich bin fasziniert, aber auch verängstigt und besorgt.

Adri ist erst neun Jahre alt. Was darf man von einer Neunjährigen erwarten? Ich kenne zwar nicht viele Kinder ihres Alters, glaube aber nicht, daß sie »typisch« ist. Dafür ist sie zu weit entwickelt und gleichzeitig zu weit »zurückgeblieben«. Aber trotz allem vertraue ich meiner Tochter. Ich vertraue ihr wirklich. Meine Instinkte sagen mir, daß das alles echt und real ist. Ich spüre, daß sich vor uns ein Weg öffnet. Es besteht kein Anlaß zur Eile, wir müssen nur weitergehen.

Sonnabend, 13.7.91

Die Konferenz war großartig. Heute holten mich die Kinder vom Flughafen ab. Sie haben mir alle sehr gefehlt. Adri war sehr aufgeschlossen und kletterte mir sogar auf den Schoß, um mich zu umarmen, als ich in den Wagen stieg. Sie hätte sich in der ganzen Woche nicht übergeben, erzählten die anderen. Ich lobte sie dafür.

Adri: ICH LIEB ICH NICHT GEMALT

Später fragte ich sie in ihrem Zimmer, wie ihre Woche verlaufen sei. Sie scheint mit dem Hausunterricht nicht zufrieden zu sein.

Adri: ICH GEBILDET BRAUCHE NEUE AUSBILDUNG ICH KLUG

Erneut erklärte ich ihr, daß wir uns auch mit Lernmaterial beschäftigen müßten, das sie unter Umständen schon kannte, um uns ein umfassendes Bild von ihrem Wissensstand zu verschaffen.

Plötzlich kam Brie ins Zimmer und begann zu reden. Sofort wurde Adri aggressiv und kratzte sie. Ich tadelte Adri und erklärte, ich verstünde zwar, daß sie meine ganze Aufmerksamkeit haben wolle, daß sie Brie aber deshalb nicht kratzen dürfe.

Adri: TUT MIR LEID FEIND

Kristi: Meinst du damit, daß Brie deine Feindin ist?

Adri: JA BRIE ICH NICHT UNGEZOGEN

Keine von beiden sei ungezogen, erwiderte ich. Aber Brie müsse Adris Recht auf ihre Privatsphäre respektieren und Adri müsse lernen, sich Brie verständlich zu machen, anstatt sie anzugreifen. Ich erklärte auch, daß Brie keineswegs ihre Feindin sei. Sie wolle lediglich mit uns zusammensein und sich an unseren Aktivitäten beteiligen.

Adri: WEIL GROSSE WUT LIEBE BRIE

Fürchtet sich Adri vor ihrer eigenen »großen Wut« Bric gegenüber? Sieht sie in Brie tatsächlich eine Feindin oder betrachtet sie sich als Feindin ihrer Schwester?

Adri: ICH WÜTEND WEIL DU LIEB

Kristi: Du bist wütend, weil ich lieb zu Brie bin?`

Adri: NEIN WEI ZU LIEB ZU BRIE

Oh ... das war es also. In der letzten Woche mußte irgend etwas zwischen Wei und Brie vorgefallen sein, was Adris Eifersucht erregte.

Adri: NIEMAND HÄLT ZU MIR

Kristi: Du glaubst also, daß dich niemand versteht? Daß sich niemand richtig um dich kümmert?

Adri: NIEMAND KÜMMERT SICH AUSBILDUNG FÜR MICH

Sie fühlte sich ausgeschlossen. Ich versuchte, ihr zu erklären, daß wir sie alle sehr gern hatten und für sie sorgten, auch wenn es nicht immer so aussah. Aber das alles sei noch sehr neu für uns, und wir müßten erst herausfinden, wie wir uns am besten ihr gegenüber verhielten. Während ich sprach, erregte sich Adri immer mehr. Sie griff mich an und warf mit ihrem Gerät, als ich sie in die Arme nehmen wollte. Ich bemühte mich, sie zu beruhigen und versicherte ihr immer wieder, wie sehr ich sie liebte.

Plötzlich schrie Adri: »Mamama«. Tränen liefen ihr über die Wangen, und sie klammerte sich an mich. Ich drückte sie fest an mich und begann ebenfalls zu schluchzen. Adri weinte und weinte, bis sie vor Erschöpfung zusammenbrach. Es war ein ungeheurer emotionaler Durchbruch. Das war einfach nicht mehr dasselbe Kind wie zuvor. Die alte Adri hat nicht geweint. Sie hat sich nicht gestattet, so tief zu empfinden oder diesen Gefühlen nachzugeben. Ich kann nicht beschreiben, wie es ist, dieses wundervolle Geschöpf um seinen Eintritt in diese Welt kämpfen zu sehen.

Vor dem Einschlafen unterhielt ich mich noch ein wenig mit Adri. Ich erzählte ihr von den autistischen Erwachsenen, die ich auf der Konferenz kennengelernt hatte und die mir erklärt hatten, daß sie gelernt hätten, mit ihrem Autismus zu leben. Sie sagten mir, daß sie sich in gewisser Hinsicht sogar damit identifizierten. Sie wollten nicht verändert werden, sondern als das akzeptiert werden, was sie sind.

Dann wollte ich von Adri wissen, ob auch sie zumindest ein paar positive Aspekte am Autismus entdecken könne. Adri lächelte und tippte ihre erstaunliche Antwort:

Adri: JA ICH KANN ENTKOMMEN WENN DER MECHANISMUS VERSAGT

Sonntag, 14.7.91

Neulich habe ich mir ein Buch über Menschen gekauft, die sich an ihre Geburt erinnern können. Darin steht, daß sich kleine Kinder sehr oft daran erinnern. Also beschloß ich, Seby und Brie danach zu fragen.

Nachdem ich Seby eine Gute-Nacht-Geschichte vorgelesen hatte, wollte ich von ihm wissen, ob er sich daran erinnern könnte, in Mommys Bauch gewesen und geboren worden zu sein. »Ja«, erwiderte er sofort. »Ich habe Mommys Blut gesehen. Ich sah Mommys Rückenknochen. Ich sah Mommys Bauchknochen.«

Brie schien mich nicht zu verstehen. Als als ich dann fragte, ob sie noch wisse, ob sie mit den Füßen oder dem Kopf voran aus Mommys Bauch gekommen sei, antwortete sie richtig: »Kopf.« Mit der Zeit scheinen wir viel zu vergessen: Erinnerungen, Gedanken, Fähigkeiten, Wissen.

Muß das so sein? Ist das biologisch begründet oder ein Ergebnis unseres Sozialisierungsprozesses – eines Prozesses, von dem Adri aufgrund ihres Autismus verschont blieb?

Montag, 15.7.91

Als Wei heute vormittag kam, fragte ich sie, ob zwischen Brie und ihr etwas vorgefallen sei, was Adri erregt haben könnte. Sie wirkte verdutzt und erklärte dann, daß sie eines Morgens tatsächlich kurze Zeit mit Brie gesprochen hätte, bevor sie Adri begrüßte. Aber sie hielt es für bereinigt, da ihr Adris Erregung aufgefallen sei, und sie beide darüber gesprochen hätten. Wir kamen überein, daß sie künftig ihre Aufmerksamkeit auf Adri konzentrierte, bevor sie die anderen Kinder begrüßte.

Adri kam herein, und ich fragte, ob sie etwas sagen wollte.

Adri: WEI IST STILL

Kristi: Und das beunruhigt dich?

Adri: JA

Wei erklärte, sie freue sich, Adri wiederzusehen. Sie sei vielleicht ein wenig gedämpfter Stimmung, mehr nicht.

Wir gingen ins Sonnenzimmer und setzten uns an den Tisch. Ich schlug das Geographiebuch auf, aber Adri wandte heftig den Kopf ab, versuchte aufzuspringen und weigerte sich standhaft zu lesen.

Kristi: Was ist denn, Adri? Ich dachte, du wolltest lernen.

Adri: ICH BRAUCHE NEUE AUFGABEN ZU LEICHT

Kristi: Okay, aber laß uns trotzdem mit deinem Geographiebuch arbeiten. Ich werde dir ein paar Fragen stellen und sehen, ob du die Antworten weißt.

Willkürlich schlug ich das Glossar des Buches auf. Die Worte waren ihr fremd, aber Adri kannte alle Definitionen mit Ausnahme der für Papyrus. Vielleicht hatte sie recht. Warum beharrte ich nur so auf Methodik bei ihrem Unterricht? Ich mußte lockerer werden, wie Brie sagen würde.

Während Adri eine kurze Pause machte, suchte ich in den Bücherregalen nach naturwissenschaftlichen oder mathematischen Büchern. Ich fand ein Buch mit Eignungstests für das Biologiestudium und blätterte darin. Jedes Kapitel bestand aus durchschnittlich sechs Seiten Information gefolgt von etwa 25 Fragen, deren Antworten unter fünf Möglichkeiten ausgewählt werden konnten. Beispielsweise: »Eine organische Verbindung, in der Wasserstoff und Sauerstoff im gleichen Verhältnis wie in Wasser vorhanden ist, ist a) Fett, b) Protein, c) Aminosäure, d) Nukleinsäure, e) Kohlenhydrat.« Das war ganz schön knifflig, aber da es kein leichteres Buch zu diesem Themenbereich gab, ging ich damit an den Tisch zurück.

Adri brauchte zum Lesen der fünf Seiten des ersten Kapitels rund zehn Minuten. Dann las ich die Testfragen vor, während Wei Adris Hand stützte. Adri löste neunzig Prozent der Aufgaben richtig. Wei und ich waren überrascht. Immerhin handelte es sich um Material für potentielle Collegestudenten. Kein Wunder, daß sie das andere Lernmaterial langweilig gefunden hatte.

Dienstag, 16.7.91

Vor dem Zubettgehen habe ich mich mit Adri unterhalten.

Kristi: Wie war dein Tag heute, Adri?

Adri: GUT

Dann teilte sie mir mit, was ihr gerade durch den Kopf ging.

Adri: DU LEBST UM ZU LIEBEN

Manchmal äußert sie sich sehr umfassend. Meinte sie mich oder die Menschheit allgemein? Ich beschloß, ihr einfach zu sagen, wie sehr ich sie liebte. Dann fragte ich sie, ob wir noch einmal über das reden wollten, was wir zuvor schon besprochen hatten: vorherige Leben, ihre Geburt, Autismus.

Adri: JA

Kristi: Ich weiß, daß ich dich schon nach deiner Geburt gefragt habe, aber ich möchte noch einmal wissen, ob du dich wirklich erinnerst.

Adri: JA

Kristi: Wie war das?

Adri: ICH HATTE GROSSE ANGST

Kristi: Wer war dabei?

Adri: MOM DAD ARZT

Kristi: Noch jemand?

Adri: NEIN

Kristi: Warst du schon vor deiner Geburt autistisch?

Adri: NEIN

Kristi: Wurdest du nach deiner Geburt autistisch?

Adri: JA ICH ...

Sie konnte ihren Gedanken nicht beenden. Sie zappelte herum und erbrach sich ein wenig.

Kristi: Ist es sehr schwer für dich, darüber zu reden?

Adri: JA

Ich erzählte ihr, daß, meinem Buch über Geburtserinnerungen zufolge, die meisten Menschen dieses Erlebnis als furchterregend im Gedächtnis haben. Vermutlich können sich deshalb so wenige von uns daran erinnern.

Kristi: Möchtest du für heute aufhören?

Adri: JA

Wieder übergab sie sich.

Kristi: Macht dich das Ganze nervös?

Adri: JA

Mich auch.

Mittwoch, 17.7.91

Der Tag heute war wieder wie eine emotionale Achterbahnfahrt. Während des morgendlichen Unterrichts mußte ich Adri mehrfach ermahnen, damit sie sich konzentrierte. Mathematik lehnte sie ab, also beschäftigten wir uns mit einem weiteren Kapitel aus dem Eigungstest-Buch. Adri hatte das Kapitel fast zu Ende gelesen, als sie plötzlich sehr erregt und zornig wurde.

Kristi: Was ist denn, Adri? Möchtest du mir sagen, worüber du dich so aufregst?

Adri: NEIN ICH WÜTEND WEIL DU ZU NETT

Kristi: Laß mal sehen, ob ich das verstehe. Du bist wütend, weil ich nett zu dir bin? Glaubst du denn, du hättest es nicht verdient? Meinst du das?

Adri: NEIN

Kristi: Was willst du mir denn nun sagen? Daß ich zu nett oder nicht nett bin?

Adri: NICHT

Ich erklärte, daß ich keineswegs die Absicht hatte, unflexibel zu sein oder sie zu überfordern. Aber ich wolle ihr dabei helfen, sich zu konzentrieren, damit sie weiter lernen und »gebildet« werden könne.

Dicke Tränen liefen ihr über die Wangen. Das hatte ich nicht erwartet. Ich nahm sie in die Arme und drückte sie an mich, während sie weinte. Manchmal wirkt sie so belastbar, aber dann wieder so unglaublich verletzlich. Wir saßen eine Weile engumschlungen da, und als sie sich ein wenig gefaßt hatte, fragte ich sie, ob sie etwas sagen wollte.

Adri: ICH BRAUCHE VIEL LIEBE

Manchmal nimmt sie mir wirklich den Atem. Sie ist so aufrichtig, offen und vertrauensvoll. Ich drückte sie an mich und sagte ihr noch einmal, wie sehr ich sie liebte.

Abends las ich Adri aus einem Buch über Thomas Edison vor. Es schien ihr zu gefallen. Dann sagte ich ihr gute

Nacht und ging ebenfalls ins Bett. Als ich kurz vor dem Einschlafen war, kam sie ins Schlafzimmer, legte sich zu mir und Rodrigo ins Bett und kuschelte sich etwa eine Viertelstunde an uns, bevor sie unruhig wurde. Da brachte ich sie wieder in ihr eigenes Bett. Es war ein so schönes Gefühl gewesen. Die anderen Kinder kuschelten natürlich ständig. Sie würden die ganze Nacht bei uns schlafen, wenn wir es ihnen erlaubten. Aber Adri war nie bereit gewesen, sich länger als zwei, drei Minuten an uns zu schmiegen. Irgend etwas veränderte sich wirklich in ihr.

Donnerstag, 18.7.91

Heute haben Wei, ich und Adri mit ihrem neuen Mathematikbuch gearbeitet. Es handelte sich um ein Buch für die vierte oder fünfte Jahrgangsstufe. Als sie es erstmals sah, war sie ganz aufgeregt gewesen. Aber als wir uns nun mit gemeinsamen Nennern beschäftigten, wurde es ihr bald langweilig. Vielleicht war sie auch enttäuscht. Entweder kannte sie sich mit gemeinsamen Nennern bereits aus oder sie begriff sehr schnell.

Wieder wandten wir uns dem Eignungstest-Buch zu. Anfangs wollte Adri nicht darin lesen, aber als sie merkte, daß Wei und ich so schnell nicht aufgeben würden, fügte sie sich und las ein Kapitel fast noch schneller als am Tag zuvor. Sie beantwortete fast alle Testfragen korrekt, bis sie zur letzten Gruppe kam, da machte sie bei sieben Aufgaben vier Fehler. Vermutlich hat sie nicht zu Ende gelesen oder statt dessen die Karte auf der letzten Seite betrachtet. Vielleicht hat dieser Teil sie aber auch einfach nicht interessiert, weil er sich nicht mit Menschen befaßte, sondern mit Pflanzen.

Vor dem Zubettgehen beobachtete ich, wie Adri an ihrem Radio herumspielte. Häufig verändert sie die Lautstärke alle paar Sekunden. Jetzt fange ich an zu begreifen, daß das durchaus nicht so zufällig und willkürlich geschieht, wie ich angenommen hatte. Sobald sie eine Musik gefunden hat, die ihr gefällt – sehr rhythmusbetonte Musik –, bleibt sie sehr viel länger bei dem Sender.

In den letzten Tagen war ich sehr niedergeschlagen. Ich mußte immer wieder an Coreece denken. Es ist schwer zu begreifen, warum ein Mensch wie Coreece an Krebs erkrankt, und ich komme mir so hilflos vor. Ich habe Coreece gebeten, ganz ehrlich zu mir zu sein und mir zu sagen, was sie wirklich empfindet, aber es ist sehr schwer, die Wahrheit zu hören, weil ich glauben will, alles sei völlig in Ordnung. Heute abend konnte ich wenigstens endlich weinen. Ich habe das Gefühl, daß Adris Emotionalität wie ein Katalysator auf mich wirkte. Ich sehe sie an und denke: Wenn sie es riskieren kann, dann kann ich es auch.

12.

ICH SCHON SEHR WEISE

19. – 31. Juli 1991

Freitag, 19.7.91

Heute bin ich schon vor acht ins Büro gegangen, um vor zehn Uhr – dann wollte ich mich mit Wei und Adri zusammensetzen – ein paar Dinge erledigen zu können. Aber die Arbeit nahm mehr Zeit in Anspruch als gedacht, und so kam ich zu spät. Wei hatte ein wenig Mathematik mit Adri gemacht und wollte dann zu Naturwissenschaften übergehen, aber Adri weigerte sich.

Adri: ICH WILL MOM

Wir arbeiteten zu dritt weiter. Adri beendete ein naturwissenschaftliches Kapitel und warf dann ihr Glas mit Mineralwasser um.

Kristi: Adri, es sieht ganz so aus, als hättest du das absichtlich getan. Warum?

Adri: WEIL ICH EINE PAUSE MACHEN MÖCHTE

Das war zwar verständlich, aber als wir gemeinsam die Pfütze aufwischten, erklärte ich ihr, daß es andere Möglichkeiten der Mitteilung gab. Der Canon stehe direkt vor ihr. Sie hätte tippen können, daß sie sich eine Pause wünschte. Ein bißchen später machte sie sich in die Hosen.

Kristi: Adri, war das Absicht oder nicht?

Adri: ABSICHT

Kristi: Willst du auch damit eine Pause erreichen?

Adri: JA

Ich war sehr verärgert, und das sagte ich ihr auch. Als wir den neuerlichen Schaden beseitigten, erklärte ich Adri, daß bevor wir Zugang zur FC-Methode hatten, vielleicht Anlaß für ein so drastisches Verhalten bestanden hätte, doch nun gebe es für ein derartiges Benehmen keine Entschuldigung mehr. Ich fragte sie, wie sie sich fühlen würde, wenn andere Kinder in der Schule so etwas miterleben würden.

Adri: TRAURIG

Kristi: Und es wäre dir sehr peinlich.

Am Nachmittag gingen wir zu einer weiteren kranial-sakralen Massage zu Felice. Es wurde eine sehr bemerkenswerte Stunde. Während Felice Adris Schädel massierte, erzählte sie von einer Massage, die sie in der vergangenen Woche zusammen mit einem Therapeuten namens Ben durchgeführt hatte. Dabei hatte dieser Ben eine Art Sprechgesang angestimmt, der wie eine indische Sprache klang. Ich wollte wissen, ob Ben aus Indien stammte, aber Felice entgegnete: »In diesem Leben nicht.«

Bisher hatte ich mit Ausnahme von Rodrigo niemandem von Adris Erzählungen über ein früheres Leben berichtet. Aber aufgrund von Felices Bemerkung erzählte ich davon und bat sie, es zunächst einmal für sich zu behalten. Überhaupt nicht überrascht fragte Felice Adri, ob sie vielleicht etwas aus ihren eigenen früheren Leben hören wollte. Adri tippte: JA. Und so saßen wir in der Praxis einer renommierten Massagetherapeutin und plauderten über frühere Leben. Ich machte mir bewußt, daß mein ganzes Leben auf den Kopf gestellt worden war.

Felice schilderte kurz einige ihrer früheren Leben, darunter auch jenes, das sie – wie sie sagte – in Indien mit Ben geteilt hatte. Felice wollte von Adri wissen, ob sie in ihren früheren Leben auch einmal in Indien gewesen wäre.

Adri: JA

Felice: Hast du mich da gekannt?

Adri: JA

Und dann überraschte mich Adri damit, daß sie Felice heftig umarmte. Ich kam mir recht merkwürdig vor, wie das fünfte Rad am Wagen. Ich hatte diese neuen und merkwürdigen Vorstellungen für mich behalten – aus Unsicherheit und Furcht vor den Reaktionen anderer. Aber für Felice schienen sie ein ganz normaler Bestandteil ihrer Realität zu sein. Entweder glaubten sehr viel mehr Menschen an Reinkarnation, als ich bisher angenommen hatte, oder Adri und ich waren durch einen sonderbaren Zufall genau in der richtigen Praxis gelandet. Es war eine sehr lehrreiche Stunde für mich.

Sonnabend, 21.7.91

Ich muß das aufschreiben, bevor ich auch nur irgend etwas davon vergesse. Gestern hatte ich mir aufgrund der Informationen über Ungeborene in Verneys Buch und Adris Berichten ein paar Fragen überlegt. Aber ich wollte sie erst stellen, wenn Adri von sich aus das Gespräch in diese Richtung brachte. Unsere Unterhaltung begann wie üblich.

Kristi: Möchtest du vielleicht irgend etwas sagen, Adri?

Adri: JA ICH ZU WEICH

Kristi: Warum? Was macht dich zu weich?

Adri: MEINE BEREITSCHAFT DIR ZU VERTRAUEN

Ich sprach mit ihr über die Probleme, anderen Menschen zu vertrauen. Einerseits mache uns das verletzlich, andererseits könnten wir uns nur durch das Vertrauen auf andere öffnen und weiterentwickeln. Ich erklärte Adri, daß sie sich meiner Meinung nach in letzter Zeit öffne und die Art von Risiken eingehe, die Mut erfordern, aber auch große Bereicherungen bringen.

Während dieser Unterhaltung tippte Adri mehrmals JA. Das Thema entspannte mich, und ich war froh, zur Abwechslung einmal in der Rolle des Lehrers zu sein. Und dann fragte ich Adri, ob sie vielleicht noch etwas sagen wollte.

Adri: JESUS AUSWEG FÜR MICH ER STARB GEBILDET

Ich konnte nicht reagieren, ich war zu verblüfft. Meine Illusion von Sicherheit und Entspannung war dahin. Warum sprach sie von Jesus? Über dieses Thema hatten wir ganz bestimmt noch nie gesprochen. Was konnte sie über Jesus wissen? Ich nahm das Gespäch so gut ich konnte wieder auf.

Kristi: Jesus war gebildet?

Adri: ER SAGT MIR DASS DU GEBILDET

Kristi: Jesus hat dir gesagt, ich sei gebildet? Wann hat er dir das gesagt?

Adri: JA IN EINEM TRAUM IN DEM ICH DICH FÜR MICH AUSWÄHLTE

Kristi: Wann hast du diesen Traum gehabt? In diesem oder in einem anderen Leben?

Adri: JA IN DIESEM LEBEN

Kristi: Wann? Als du vier warst, in diesem Jahr, im Uterus?

Adri: ALS ICH EIN BABY WAR

Kristi: Du hattest als Baby einen Traum, und in diesem Traum hat dir Jesus erzählt, ich sei gebildet?

Adri: JA

Kristi: Warum ist das so bedeutsam, Adri? Was ist an Ausbildung so wichtig?

Adri: DU GEBILDET DANN BABY AUCH GEBILDET

Kristi: Aber ich begreife noch immer nicht. Warum ist es so wichtig, gebildet zu sein? Warum ist es dir so wichtig?

Adri: WEIL ES DER WEG ZUM GLÜCK IST

Kristi: Glück?

Adri: JA

Ich war total durcheinander. Was meinte sie eigentlich mit »gebildet«? Und »Glück«? Und wer ist für sie »Jesus«? Was verbindet diese Vorstellungen miteinander? Ich fragte Adri, ob wir auf einiges von dem, was sie gesagt hatte, noch einmal zurückkommen könnten.

Adri: JA

Kristi: Du hast erzählt, daß du im Uterus nicht gegessen hast, und daß das dein endrokrines System beeinträchtigt hat. Jetzt sprichst du von einem Traum, in dem du als Baby erfahren hast, daß ich gebildet bin. Besteht ein Zusammenhang zwischen Ausbildung und der Tatsache, daß du autistisch bist?

Adri: JA WEIL ICH NICHTS GEGEN SOJABOHNEN UNTERNEHME

Es fiel mir schwer, das ernst zu nehmen. Wovon redete sie da eigentlich? Was sollte der Hinweis auf Sojabohnen? Dann erinnerte ich mich daran, daß wir sie als Säugling auf eine Sojanahrung umgestellt hatten, weil sie Kuhmilch nicht vertrug. Hatte die Sojaernährung selbst etwas ausgelöst oder war Adris Bedürfnis nach Soja nur eine Folge ihrer Eßverweigerung?

Ich bemühte mich um Erläuterungen, konnte Adri aber nicht dazu bringen. Wir beide waren frustriert, ich fühlte mich benommen, leicht schwindlig und hatte Probleme, meine Gedanken zu ordnen. Ich hielt es für einen guten Zeitpunkt, zu den Fragen überzugehen, die ich im Zusammenhang mit dem endokrinen System vorbereitet hatte. Falls ihr einige dieser Fragen unsinnig vorkämen, brauche sie mir nur zu sagen, ich solle aufhören, erklärte ich Adri.

Kristi: Weißt du, was das endokrine System produziert, Adri?

Adri: JA NEUROHORMONE

Kristi: Welche Teil des Gehirns ist für das endokrine System verantwortlich?

Adri: HYPOTHALAMUS

Kristi: Welcher Gehirnbereich wird als emotionaler Regulator angesehen? Weißt du das?

Adri: HYPOTHALAMUS

Kristi: Regelt der Hypothalamus auch die Nahrungsaufnahme?

Adri: JA

Kristi: Okay, Adri. Ich weiß zwar nicht, ob ich das richtig verstehe, aber nach allem, was ich bisher gelesen habe, kann der enorme Streß im zweiten Drittel der Schwangerschaft das endokrine System einer werdenden Mutter zur Überproduktion von Neurohormonen anregen. Diese können den sich entwickelnden Fötus insofern beeinträchtigen, daß sie physikalische oder biologische Veränderungen bewirken, die später zu emotionaler Überempfindlichkeit führen. Könnten derartige Veränderungen extrem genug sein, um die physiologische Grundlage für eine so ernste Störung wie den Autismus zu schaffen? Ist das möglich?

Adri: JA

Kristi: Ist das bei dir so gewesen? Hat extremer Streß in meiner Schwangerschaft zu einer Überproduktion von Neurohormonen geführt, die schließlich zu deinem Autismus führten?

Adri: NEIN

Ich hatte versucht, so objektiv wie möglich zu fragen. Ich wollte nicht, daß meine Furcht vor den Antworten meine Fragen beeinflußten. Aber als Adri NEIN sagte, war ich doch sehr erleichtert. Doch wenn nicht mein Streß die Ursache war – was dann? Ich suchte nach anderen Möglichkeiten.

Kristi: Hast du vielleicht irgendwie mein Gefühlssystem so beeinflußt, daß ich zu viele Neurohormone produzierte?

Adri: NEIN

Ich hatte keine Ahnung, ob meine Überlegungen Sinn ergaben oder nicht. Aber ich fragte weiter, weil mir immer neue Gedanken kamen.

Kristi: Hast du vielleicht irgendwie selbst dein Gefühlssystem beeinflußt?

Adri: NEIN

Kristi: Das alles ist für mich schwer verständlich, Adri. Aber nach allem, was ich über den Zusammenhang zwischen »Mangel« und dem Hypothalamus gelesen habe, kann Unter- oder Fehlernährung eine biologische Basis für die Unfähigkeit sein, die Nahrungsaufnahme und Entwicklung eines Fötus zu steuern. Stimmt das?

Adri: JA

Kristi: Ist das bei dir der Fall gewesen? Hat unzureichende Ernährung in der Gebärmutter bei dir die Unfähigkeit bewirkt, deine Nahrungsaufnahme zu regulieren? Hat das später deine Entwicklung behindert? Bist du deshalb so klein für dein Alter?

Adri: NEIN

Wieder verlief eine Idee im Sande. Fast krampfhaft überlegte ich weiter, wollte den Dialog unter keinen Umständen abbrechen lassen. Ich hatte keine Ahnung, ob irgend etwas davon wissenschaftlich begründet werden konnte.

Kristi: Adri, kann die Unter- oder Fehlernährung eines Fötus auch zu emotionaler Überempfindlichkeit führen? Ist da eine Art Gegenbeeinflussung möglich?

Adri: JA

Kristi: Ja? Ist das bei dir geschehen? Du hast in der Gebärmutter gehungert, und das steigerte deine emotionale Empfänglichkeit in einem Ausmaß, daß du die Vielfalt von Verhaltensmustern entwickelt hast, die wir Autismus nennen?

Adri: JA

Unglaublich. Doch in gewisser Hinsicht schien es gar nicht so unsinnig zu sein. Auch wenn manche den Autismus gern für eine rein körperliche Fehlfunktion halten. Nichts ist ausschließlich physiologisch. Menschen sind keine Maschinen. Autismus hängt mit Sensitivität zusammen. Vielleicht ist Autismus sogar eine Art Überlebensmechanismus, um hypersensible Menschen vor dieser Welt zu schützen. Ich weiß nicht, aber irgendwie hört sich das alles für mich sehr »logisch« an.

Kristi: Kannst du mir das vielleicht noch ein wenig erläutern, Adri?

Adri: ICH HABE MICH IM UTERUS GETÖTET

Es schmerzte sehr, sie das sagen zu hören, aber ich fuhr fort.

Kristi: Durch »Nicht-Essen«?

Adri: JA

Kristi: Warum hast du dich im Uterus getötet?

Adri: WEIL DER ORT NICHT RICHTIG WAR

Es verschlug mir den Atem. Dennoch wollte ich nicht, daß sie aufhörte. Wir suchten nach Wahrheiten.

Kristi: Du wolltest dich also im Uterus durch »Nicht-Essen« umbringen, weil du glaubtest, am falschen Ort zu sein?

Adri: JA

Kristi: Aber du bist nicht gestorben. Und doch bewirkte der Mangel Veränderungen, die dann zum Autismus führten?

Adri: JA

Kristi: Bist du jetzt froh, hier zu sein, Adri?

Adri: JA

Ich war sehr erleichtert. Ich hätte die Vorstellung nicht ertragen, daß sie noch immer unglücklich war.

Kristi: Gibt es einen Grund, aus dem du hier bist, Adri? Um etwas zu lernen?

Adri: JA

Adri stand auf und lief ein paar Minuten umher. Dann folgte ich ihr wieder an den Tisch. Es gab noch eine Frage, die ich brennend gern stellen wollte.

Kristi: Du sagtest, ich wäre gebildet. Meinst du in einem anderen Leben?

Adri: JA

Kristi: Hast du mich gekannt?

Adri: ABER DU

Sie entzog sich mir und konnte nicht weitertippen. Genug. Beide waren wir erschöpft. Ich war total ausgelaugt. Und sie auch.

Am Nachmittag las ich die Druckstreifen unserer Unterhaltung noch einmal und bemühte mich, einen Sinn in das Ganze zu bringen. Hatte Adri in der Gebärmutter zu essen aufgehört, weil sie zornig auf sich selbst war? Hatte sie sich durch Hungern um die Energie gebracht, die sie für eine normale Entwicklung benötigte? Warum war Adri zornig auf sich gewesen? Weil sie nicht starb? Oder weil sich sich am falschen Ort wähnte?

Hypothese: In der Gebärmutter hat Adri den Eindruck, »am falschen Ort« zu sein. Sie wird wütend und beschließt, nicht mehr zu essen. Die Wirkung, die das auf ihr endokrines System hat, schafft die physiologische Basis für ihren Autismus.

Aber das war lediglich ein Beginn, da gab es noch sehr viel mehr. Hatte das Trauma ihrer Geburt oder die

Gelbsuchtbehandlung auf irgendeine Weise in ihr eine Anfälligkeit für Autismus bewirkt? Übte die Sojaernährung nach ihrer Geburt einen irgendwie nachteiligen Einfluß auf sie? Oder hatte sie andeuten wollen, daß ihre Probleme bei der Brusternährung im Grunde ein freiwilliger Rückzugsversuch aus dem Leben waren? Hatte sie diese Methode gwählt, um ihren Autismus auszulösen? War sie im Uterus oder als sehr junger Säugling je von ihrem gewählten Pfad abgewichen?

Und dann wäre da noch die Frage, woher Adris Kenntnisse von Jesus stammen. Hat sie wieder zu essen begonnen, nachdem er ihr sagte, ich wäre »gebildet«? Ich frage mich auch, warum das alles jetzt ans Tageslicht kommt. Liegt das daran, daß Adri inzwischen kommunizieren kann, oder bedeutet die Tatsache, daß sie sich endlich mitteilen kann, etwas ganz anderes? Das sind große, entscheidende Fragen. Und ich weiß nicht, ob sie jemals in der Lage sein wird, sie zu beantworten. Aber ich werde weiter fragen, wenn sie es mir gestattet.

Ich möchte Adri verstehen, in ihre Welt eindringen. Ich weiß, daß alles sinnvoll ist, was sie sagt. Ich muß nur hinter diesen Sinn kommen. All das ist absolut real. Das muß es schon deshalb sein, weil es bei mir bewirkt, daß ich mich auf eine Weise lebendig fühle wie nie zuvor – voller neuer Chancen und Möglichkeiten, voller Hoffnung.

Heute nachmittag hat uns mein jüngerer Bruder Jamie besucht. Ich habe ihm nichts von den Dingen gesagt, die mir Adri erzählt hat. Ich habe nicht das Gefühl, ihn dafür gut genug zu kennen. Er befindet sich jetzt auf der Geld-Macht-Erfolg-Spur. Aber ich muß sagen, daß ihm das nicht unbedingt gut bekommt.

Adri gegenüber hat er sich großartig verhalten. Als sie ihn sah, lief sie mit ausgestreckten Armen auf ihn zu. Er hob sie hoch, und dann flüsterte sie ihm zu seiner totalen Verblüffung sehr leise, mit ihrer *Stimme*, das Wort »Onkel« in sein Ohr.

Kristi: Hast du eben etwas zu Jamie gesagt, Adri?

Adri: ONKEL

Kristi: Wunderbar, Adri. Das sieht ja ganz so aus, als würdest du bald mit deiner Zunge sprechen.

Adri: JA

Montag, 22.7.91

Heute morgen kam Adri sehr früh, etwa ein Viertel vor fünf, in unser Schlafzimmer und kroch zu uns ins Bett. Zehn Minuten später stand sie wieder auf und fing an, im Zimmer herumzulaufen. Rodrigo brachte sie in ihr eigenes Zimmer zurück, aber inzwischen waren wir beide hellwach.

Mir ist bewußt, daß sich Rodrigo vernachlässigt fühlt. Außerdem ist er der Meinung, daß ich unsere anderen Kinder benachteilige. Auch ich mache mir Sorgen um Seby und Brie, aber falls sie sich über die Zeit ärgern, die ich mit Adri verbringe, so kann ich das ihrem Verhalten zumindest nicht entnehmen. Auch mit jedem der beiden verbringe ich täglich bestimmte Zeit und sorge dafür, daß sie sich nicht ausgeschlossen fühlen. Sie scheinen zu verstehen, daß Adri gerade jetzt mehr zeitliche Zuwendung braucht.

Adri und ich unterhalten uns täglich nur rund eine Stunde. Ist das zuviel für ein Kind, das neun Jahre lang vernachlässigt wurde? Wie könnte ich ihr sagen, ich hätte keine Zeit für sie – jetzt, wo sie sich endlich mitteilen kann? Wahrscheinlich wird irgendwann der Zeitpunkt kommen, an dem sie all die Dinge gesagt hat, die sie so unbedingt äußern möchte, und wir werden diese Stunde gar nicht mehr benötigen. Aber jetzt braucht sie mich. Und ich muß für sie da sein.

Ungeachtet ihrer nächtlichen Aktivitäten tauchte Adri um halb sieben schon wieder in unserem Zimmer auf. Sie und ich entschlossen uns zu einem Spaziergang um das Wasserreservoir in der Nähe unseres Hause und ließen Rodrigo weiterschlafen.

Es war ein erhellender Spaziergang. Wieder einmal machte ich mir bewußt, daß Adri für mich ein Katalysator ist, eine Auslöserin von Veränderungen. Doch das alles beeinflußt auch unser Familienleben. Adri und ich verändern uns, aber Rodrigo ist verzweifelt bemüht, den Status quo zu bewahren.

Dienstag, 23.7.91

Gerade sind wir von einer weiteren kranial-sakralen Massage zurückgekommen. Heute beschäftigten sich drei Therapeuten gleichzeitig mit Adri. Felice mit ihrem Kopf, Maria mit Brust und Rücken sowie Ben mit ihrem Magen. Während sie ihr sanft die Hände auflegten, begann sich Adri immer mehr anzuspannen, bis ihr Körper ganz starr war. Dann brach die Anspannung in sich zusammen und sie wurde ganz schlaff. Das wiederholte sich mehrmals im Verlauf der fünfundzwanzig Minuten dauernden Sitzung. Zunächst zunehmende Anspannung, dann völlige Erschlaffung.

Hin und wieder äußerte sich Ben in der indischen Sprache. Adri schien intensiv zuzuhören. Später fragte ich Adri, ob sie verstanden hatte, was er sagte.

Adri: JA ZÄRTLICHE WORTE

Kristi: Kennst du die Sprache?

Adri: NEIN

Sie war ganz ruhig und hielt sich in Bens Nähe.

Adri: ICH ANDERS GEWORDEN

Felice wollte wissen, ob Adri ihr »höheres Ich« meinte.

Adri: NEIN

Kristi: Kennst du Ben von irgendwoher?

Adri: JA

Sie legte die Arme um Ben und drückte sich an ihn.

Kristi: Wie fühlst du dich jetzt, Adri?

Adri: EKSTATISCH

Donnerwetter! Was immer das auslöste, es ist auf jeden Fall sehr wirkungsvoll.

Kristi: Möchtest du wiederkommen?

Adri: JA

Ich hatte einiges in meinem Büro zu tun und kam erst gegen acht Uhr abends nach Hause. Adri war noch wach, aber nach ihrem ereignisreichen Tag ziemlich erschöpft. Ich glaube, sie hat auf mich gewartet, um mit mir über den Nachmittag zu reden. Ich fragte sie, ob sie irgend etwas mitteilen wollte.

Adri: JA ZU SANFT

Kristi: Wer oder was ist zu sanft?

Adri: ICH TOT DURCH RISEK PAKISTAN AUSGEBILDET IN INDIEN

Wer oder was ist Risek, und was ist in Pakistan geschehen? Redet sie über ein früheres Leben? Hat Risek sie getötet? Ist sie neben ihm gestorben? Ich bekam keine klare Antwort von ihr, daher fuhr ich fort.

Kristi: Hast du Ben in einem anderen Leben gekannt?

Adri: JA

Kristi: Habt ihr zusammen in Pakistan gelebt?

Adri: JA

Kristi: Welche Beziehung hattet ihr zueinander?

Adri: MEIN MENTOR

Kristi: Er war also dein Mentor. War er in diesem Leben ein Mann oder eine Frau?

Adri: MANN

Kristi: Weißt du, in welchem Jahr das war?

Adri: 55 NACH CHRISTI

Kristi: Kennst du den Namen der Stadt, in der ihr gelebt habt?

Adri hatte große Schwierigkeiten, das zu buchstabieren, was sie sagen wollte. Sie versuchte es zweimal, aber die Buchstaben waren die gleichen, die sie am Nachmittag in Felices Praxis getippt hatte. Für mich ergaben sie auch jetzt keinen Sinn.

Adri: DEWEMDSDEIEYEIES DEEETEEYEEO

Kristi: Hast du verstanden, was Ben zu dir gesagt hat?

Adri: JA ICH BEDENKEN ZU SAGEN

Kristi: Du hast Bedenken zu sagen, was die zärtlichen Worte bedeuteten?

Adri: JA

Kristi: Kannst du sie jetzt wiederholen? Nur Mommy gegenüber?

Adri: JA

Kristi: Was hat er gesagt?

Adri: ZÄRTLICHE WORTE ERINNERUNG ZU REAL

Kristi: Als er diese Worte aussprach, kam dir die Erinnerung also real vor? Zu real?

Adri: JA

Kristi: Du scheinst sehr müde zu sein, Adri. Möchtest du jetzt aufhören und lieber morgen weiter darüber sprechen?

Adri: NEIN

Wir saßen auf dem Fußboden und während sie tippte, fielen ihr buchstäblich die Augen zu.

Kristi: Möchtest du weitermachen?

Adri: JA

Aber ihre Augen schlossen sich, und sie schlief ein. Ich trug Adri zu ihrem Bett, und sie schlief die ganze Nacht durch. Ich war fasziniert und erregt, aber auch ängstlich und verwirrt. Adri und ich sind ohne Karte zu einer Reise aufgebrochen. Zumindest habe ich keine Karte. Ich handle ausschließlich aus Vertrauen heraus – aus Vertrauen in Adri.

Mittwoch, 24.7.91

Heute früh wollte Adri dort weitermachen, wo wir gestern abend abgebrochen hatten. Ich holte den Schreibcomputer.

Adri: INDIEN

Ich erklärte, wir könnten gleich nach dem Frühstück weitermachen. Als sie fertig war, gingen wir ins Sonnenzimmer, und ich fragte Adri, was sie tun oder mitteilen wollte.

Adri: ICH MÖCHTE RECHNEN

Ich war enttäuscht, aber bemüht, es mir nicht anmerken zu lassen. Ich holte ihr Mathematikbuch und wir begannen zu arbeiten. Aber sie wirkte sehr erregt, sprang mehrmals auf und lief aus dem Zimmer. Ich holte sie zurück, setzte mich neben sie und erklärte ihr energisch, daß ich bei ihr sitzenbleiben und ihr dabei helfen würde, sich zu beherrschen, damit sie arbeiten konnte.

Adri: BRAUCHE HILFE VERSUCHE

Kristi: Meinst du damit, daß du heute Hilfe brauchst? Daß du dich bemühst?

Adri: JA DU ZU SANFT

Kristi: Du findest, daß ich zu sanft bin? Daß ich dir gegenüber energischer sein sollte?

Adri: NEIN DU NOCH ZU SENSIBEL

Kristi: Ich bin zu sensibel?

Adri: JA

Kristi: Und auch du bist zu sensibel?

Adri: JA

Kristi: In dieser Hinsicht sind wir also gleich?

Adri: JA NOCH NICHT GEBILDET

Kristi: Vielleicht noch nicht, aber wir arbeiten daran.

Adri: ICH MIT DECZE TELEPHONIEREN

Kristi: Mit wem oder was willst du telephonieren? Ich verstehe dich nicht.

Adri: JA DESEY

Kristi: Ist Desey eine Person?

Adri: JA

Kristi: Woher kennst du Desey?

Adri: VOM REDEN

Ich kam mir vor wie ein Detektiv auf der Spurensuche.

Kristi: Wann hast du mit Desey geredet?

Adri: GESTERN

Kristi: Ist Ben dieser Desey?

Adri: JA

Kristi: Willst du, daß ich ihn für dich anrufe?

Adri: JA LIEBER DESEY

Kristi: War Desey dein Mentor?

Adri: MENTOR

Kristi: Hat dir die Behandlung gestern gefallen?

Adri: JA

Kristi: Glaubst du, daß sie dir geholfen hat?

Adri: JA

Kristi: Konntest du die Energie spüren, von der sie gesprochen haben?

Adri: JA

Kristi: In welcher Hinsicht hat es dir geholfen?

Adri: HALF MIR ZÄRTLICHE WORTE ZU ÄUSSERN

Kristi: Ich weiß nicht genau, was du damit meinst.

Adri: JA ZÄRTLICH ICH LEER SPANNUNG ANGESPANNT

Kristi: Hast du Wärme verspürt, als sie dich berührten?

Adri: JA ENERGIE

Kristi: Was hast du empfunden, als Ben in dieser alten Sprache mit dir redete.

Adri: ICH FÜHLTE MICH INTELLIGENT

Kristi: Er redete dich als der intelligente Mensch an, der du bist? Anders, als du es in diesem Leben gewöhnt bist?

Adri: JA NICHT GEBILDET

Kristi: Hast du dich damals für etwas besonders interessiert?

Adri: JA NATURWISSENSCHAFTEN

Kristi: Hattest du einen Beruf?

Adri: NEIN

Kristi: Warst du eine Art Lehrer?

Adri: NEIN

Kristi: Warst du ein Philosoph?

Adri: JA ADRI STUDIERTE SEOY

Ich hatte keine Ahnung, was das ist.

Kristi: Hattest du auf einem bestimmten Gebiet besondere Fähigkeiten?

Adri: JA NEUROLOGIE

Kristi: Hatte Desey einen Beruf?

Adri: LEHRER

Kristi: Möchtest du, daß dich die drei bald wieder behandeln?

Adri: JA

Diese Unterhaltungen faszinieren mich, bereiten mir aber auch Unbehagen. Manchmal äußert sich Adri sehr klar, dann aber wieder so unverständlich. Es beunruhigt mich, wenn sie sich unverständlich äußert, weil das, worüber sie spricht, so abseits des allgemeinen Verständnisses ist, und ich alle Eindeutigkeit brauche, die ich bekommen kann.

Heute war Adri über ihre Mathematikaufgaben enttäuscht. Sie scheint mit einigen geometrischen Prinzipien vertraut zu sein, daher gingen wir direkt zu den Fragen am

Ende des Kapitels über, anstatt Zeit mit ausführlicher Beschäftigung mit dem Lernmaterial zu verschwenden. Sie beantwortete sie alle richtig.

Adri: VIELECK UNENDLICHE STRAHLEN FLÄCHE FÜNFECK ACHTECK SECHSECK RADIUS DURCHMESSER

Dann hielt sie plötzlich inne. Als sie wieder zu tippen begann, ging es nicht um Mathematik.

Adri: MENTOR EMPFÄNGT ES

Ich fand das ziemlich entnervend, vor allem weil sie buchstäblich Haltung anzunehmen schien.

Kristi: Kannst du ein bißchen deutlicher erklären, was du meinst? Was ist »es«, was Mentor?

Adri tippte ihre Anwort sehr schnell und entschieden, ohne auch nur einmal innezuhalten.

Adri: ICH MEINE DASS ICH MIR JEDEN TAG GROSSE SORGEN UM MEIN DEIN NETZWERK VON BERATERN MACHE

Kristi: Was meinst du mit Netzwerk von Beratern, Adri? Wie würdest du sie beschreiben?

Adri: ALS GEISTER

Kristi: Du hast ein Netzwerk von Geisterberatern?

Adri: JA

Das war erstaunlich. Eine Million Fragen schossen mir durch den Kopf, aber ich bekam keine einzige davon über die Lippen.

Kristi: Kennst du sie?

Adri: JA

Kristi: Warum sorgst du dich um sie und mich?

Adri: WEIL DU DICH NICHT AN SIE WENDEST

Wieder einmal war ich ratlos. Krampfhaft suchte ich nach der nächsten Frage.

Kristi: Sind meine Geisterberater gut?

Adri: JA

Kristi: Wie wende ich mich an sie? Warum sollte ich das tun? Wie müßte ich das machen?

Adri: DU SAGST IHNEN SIE SOLLEN DICH UNTERWEISEN

Kristi: Ich brauche ihnen das nur zu sagen?

Adri: JA DU SAGST IHNEN DASS DU IHRE HILFE NÖTIG HAST

Kristi: Und wie treten sie mit mir in Verbindung?

Adri: DURCH DEINE GEDANKEN

Kristi: Werde ich wissen, wann sie zu mir sprechen und ich nicht nur meine eigenen Gedanken wahrnehme?

Adri: JA

Kristi: Wie?

Adri: DIE STIMMEN DER GEISTER SIND ERKENNBAR

Kristi: Erkenne ich sie, wenn ich sie höre?

Adri: JA (Sie lächelte.)

Kristi: Bist du eine Art Beraterin für mich?

Adri: JA

Kristi: Gibt es hier Menschen, die mir dabei helfen könnten? Kennst du jemanden, der ebenfalls mit Geisterberatern zu tun hat?

Adri: JA

Kristi: Wie finde ich sie?

Adri: DU KANNST SIE ERKENNNEN WENN DU SIE AUF DIE PROBE STELLST

Ich versuchte, aus ihr herauszubringen, worin eine solche Probe bestehen könnte, konnte mir ihre Antwort aber nicht erklären. Sie tippte etwas von einem »Sonygramm«. Ich beschloß, die Taktik zu wechseln.

Kristi: Kennst du die Leute, mit denen ich sprechen müßte?

Adri: JA

Kristi: Kennst du ihre Namen?

Adri: NEIN

Ich dachte an Bekannte, nannte ihre Vornamen und bemühte mich, sie gleichzeitig zu beschreiben. Adri meinte, ich könnte vielleicht meine Freundin Gail anrufen, die mir häufig von ihren spirituellen Interessen erzählt hatte. Gleichermaßen könnte Ben von Nutzen sein und natürlich auch Joan, mit der ich nicht gesprochen hatte, seit sie zum Abendessen bei uns war.

Kristi: Noch etwas?

Adri: ICH MUSS BADEN

Das alles ist so seltsam und verwirrend. Ich weiß nicht, wie ich Adri begreifen soll, dieses kluge Mädchen / Frau / Mann-Wesen in seinem unbeherrschbaren neunjährigen Körper. Ich weiß nicht, was ich für sie bin. Bin ich Mutter, Schülerin, Freundin – alles drei? Unsere Rollen verschieben sich ständig.

Als wir das Sonnenzimmer verließen, blieb Adri vor dem Globus in der Ecke stehen. Ich fragte sie, ob sie mir die Gegend zeigen könne, in der sie in ihrem »Desey-Leben« gelebt hatte. Ich unterstützte ihre Hand, als sie den Globus drehte und fast abwesend auf Bangladesh zeigte, das ehemalige Ostpakistan, an der Grenze zu Indien. Dann schlenderte sie weiter. Ich fragte mich, ob sie sich bewußt für Bangladesh entschieden hatte oder ob es eine Art Zufallstreffer war. So beiläufig wie möglich stellte ich ihr ein paar weitere Fragen.

Kristi: War das in der Nähe von Nepal?

Adri: NEIN

Kristi: Am Meer?

Adri: JA

Kristi: Gibt es die Stadt heute noch?

Adri: NEIN

Kristi: Wie heißt die nächstgelegene Stadt?

Adri: KALKUTTA

Ganz offensichtlich war sie doch nicht so abwesend gewesen.

Donnerstag, 25.7.91

Ich muß und möchte darüber schreiben, was ich bin, was ich werde ... über mein aufblühendes, sich erweiterndes Ich ... das Bewußtsein von Leben über Körper und Persönlichkeit hinaus ... über die Ausdrucksform und Gewißheit der Erfahrungen ... über Innerlichkeit und Aussichherausgehen. Das ist ungeheuerlich. Wirklich ungeheuerlich.

Heute habe ich mit Gail zu Mittag gegessen. Seit mehr als einem Jahr hatten wir uns nicht gesehen. Ich nahm mein Tagebuch mit und begann nach dem Essen Adris Geschichte zu erzählen, sie dabei immer wieder zitierend.

Als ich erzählte, begann Gail zu weinen. Auch mir kamen die Tränen. Seit unserem letzten Zusammensein hatte sich ihr Leben sehr verändert. Ihr Geschäft war nicht mehr besonders erfolgreich, sie hatte Eheprobleme und war in letzter Zeit viel zu beschäftigt und abgelenkt gewesen, um sich ihrer geistigen Weiterentwicklung widmen zu können. Sie hatte sogar mit ihren Besuchen unheilbar Kranker aufgehört, die ihr stets so wichtig gewesen waren. Die Konsequenzen waren kaum zu übersehen. Auch wenn sie äußerlich ganz fit wirkte, war doch das Leuchten aus ihren Augen verschwunden, das Gail für mich stets ausgemacht hatte.

Bemerkenswerterweise hatte ich Gail um Hilfe bitten wollen. Doch nun stellte sich heraus, daß unser Treffen für sie ebenso wichtig war wie für mich. Gail mußte von Adris Geschichte erfahren. Sie brauchte geistige Aufmunterung, eine neue Bestätigung ihrer Überzeugungen. Während unserer Unterhaltung spürte ich ein Wiedererwachen der alten Gail. Und sie bemerkte die Veränderungen bei mir.

Als ich mich heute abend mit Adri unterhielt, kam Rodrigo zu uns herein. Wir sprachen nicht viel miteinander, aber irgendwie endete es damit, daß ich Adri fragte, ob sie Daddy aus einem früheren Leben kannte.

Adri: JA

Dabei blieb es. Rodrigo stellte keine weiteren Fragen.

Adri ist solch ein großes Geschenk für mich und alle Menschen ihrer Umgebung. Heute habe ich darüber nachgedacht, wie radikal das alles doch mein Leben verändert. Ich fragte mich, wie ich verhindern könnte, daß ich das, was sie mich lehrte, jemals zu egoistischen Zwecken nutzte. Aber dann erkannte ich: Wenn ich Kontakt zu meinen Beratern aufnehme, werden mir die Dinge, die ich wissen oder tun muß, schon deutlich gemacht werden. Ich erkannte auch, daß es sehr gut möglich ist, daß mir Adri das alles erzählt, weil ihre Geschichte anderen Menschen mitgeteilt werden muß. Selbst jetzt, da ich das schreibe, kommt Adri herein, um meinen Blick für das richtige Verhältnis der Dinge zu schärfen. Sie braucht mich, um ihr Radio einzuschalten. Der Autismus und die Weisheit existieren nebeneinander. Das soll gar nicht einfach sein, nehme ich an.

Freitag, 26.7.91

Heute früh war Adri schon früh hellwach und wollte sich mit mir unterhalten.

Kristi: Soll ich dir von meinem Besuch bei Gail erzählen?

Adri: JA

Aber dann stellte ich ihr statt dessen Fragen. Ich war neugierig, warum Adri vorgeschlagen hatte, daß ich mit Gail sprach.

Kristi: Kennst du Gail aus einem früheren Leben?

Adri: JA

Kristi: Wer war sie?

Adri: SIE WAR DEINE TOCHTER

Kristi: Hat es auch dich in diesem Leben gegeben?

Adri: JA ICH WAR DEINE FRAU

Kristi: Ich war der Vater, der Ehemann?

Adri: JA

Kristi: Wo haben wir gelebt?

Adri: DU HAST IN MINNESOTA GELEBT

Kristi: Kannst du dich an alle deine früheren Leben erinnern, Adri?

Adri: JA

Kristi: Adri, kannst du dich erinnern, weil du autistisch oder weil du weiterentwickelt bist?

Adri: WEIL ICH WEITERENTWICKELT BIN

Kristi: Ist mein Netzwerk von Beratern das gleiche wie deins?

Adri: JA

Kristi: Hörst du sie ständig?

Adri: NEIN

Kristi: Also rufst du sie?

Adri: JA

Kristi: Können alle autistischen Menschen das, was du kannst?

Adri: NEIN

Kristi: Also ist das unabhängig von deinem Autismus und der FC-Methode? Aber auch nicht-spirituelle autistische Menschen sind dennoch intelligent, oder? Sie können die FC-Methode lernen?

Adri: JA

Heute nachmittag habe ich in einem Zeitungsartikel gelesen, daß viele Gurus Scharlatane sind und man vorsichtig sein sollte, nicht in die Fänge von Kultbewegungen zu geraten. Das ließ mich an die feine Grenzlinie zwischen

Wirklichkeit und Phantasie denken und daran, wie schwer es doch ist, Realität zu definieren. Rodrigos Skepsis beunruhigt mich. Aber dann denke ich an Adri. In ihrem abgeschotteten Leben hat sie keinerlei spirituelle oder religiöse Ausbildung erhalten, also woher soll sie diese Vorstellungen haben? Sie kann sie sich nicht ausgedacht haben, dazu sind sie zu machtvoll, und sie sprechen etwas in meinem tiefsten Inneren an. Und dann sind es natürlich keineswegs neue Vorstellungen. Nur die Botschafterin ist neu.

Adri spielte in ihrem Zimmer. Ich ging zu ihr und legte mich auf ihr Bett. Ich habe festgestellt, daß mich das Zusammensein mit Adri beruhigt und zentriert, wenn ich unruhig und voller Zweifel bin. Der Frieden, den ich in ihrer Anwesenheit empfinde, ist nicht Bewußtes oder Intellektuelles. Es ist einfach so, daß mich das Zusammensein mit ihr heilt.

Sonntag, 27.7.91

Wir sind in New Hampshire, in unserem Haus. Es tut gut, hier zu sein. Die Kinder sind bereits zum Strand gelaufen. Ich weiß nicht, was mit mir ist, aber ich fühle mich weder ausgeglichen noch friedlich. Ich schreibe in der Hoffnung, daß mich das beruhigt. Ich muß dieses Gefühl wiedergewinnen, mich im Einklang mit dem Augenblick zu befinden, zu sprechen, zu lauschen, zu fühlen.

Mir kam ein Gedanke, den ich nicht vergessen darf: Meine Tochter wurde mir zweimal geboren. Ich kenne zwei Töchter und habe zwei Geschichten zu erzählen. Darüber muß ich nachdenken.

Sonntag, 28.7.91

Ich versuche schon seit geraumer Zeit, zu meditieren und mich selbst zu hypnotisieren. Ich lerne, daß man seinem Geist und Körper absolut vertrauen kann – sogar seiner inneren Uhr. Um acht Uhr morgens sagte ich mir, daß ich um Viertel nach acht aus der Meditation erwachen will. Punkt 8.15 Uhr kam ich aus meiner Hypnose. Wie mir das gelang? Durch Vertrauen.

Montag, 29.7.91

Heute früh hat sich Adri mit mir im Bad unterhalten.

Adri: NOCH IMMER NICHT GEBILDET

Ich glaube, das ist zu ihrer Standardeinleitung geworden, obwohl ich noch immer nicht weiß, wie sie das meint. Geistig? Wissenschaftlich? Meint sie, ich sei nicht gebildet oder sie? Beide? Keine?

Adri: DU MUSST MIT DEINEN BERATERN SPRECHEN

Kristi: Ich habe versucht, das zu tun, Adri. Ich meditiere und bitte um ihre Hilfe. Aber bisher ist es mir nicht gelungen, zu ihnen Kontakt aufzunehmen. Ich höre nichts. Hast du mit ihnen gesprochen?

Adri: JA MUSSTE DU SANFT

Kristi: Was meinst du – zu sanft oder nicht sanft genug?

Adri: DU NOCH ZU SANFT

Kristi: Klingt wie ein Tadel. Was meinst du mit sanft? Kannst du das definieren? Kannst du es in einem Satz sagen? »Ein sanfter Mensch ist jemand, der ...«?

Adri: DEN JEDER UNTERBUTTERT

Kristi: Du bist also der Ansicht, ich lasse mich unterbuttern?

Adri: JA DU MUSST DU SELBST SEIN NICHT VON ALLEN GELIEBT

Kristi: Du meinst, ich soll aufhören danach zu streben, von allen gemocht zu werden?

Adri: JA

Kristi: Ich soll aufhören, mich zu verstellen? Aufhören, allen gefallen zu wollen?

Adri: JA

Kristi: Sprichst du über Daddy und mich, Adri?

Adri: JA ES LÄUFT NICHT BESONDERS GUT DU FÜHLST DASS ER NOCH NICHT AUF DEM WEG IST

Ich erwiderte Adri, daß das ein sehr schwieriges Thema sei und eines, über daß sie sich keine Gedanken zu machen brauche, da sie uns schließlich beide liebe.

Adri: ICH LIEBE DADDY

Dann fügte sie hinzu:

Adri: KEIN ENDE IST LEICHT ABER DU MUSST DAS LEID HEILEN

Ich war der Meinung, das Thema wechseln zu müssen, daher erzählte ich erstmal von meiner Reise nach Kalifornien und meiner Bergwanderung. Dann fragte ich sie, was das alles zu bedeuten hätte.

Adri: DU HAST GEISTER GESEHEN

Dienstag, 30.7.91

New Hampshire ist wunderschön.

Heute stand ich gegen sechs Uhr auf und unternahm eine Wanderung. Aber es war nicht leicht, mich zu entspannen. Ich mußte an meine Freundin Coreece Fisher denken, die an Krebs stirbt, und auch an die Mutter einer guten Freundin, die gerade gestorben ist. Das machte mir bewußt, daß ich in diesem Leben noch nicht alles erreicht habe, was ich erreichen wollte, und daß ich mich vor Krankheit und Tod fürchte. Dann spürte ich, daß mich Adris Kraft und ihr Mut durchdrangen und inspirierten. Aber mir kam auch ein verblüffender Gedanke: Ich will von Adri nicht abhängig werden. Das kann ich weder ihr noch mir antun. Sie muß sich weiter entwickeln, und das gleiche gilt für mich.

Später habe ich mich mit Adri unterhalten.

Kristi: Geht dir irgend etwas durch den Kopf, Adri?

Adri: ICH GLAUBE NOCH IMMER DASS DU DEINEN KÖRPER VERLEUGNEST

Kristi: Warum sagst so so etwas?

Adri: ZU ÄNGSTLICH

Kristi: Ich bin zu ängstlich?

Adri: JA WEIL DU DIR SORGEN MACHST

Dann fügte sie hinzu:

Adri: MACH DIR KEINE SORGEN ÜBER DADDY ER WIRD ÜBERLEBEN

Sie kam immer zum Kern der Dinge.

Kristi: Du hast natürlich recht, Adri.

Adri: ER MUSS ALLEIN BESTEHEN

Kristi: Willst du sonst noch etwas über Daddy sagen?

Adri: JA ER IST ZU GELDBESESSEN ER MUSS IN MEINER LIEBE UNTERWIESEN WERDEN ER NOCH ZU TRÄNENZERRISSEN

Kristi: Ich verstehe dich nicht. Was meinst du mit »tränenzerrissen«?

Adri: JA IN DIESEM LEBEN ZU GESPALTEN

Kristi: Hat Daddy ein schweres früheres Leben gehabt?

Adri: JA

Kristi: Hat er mit uns in Minnesota gelebt?

Adri: NEIN

Kristi: Weißt du, wo Daddy gelebt hat?

Adri: JA

Kristi: Kennst du dich mit dem Leben anderer Menschen aus, auch wenn du dieses Leben nicht geteilt hast?

Adri: JA

Kristi: Wieso kannst du das?

Adri: ICH SCHON SEHR WEISE

Nur keine falsche Bescheidenheit.

Kristi: Wo hat Daddy gelebt?

Adri: ER LEBTE IN DER STADT DACSN

Ich bat sie erfolglos um eine eindeutigere Bezeichnung der Stadt.

Kristi: In welchem Land hat er gelebt?

Adri: NORWEGEN

Kristi: War Daddy ein Mann oder eine Frau?

Adri: EINE FRAU

Kristi: Ist Daddy irgend etwas Schlimmes zugestoßen?

Adri: JA SEIN LEBEN ENDETE ZU FRÜH

Kristi: Wie alt war Daddy, als er in Norwegen starb?

Adri: 7

Kristi: Was ist Daddy zugestoßen?

Adri: DADDY STARB AN LEUKÄMIE

Wir machten eine Pause. Ich empfand Mitleid mit dem Kind in jenem Leben und fragte mich, welche Auswirkungen sein Schicksal auf den Erwachsenen in diesem Leben hatten.

Gestern habe ich mit Felice telephoniert, und dieses Gespräch ging mir immer wieder durch den Kopf. Nach der Pause hielt ich den Zeitpunkt für gekommen, mit Adri darüber zu sprechen.

Kristi: Adri, gestern hat mir Felice erzählt, daß sie jetzt sonntagnachmittags zusammen mit Ben an spirituellen Sitzungen teilnimmt – bei einem Ehepaar namen Tom und Mary, das nicht weit entfernt von hier auf einer Farm lebt. Dabei hat Felice Tom gegenüber erwähnt, daß sie ein autistisches Kind behandele, das sehr kundig zu sein scheine und sich an seine früheren Leben erinnern könne. Tom erwiderte, daß dieses autistische Kind zwar kundig sei, aber nicht umfassend. Weißt du, was Tom damit gemeint haben könnte? Er kennt dich doch gar nicht. Weißt du, wer er ist? Warum sollte er so etwas sagen?

Adri: WEIL ICH VERFLUCHT BIN

Ich konnte es nicht glauben. Genau das hatte Tom Felices zufolge auch gesagt, doch Adri gegenüber hatte ich kein Wort davon erwähnt. Mir war das zu unheimlich vorgekommen. Nie im Leben hätte ich angenommen, daß Adri es bestätigen könnte.

Kristi: Du bist verflucht?

Adri: JA

Kristi: Bist du deshalb autistisch?

Adri: NEIN

Kristi: Aber dieser Fluch hindert dich daran, »alles« zu sehen?

Adri: JA

Kristi: Warum bist du verflucht?

Adri: WEIL ICH EIN WEG BIN

Ich bat sie, mir das näher zu erklären, aber sie hatte nichts hinzuzufügen.

Kristi: Weißt du, wer dich verflucht hat?

Adri: JA KLEOPATRA UND XERXES

Kristi: Weißt du, in welchem Land du damals gelebt hast?

Adri: JA ÄGYPTEN

Kristi: Wann?

Adri: 38 V CHR

Kristi: Du hast 38 V CHR getippt. Meinst du damit im Jahr 38 vor Christi Geburt?

Adri: JA WIRKSAM NICHT WIRKSAM

Kristi: Meinst du damit, daß du den Fluch unwirksam machen willst?

Adri: UNWIRKSAM MACHEN

Kristi: Möchtest du vielleicht Tom und Mary besuchen? Könnten sie dir helfen?

Ich hatte den Satz kaum beendet, als Adri schnell zu tippen begann.

Adri: MUSS HINGEHEN MUSS SIE SEHEN

Kristi: Okay, ich rufe sie gleich an. Weißt du, mit wem sich Tom in Verbindung setzt?

Adri: JA

Kristi: Kann er dir im Hinblick auf den Fluch helfen?

Adri: JA

Kristi: Hast du Angst davor?

Adri: JA

Kristi: Aber du glaubst, dennoch zu ihnen gehen zu müssen?

Adri: JA

Es reichte, wir mußten aufhören. Ich legte den Canon beiseite und streckte mich neben ihr auf dem Teppich aus. Sie wandte sich mir zu, sah mir tief in die Augen und zog meinen Kopf zu sich heran. Ich hatte das Gefühl, als mache sie mir eine Art Geschenk. Als wollte sie mir zeigen, daß sie meine Bereitschaft zu schätzen wisse, ihr nahe sein, sie kennenzulernen zu wollen, sie so zu akzeptieren, wie sie ist – auch mit den Bereichen von ihr, die mir so fremd sind.

Ich rief Tom und Mary an. Sie sagten, wir könnten gleich zu ihnen kommen. Rodrigo entschloß sich dazu, uns zu begleiten. Nach kurzer Fahrt hielten wir vor einem bezaubernden Farmhaus mit einem wundervoll gepflegten Garten. Mary begrüßte uns an der Tür und führte uns in die Küche, wo Tom in einem Rollstuhl saß.

Wir setzten uns, und Tom begann zu sprechen. Er wirkte nicht so, als wäre er in Trance, aber er sagte, er würde mit Beratern in Kontakt treten. Einer von ihnen war Santo, den er als Adris Bewahrer vor der Dunkelheit bezeichnete. Tom trat auch mit Jesus in Verbindung. Er äußerte mir gegenüber die Überzeugung, daß Adri sprechen würde, wenn die Zeit dafür gekommen sei. Während des gesamten Besuchs stellte Adri nur eine Frage. Als sie die Tasten berührte, konnte ich ihre Qual förmlich spüren.

Adri: WARST DU DABEI UNTER DEM KREUZ?

Tom bejahte es. Er versicherte Adri, sie sei es »wert«, Gott zu dienen. Dann wandte er sich an Rodrigo und mich und erzählte uns, daß Adri zur Zeit Jesu ein Jünger gewesen sei.

Ich verließ Tom und Mary mit einem Gefühl der Erschütterung und tiefer Unsicherheit. Es gab keine Möglichkeit für mich, den Wahrheitsgehalt seiner Äußerungen zu überprüfen. Ich habe keine Ahnung, ob da Tom gesprochen hatte oder ob er tatsächlich mit jemandem in Verbindung getreten war, der mit seiner Stimme redete. Aber weil ihm Adri zuhörte, habe auch ich ihm zugehört. Im Augenblick ist sie die einzige Quelle, der ich völlig vertraue. Sie ist diejenige, die mich von der Realität dieser anderen Welt überzeugt.

Mir will die Vorstellung nicht aus dem Kopf, daß Adri ein Jünger gewesen sein könnte. Ist es möglich, daß sie deshalb so persönlich betroffen zu sein scheint, wenn sie von Jesus spricht?

Heute abend bin ich sehr aufgewühlt. Adris Geschichte von Kleopatra und Xerxes kommt mir ziemlich weit hergeholt vor. Mitunter läßt Adri Buchstaben aus, daher weiß ich nicht, wie ich die Ausdrucke eigentlich bewerten soll. Aber es ist auch beängstigend, daß sie recht haben könnte.

Heute abend habe ich auch Coreece angerufen. Die Chemotherapie bereitet ihr große Probleme. Ich möchte sie besuchen. Ich möchte mit ihr über Adris Mitteilungen sprechen. Sie bieten eine so weite Sicht auf das Leben und auch auf den Tod.

Mittwoch, 31.7.91

Es ist fast Mittag, und ich habe gerade eine weitere erstaunliche Unterhaltung mit Adri beendet. Jeden Tag lerne ich meine Tochter neu kennen.

Kristi: Was hältst du von unserem Besuch gestern? Und von Tom?

Adri: TOM IST SEHR SENSIBEL

Kristi: Haben wir Tom gehört, Adri, oder die Personen, mit denen er angeblich in Verbindung getreten ist?

Adri: WIR HÖREN DIE MENSCHEN MIT DENEN ER TELEPHONIERT

Schon früher hatte Adri davon gesprochen, mit Leuten zu »telephonieren«, aber ich hatte stets angenommen, dabei ginge es ihr um ganz normale Anrufe. Diesmal wollte ich wissen, ob es dabei um eine gedankliche Kontaktaufnahme ging.

Adri: JA

Kristi: Was war für dich gestern das Wichtigste, Adri?

Adri: DAS WICHTIGSTE WAR MIT JESUS ZU SPRECHEN

Kristi: Wer ist Jesus, Adri?

Adri: ER IST DER GEBILDETE

Kristi: Weshalb ist Jesus gebildet?

Adri: ER WEISS WARUM WIR MENSCHEN IM UNIVERSUM ÜBERLEBEN

Was meint sie damit? Daß Jesus weiß, warum wir existieren oder wie wir überleben können? Plötzlich streckte Adri die Hand aus und kratzte mich. Überrascht sprang ich zurück.

Kristi: Bist du wütend auf mich?

Adri: NEIN

In den letzten Minuten hatte Brie im Flur vor der Tür gespielt und ziemlichen Lärm verursacht. Vielleicht ärgerte sich Adri über die Ablenkung? Es war wirklich störend.

Kristi: Möchtest du noch etwas sagen?

Adri tippte heftig und sehr energisch.

Adri: JA DU NEUES WESEN ALSO DU NICHT GEBILDET

Ich war gekränkt. Für Adri schien es nichts Schlimmeres zu geben, als ein unbedeutendes neues Wesen zu sein. Offensichtlich war sie sehr erbost über mich.

Kristi: Geht es um Brie, Adri? Kennst du Brie aus einer anderen Zeit?

Adri: JA

Kristi: Wo hast du sie kennengelernt? Wo und wann?

Adri: WIR WAREN ZUSAMMEN IN ÄGYPTEN

Kristi: Warst du mit ihr verwandt?

Adri: NEIN

Kristi: Wie würdest du eure Beziehung bezeichnen?

Adri: FREUNDE

Kristi: Und wie ist es mit Seby? Kennst du ihn auch?

Adri: JA

Adri riß sich von mir los und versuchte mich zu beißen. Ich wurde sehr zornig auf sie.

Kristi: Was ist los, Adri? Warum willst du mich beißen?

Adri: WEIL ICH WÜTEND AUF DICH BIN

Kristi: Warum?

Adri: WEIL ER NICHT EINMAL GEBILDET IST

Mit ihrer Verachtung für mich konnte ich mich abfinden. Aber Seby zu verhöhnen war zu viel. Ich geriet in Rage.

Kristi: Jeder von uns hat seine Aufgabe auf Erden. Und so wie ich es verstehe, ist keiner besser als der andere. Es ist sehr ungerecht von dir, deine besonderen Gaben und dein Wissen dazu zu benutzen, deinen Bruder anzugreifen. Das ist auch unter deiner Würde. Vielleicht solltest du in diesem Leben ein bißchen Mitgefühl und Verständnis für andere lernen. Willst du noch etwas sagen?

Adri: JA DU NICHT LIEB

Kristi: Im Moment vielleicht nicht. Aber erst vor kurzem hast du mir erklärt, ich sei zu sanft, ich würde mich von den Menschen ausnutzen lassen. Vielleicht suche ich gerade den richtigen Mittelweg zwischen Sanftheit und Ausgenutztwerden. Es kränkt mich sehr, wenn du so über Seby sprichst. Ich werde mir das nicht mehr anhören. Ebensowenig wie ich es ihm oder einem anderen gestatten würde, unfreundlich über dich zu reden.

Adri ging ins Bett, rollte sich zusammen und zog die Decke über den Kopf. Auch ich fühlte mich scheußlich. Aus meinem Gefühl des Verletztseins heraus hatte ich zu heftig reagiert. Ich hätte ihre Erregung früher bemerken und entsprechend auf sie eingehen sollen.

Ich setzte mich zu ihr aufs Bett und sprach weiter davon, was es bedeutete, mitfühlend zu sein. Ich sagte ihr, daß es ihre Veranwortung sei, ihre Gaben klug zu gebrauchen, und daß vielleicht auch sie in diesem Leben etwas zu lernen hätte. Ich umarmte sie, streichelte sie und sagte ihr, wie lieb ich sie hatte und wie leid mir mein Ausbruch tat. Ich holte den Canon und fragte sie, ob sie etwas sagen wollte.

Adri: ENTSCHULDIGE ICH LIEBE SEBY UND DICH

Mit tränenüberströmten Wangen drückte ich sie fest an mich und wiederholte immer wieder, wie sehr ich sie liebte. Wir beide halten so vieles innerlich zurück, vielleicht, weil wir einander nicht belasten wollen. Und doch weiß ich, daß ich ganz aufrichtig sein muß – auch in unseren Unterhaltungen. Bisher ist es mir gelungen, all diese Angriffe auf meine Überzeugungen zu überstehen, indem ich so tat, als wäre alles völlig in Ordnung. Ich denke, das hat mir dabei geholfen, Adri möglichst nahe zu sein, aber es hält mich auch in einem hochgradigen Erregungszustand. Jede Kleinigkeit kann in mir Überreaktionen auslösen. Ich brauche Zeit, um all das in mich aufzunehmen, was ich lerne.

Kristi: Gibt es noch etwas, was du sagen möchtest?

Adri: JA DU BIST GEBILDET DU KEIN NEUES WESEN DU WEISE

Ich umarmte sie und dankte ihr. Ich muß zugeben, daß ich erleichtert war.

Adri: VERSTEHEN WIR

Kristi: Ja, ich glaube, das tun wir. Willst du für heute aufhören?

Adri: JA

13.

ICH ÖFFNE DIE HERZEN DER MENSCHEN FÜR GOTT

1. – 19. August 1991

Donnerstag, 1.8.91

Ein neuer Monat hat begonnen. Das habe ich mir eben erst klargemacht. Heute bin ich früh aufgestanden und habe gegen sechs einen Spaziergang gemacht. Ich nahm meine übliche Route am See entlang und hielt dann an meinem Lieblingsfleck inne, um zu meditieren. Es gelang mir zwar nicht, allzu tief in Hypnose zu versinken, aber ich fühlte mich sehr ausgeglichen. Als ich wieder die Augen öffnete, sehnte ich mich nach Bestätigung dafür, daß ich mich auf dem richtigen Weg befinde.

Bevor ich zu meditieren begonnen hatte, war mir aufgefallen, daß keine Fische zu sehen waren. Als ich nun wieder ins Wasser blickte, dachte ich, daß ein Fisch ein sehr gutes Zeichen wäre. Einen Augenblick später tauchte eine Elritze auf und plätscherte ein wenig herum, bevor sie wieder verschwand. Das gab mir ein ausgesprochen gutes Gefühl.

Heute wollte sich Adri nicht mit ihren schulischen Aufgaben beschäftigen. Sie brauchte einfach eine kleine Pause. Aber vor dem Zubettgehen fragte ich sie, ob sie sich mit mir unterhalten wolle.

Adri: ICH LIEBE TOM

Kristi: Du hast dich bei ihm wirklich zu Hause gefühlt, was? Wir können ihn ja bald wieder einmal besuchen.

Aber Tom hat etwas gesagt, was mich ein wenig befremdet, Adri. Er meinte, du würdest vermutlich nachts fortgehen. Tust du das?

Adri: JA

Kristi: Wohin gehst du denn?

Adri: ICH GEHE ÜBERALL HIN

Obwohl ich keine Ahnung habe, was sie mit diesem »überall« meinen könnte, weiß ich doch, daß ihre Welt unendlich viel größer ist als meine. Ich kann nur hoffen, daß ich eines Tages in der Lage sein werde, mit ihr zu gehen.

Kristi: Möchtest du für heute Schluß machen?

Adri: JA

Freitag, 2.8.91

Heute früh sind Adri und ich zu einer weiteren Massagebehandlung nach Boston gefahren. Als Ben sie fragte, warum sie nicht sprach, erwiderte Adri, sie hätte ein Problem mit ihrer »Zunge«. Ben erklärte, ihr Kiefer sei sehr verspannt, und er würde gern versuchen, das zusammen mit ihr zu beseitigen. Felice meinte, sie halte Adri für eine Lehrerin. Adri stimmte ihr zu.

Sonnabend, 3.8.91

Heute sind Adri und ich nach Portland, Oregon, geflogen. Adri soll hier an einem zweiwöchigen »Hörtraining« teilnehmen. Dabei handelt es sich um eine Klang-Therapie, die aus der Schweiz stammt und bei vielen Störungen helfen soll, unter anderem auch bei Autismus. In der ersten Woche werde ich bei Adri bleiben, dann kümmert sich Rodrigo um sie, da ich für eine FC-Präsentation nach Boston zurück muß.

Sonntag, 4.8.91

Abgelenkt durch die neue Umgebung, wollte sich Adri in den letzten beiden Tagen nicht unterhalten. Aber heute vormittag war sie dazu bereit.

Adri: JA ICH BIN SEHR TRAURIG

Kristi: Du bist traurig?

Adri: JA

Kristi: Warum bist du traurig, Adri? Weil ... Kannst du den Satz beenden?

Adri: DU NOCH KEINE SCHRITTE UNTERNOMMEN

Kristi: Weil ich noch keine Schritte unternommen habe?

Adri: JA

Kristi: Kannst du mir erklären, was du damit meinst?

Adri: DU GEHST NICHT ALLEIN

Kristi: Warum ist es so wichtig, allein gehen zu können?

Adri: ES IST NOTWENDIG DAHER VERSTEHST DU NOCH NICHT

Kristi: Ich verstehe noch nicht? Um verstehen zu können und mich weiter zu entwickeln, muß ich also allein gehen?

Adri: JA

Kristi: Ist mein Verstehenkönnen an deinen Weg und deine Fortschritte gekoppelt?

Adri: JA

Kristi: Deine Handlungen sind an meine gebunden, weil du dich zur Zeit nur durch mich ausdrücken kannst?

Adri: JA

Adri hatte am Kassettenrecorder herumgespielt. Es schien sie abzulenken, aber vielleicht beruhigte es sie auch nur.

Kristi: Bist du nervös, Adri?

Adri: JA

Kristi: Beruhigt dich die Musik?

Adri: JA BERUHIGT

Kristi: Dann sollte ich sie dir lassen?

Adri: JA

Kristi: Gibt es einen Grund dafür, daß du hier bist, Adri?

Adri: JA MEIN ZIEL IST DEN WEG ZU SICHERN

Kristi: Und gibt es auch für mich cinc besondere Aufgabe?

Adri: JA DU SOLLST MIR DEN WEG VORBEREITEN

Kristi: Und was ist deine Aufgabe?

Adri: ICH SOLL DER WELT DEN WILLEN GOTTES ZEIGEN

Ihre Worte hallten in mir wider. Ich war sprachlos – ob vor Ehrfurcht oder nur vor Staunen wußte ich nicht. In diesem Moment war das Band des Canon zu Ende und wir mußten aufhören.

Ich bin unruhig und ängstlich. Da ich kein Band für den Canon auftreiben konnte, kaufte ich heute vormittag eine Schreibmaschine. Mir ging es darum, unsere Unterhaltungen schriftlich festzuhalten. Adri kann bestimmt auch auf einer Schreibmaschine tippen; ich weiß nur nicht, ob sie dazu bereit ist, aber wir müssen uns dringend miteinander unterhalten. Die Hörprobe heute vormittag lief nicht besonders gut. Sie sollte die Töne bezeichnen, die sie hören konnte. Obwohl ich ihre Hand unterstützte, fielen ihre Antworten undeutlich aus, und sie war nicht in der Lage, die Fragen des Testers zu beantworten. Warum?

Andererseits ist mir bewußt, wie begierig ich darauf war, ihm zu zeigen, wozu Adri fähig ist. Konnte oder wollte sie deshalb nicht tippen? Was mich am meisten beunruhigte, ist wohl der eklatante Kontrast zwischen Adris physischen Beschränkungen und der spirituellen Persönlichkeit, als die sie sich durch ihre Mitteilungen erweist. Ich muß zugeben, daß ich mich den ganzen Tag über gefragt habe, ob sie psychotisch sein könnte.

Diese Vorstellung bestürzt mich derart, daß ich fast verdränge, was ich nie vergessen wollte: Adri hat all diese Informationen im Verlauf unserer ganz normalen Unterhaltungen freiwillig geäußert. Woher sollten sie stammen, wenn nicht aus der Quelle, die Adri angibt? Es gab keine anderen Einflüsse. Und es ist keineswegs so, daß sie nur behauptet, bestimmte Fähigkeiten zu besitzen. Sie hat sie bewiesen. Ihr Wissen auf dem Gebiet der Mathematik und der Naturwissenschaften und die Schnelligkeit, mit der sie liest: all das ist sehr real, sehr konkret. Und doch ist sie diese verwirrende Kombination aus Erwachsener und Kind. Nie weiß man genau, wie man auf sie reagieren soll.

Mich überkommt plötzlich ein Gefühl großer Erleichterung, daß ich das alles nicht allein zu bewältigen brauche. Meine Berater werden mir zur Seite stehen – wenn ich nur wüßte, wie ich Kontakt zu ihnen aufnehmen kann.

Ich liebe Adri aufrichtig, aber das Wissen, daß sie weise und wissend genug ist, um eine Beraterin und Lehrerin sein zu können, läßt mich manchmal auf ihr Verhalten eher noch ungeduldiger und verblüffter reagieren. Wie kann sie nur einerseits so weise und andererseits so infantil sein? Heute früh ist sie voll angezogen in eine mit Wasser gefüllte Wanne geklettert. Und gerade hat sie die Möbel bemalt. Und als ich ihr sagte, sie solle damit aufhören, malte sie einfach weiter. Es macht mich so zornig. Ist auch sie über irgend etwas zornig? Ich nahm ihr alle Stifte fort und erklärte, sie würde sie erst morgen zurückbekommen.

Ich sehne mich danach, mich mit jemandem auszusprechen. Joan wäre gut. Ich weiß, daß sie mir helfen könnte – selbst wenn sie nur zuhört. Adri sagt, ich soll sie anrufen. Wenn wir wieder in Boston sind, werde ich es tun.

Wenn die Not am größten, ist Gottes Hilfe am nächsten. Ich fühlte mich so verwirrt und konfus. Ich wußte mir wirklich keinen Rat mehr, und ließ das an Adri aus. Schließlich sagte ich zu ihr: »Wir müssen aus diesem Zimmer raus.«

Wir machten einen Spaziergang und landeten in einem Hamburger-Imbiß. Er verfügte über einen kleinen Spielplatz, auf dem zwei Jungen herumtobten. Dic Damc in ihrer Begleitung erklärte, es handele sich um ihre Enkel. Während wir miteinander plauderten, bemerkte ich, daß Adri Interesse an den Jungen zeigte. Sie ging zu ihnen, und als sie nach kurzer Zeit davonschlendern wollte, folgten sie ihr und ergriffen dann und wann ihre Hand. Die drei setzten sich auf die Schaukel und kletterten in eine riesige Krabbelröhre, die sich, wenn die Kinder ihr Gewicht verlagerten, wie eine Schlange bewegte.

Wir blieben länger als eine Stunde. Es war eine der schönsten Stunden, die ich je verbracht habe. Zum ersten Mal sah ich, daß meine Tochter tatsächlich mit anderen Kindern spielte. Mehrmals umarmte sie die Jungen oder faßte nach ihren Händen. Wir hatten den Canon dabei, und sie tippte Antworten auf ihre einfachen Fragen. Die Jungen schienen von dem Gerät ganz fasziniert zu sein und verhielten sich sehr zugänglich. Wenig später kam eine Familie zu uns, die uns durch das Fenster des Restaurants beobachtet hatte, und erkundigte sich nach dem Schreibcomputer. Der Canon übermittelt nicht nur Kommunikation, er knüpft auch welche an.

Adri lachte und schien sich hervorragend zu amüsieren. Das stimmte mich zuversichtlich, daß ihr der Besuch einer regulären Schule guttun würde. Bevor wir uns verabschiedeten, ließen wir uns die Telephonnummer der Jungen geben und luden sie ein, uns im Hotel zu besuchen, um im Pool zu schwimmen. Die Dinge sind wieder im Lot, und ich fühle mich sehr viel ruhiger und zufriedener. Adri auch.

Montag, 5.8.91

Heute haben Adri und ich einen angenehmen Tag miteinander verbracht. Wir nahmen an einer jeweils halbstündigen Veranstaltung am Vormittag und am Nachmittag teil. Adri setzte sich in einem kleinen Raum an einen Tisch und hörte sich über Kopfhörer verschiedene Geräusche an, die sich mit Musik abwechselten. Morgens flatterte Adri während der ersten zwanzig Minuten mit den Händen, sprang herum, fummelte an den Kabeln der Kopfhörer herum und zog sie heraus. Seit langer Zeit hatte ich sie nicht mehr so »autistisch« erlebt. Doch während der letzten zehn Minuten der Sitzung wurde sie dann ruhiger.

Nachmittags war Adri sehr viel stiller und zappelte nur gelegentlich. Bei beiden Sitzungen fiel mir auf, daß sie mehrmals die Hand hob, um ihr linkes Ohr zu umfassen.

Kristi: Tut es weh?

Adri: NEIN

Kristi: Ist es ein komisches Gefühl?

Adri: JA

Adri und ich unterhielten uns heute aber auch mit Hilfe der neuen Schreibmaschine.

Kristi: Gestern hast du gesagt, ich soll den Weg für dich bereiten, Adri. Was meinst du damit?

Adri: MIT MEHR TEILNAHME ERHÄLTST DU DEIN NEUES ICH

Eine merkwürdige Bemerkung. Adri fiel es offensichtlich schwer, sich an den anderen Mechanismus der Schreibmaschine zu gewöhnen.

Kristi: Ich verstehe noch immer nicht, was du meinst. Kannst du es vielleicht anders formulieren?

Adri: DIESE MASCHINE GEFÄLLT MIR NICHT

Kristi: Ich weiß, daß es nicht leicht ist, sich daran zu gewöhnen, aber im Moment haben wir nichts anderes.

Bemüh dich bitte. Ich möchte so gern mit dir sprechen. Was kann ich tun, um zu verstehen?

Adri: ÜBER GOTTES WEGE LESEN

Kristi: Wer ist Gott?

Adri: GOTT IST DEIN SCHÖPFER

Dann fügte sie hinzu: DU LIEBST WEIL KEIN LEBENDER OHNE LIEBE ÜBERLEBT

Kristi: Was hat das mit Gott zu tun?

Adri: GOTT IST DIE LIEBE

Kristi: Wozu bist du hier, Adri?

Adri: ICH BIN EIN KATALYSATOR FÜR GESCHICHTE

Kristi: Was heißt das, Adri?

Adri: DAS HEISST ICH ÖFFNE DIE HERZEN DER MENSCHEN FÜR GOTT

Kristi: Weißt du, wie du das machst?

Adri: JA ICH WERDE SIE LIEBEN

Dienstag, 6.8.91

Heute früh habe ich mich wieder mit Adri unterhalten. Sie begann das Gespräch mit:

Adri: DU STEHST NOCH NICHT IN VERBINDUNG MIT DEINEN BERATERN

Dann schlug sie auf die Schreibmaschine ein und wehrte sich gegen mich.

Kristi: Bist du zornig, Adri?

Adri: JA

Kristi: Warum?

Adri: WEIL MIR DIE ANDERE MASCHINE BESSER GEFÄLLT

Kristi: Ich weiß, daß dir der Canon besser gefällt. Es tut mir leid, daß ich nicht mehr Bänder mitgenommen habe. Aber du kannst auch mit diesem Gerät umgehen. Du machst es schon ganz großartig.

Adri: ICH LIEBE DICH MOM

Es tut gut, wenn sie meine Bemühungen anerkennt, ihr Selbstvertrauen zu vermitteln.

Kristi: Kannst du mir beibringen, wie ich mit meinen Beratern in Kontakt trete?

Adri: DU TRITTST IN VERBINDUNG INDEM DU SIE RUFST DU MUSST LIEBEN UM ZU ERKENNEN

Kristi: Was zu erkennen?

Adri: DU MUSST MICH LIEBEN

Sie kämpfte mit der Schreibmaschine. Immer wieder drückte sie auf die Leertaste und begann eine neue Zeile, wodurch sie ihre Worte unterbrach. Es war frustrierend. Auch ich war gereizt. Neuerdings bin ich bei unseren Unterhaltungen von Anfang an nervös und angespannt, und warte nur darauf, daß sie mir vorwirft, zu meinen Beratern noch immer keinen Kontakt aufgenommen zu haben. Ich bin sicher, daß sie meine Abwehr spürt.

Ich erklärte ihr, daß ich sie wirklich liebe, aber bisher noch keine Verbindung herstellen konnte. Während ich sprach, zappelte Adri in meinen Armen und wollte sich mir entziehen. Schließlich ließ ich sie los und hob verzweifelt die Hände.

Kristi: Okay. Wenn das für dich nicht wichtig ist, laß uns aufhören. Ich brauche diesen Streß nicht. Möchtest du aufhören? Sollen wir aufhören?

Adri: NEIN

Kristi: Also ist es dir wichtig?

Adri: JA

Wir kabbelten uns wie kleine Kinder.

Adri: ICH ZIEHE NACH LA

Kristi: Meinst du Los Angeles? Wie kommst du darauf? Warum?

Adri: WEIL ICH LA LIEBE

Kristi: Okay, Adri, du möchtest also nach L.A. zurück. Willst du dich weiter unterhalten?

Adri: JA

Kristi: Bist du auf irgendeine Weise anders als andere Menschen?

Adri: NEIN

Kristi: Sprichst du mit Geisterberatern?

Adri: JA

Kristi: Erinnerst du dich an frühere Leben?

Adri: JA

Kristi: Bist du normal?

Ich hatte keine Ahnung, was mich auf diese albernen Fragen brachte. Ich wechselte schnell das Thema.

Kristi: Erzähl mir etwas über dich, Adri.

Adri: ICH LIEBE GOTT LIEBE IST ENTSCHEIDUNG ZU GLAUBEN

Kristi: Was kann ich tun, Adri? Sag es mir. Ich weiß einfach nicht, was ich tun soll.

Adri: DU MUSST DICH WEITER BEMÜHEN

Mittwoch, 7.8.91

Der Tag begann mit einer mittlerweile schon üblichen Routine. Nach dem Frühstück setzten wir uns zusammen, um miteinander zu reden.

Kristi: Hast du mir heute früh etwas zu sagen?

Adri: JA DU BIST ANDEREN GEGENÜBER ZU GEFÄLLIG

Kristi: Ich bemühe mich noch immer zu sehr darum, daß die Menschen mich mögen?

Adri: JA

Kristi: Was soll ich tun?

Adri: DU MUSST DIE HERZEN LIEBENDER MENSCHEN FÜR GOTT ÖFFNEN

Kristi: Ich muß Gott den Menschen näherbringen?

Adri: MÖCHTE DASS DU DICH DAZU BRINGST MENSCHEN HÄNDE AUFZULEGEN UM SIE ZU HEILEN

Ich war fassunglos. Ich hatte davon geträumt, Menschen durch Berührung heilen zu können, glaubte aber, dazu nicht fähig zu sein.

Kristi: Ich soll die Herzen der Menschen für Gott öffnen, indem ich mit den Händen heile?

Adri: JA

Kristi: Das würde ich sehr gern tun. Ich weiß, daß es Menschen gibt, die dazu in der Lage sind. Ich habe gehört, daß entsprechende Kurse angeboten werden. Wäre das nützlich?

Adri: NEIN DU BRAUCHST KEINE KURSE

Kristi: Was soll ich dann tun? Wie soll ich es lernen?

Adri: DU BEGINNST DAMIT DASS DU DICH MAGST

Und dann fuhr sie fort: DU ÖFFNEST DEIN VERSTÄNDNIS INDEM DU DEINE AUGEN FÜR DEN WILLEN GOTTES ÖFFNEST

Kristi: Aber was ist Gottes Wille, Adri?

Adri: ES IST GOTTES WILLE DASS WIR DEN PLANETEN RETTEN

Kristi: Ist der Planet zur Zeit bedroht?

Adri: JA

Kristi: Wer bist du, Adri?

Adri: ICH BIN PERSON DIE VIEL WEISS WEIL ICH NICHT ICH BIN

Kristi: Du willst sagen, daß du nicht die neunjährige Adri bist?

Adri: JA

Kristi: Wer bist du dann?

Adri: ICH BIN MEISTER ICH BIN ALLWISSENDE PERSON

Kristi: Bedeutet »allwissend«, daß du alles über Vergangenheit, Gegenwart und Zukunft weißt?

Adri: NEIN

Kristi: Was bedeutet es dann?

Adri: ICH ERÖFFNE DEN MENSCHEN WEGE DU ERÖFFNEST AUCH WEGE

Mir war bewußt, daß diese Unterhaltung längst nicht beendet war, aber uns blieb nicht mehr viel Zeit, und ich wollte ihre Meinung über das Hörtraining erfahren.

Kristi: Wir haben noch gar nicht über das Hörtraining gesprochen. Hilft es dir?

Adri: JA ICH FÜHLE DASS ES MEINEM HÖREN HILFT

Kristi: Glaubst du denn, daß du anders hörst? Und hindert dich das am Sprechen?

Adri: JA

Ich hatte sie das gefragt, weil mir aufgefallen ist, daß sie neuerdings sehr viel mehr Geräusche macht. Später, als ich Rodrigos Ankunft erwähnte, hörte ich sie sehr deutlich »Daddy« sagen. Irgendwann wird sie sprechen können!

Donnerstag, 8.8.91

Adri kommt es häufig hoch, während wir uns unterhalten. Heute früh habe ich sie danach gefragt.

Kristi: Warum übergibst du dich so oft, Adri?

Adri: ICH ERBRECHE WEIL ICH UNRUHIG BIN

Kristi: Weißt du, was dich beunruhigt?

Adri: JA

Kristi: Kannst du es mir sagen?

Adri: JA ICH UNRUHIG WEIL DU NOCH NICHT OFFEN GENUG UM ZU DEINEN BERATERN ZU GEHEN

Sie brauchte lange zum Tippen der letzten Antwort. Zwischen den Worten kam es ihr immer wieder hoch. Je mehr es ihr hochkam, desto gereizter wurde ich. Jetzt sah es so aus, als würde ich nicht nur bei meiner Kontaktaufnahme zu meinen Beratern versagen, sondern sie damit auch so weit treiben, daß sie sich übergeben mußte. Sofort setzte ich mich zur Wehr.

Kristi: Das ist nicht fair, Adri. Ich versuche ständig, mit meinen Beratern in Verbindung zu treten. Aber du bist nicht gerade hilfreich. Es fällt mir wirklich nicht leicht, und dieser ständige Druck von dir bringt mich nicht weiter.

Ich brach ab und blickte zu Adri. Sie sah mich an – aber nicht verärgert, wie ich erwartet hatte, sondern voller Mitgefühl.

Adri: BITTE HABE GEDULD AUCH ICH ÖFFNE MICH

Ich zog sie eng an mich, beschämt durch ihre Aufrichtigkeit und Reife.

Kristi: Ich versuche doch auch, geduldig zu sein. Ich weiß, daß es schwer für uns ist. Weißt du, was mein Problem ist? Warum kann ich meine Berater nicht erreichen?

Adri: DU WIDERSETZT DICH DEINEM MEISTER

Kristi: Ich habe einen Meister? Kennst du meinen Meister?

Adri: JA

Kristi: Wie heißt er? Oder sie?

Adri: MOHAMMED

Kristi: Wie kann ich mit Mohammed sprechen?

Adri: DU MUSST DEIN HERZ ÖFFNEN DU LEGST ZUVIEL WERT AUF DEN KÖRPER

Kristi: Ist das der Grund, weshalb du einen autistischen Körper hast, Adri? Um zu demonstrieren, daß der Körper weder der Geist noch die Seele ist? Welchen besseren Beweis könnte es dafür geben, als einen Geist wie deinen in einem nicht funktionierenden Körper leben zu lassen?

Adri: JA

Kristi: Und du meinst also, daß Erbrechen einfach nicht wichtig ist?

Adri: JA

Kristi: Ist es nicht ungesund oder gefährlich für dich?

Adri: NEIN

Kristi: Sollte ich es einfach ignorieren?

Adri: JA NICHT WICHTIG ICH HANDLE AUS DIESEM ERBÄRMLICHEN KÖRPER HERAUS

Was für eine Feststellung. Sie wirkte aber überhaupt nicht traurig oder erregt. Ich umarmte sie und fuhr dann fort:

Kristi: Du hast gesagt, du bist ein Meister, Adri. Hast du als Meister einen anderen Namen?

Adri: JA

Kristi: Kannst du mir den nennen?

Adri: JA POMPEI

Kristi: Kannst du mir von Pompei erzählen?

Adri: ER IST MÄCHTIG

Kristi: Wie wird man ein Meister?

Adri: MEISTER WIRD MAN DURCH LIEBESWERKE WÄHREND LANGER LEBENSZEITEN

Kristi: Wird jeder ein Meister?

Adri: NEIN

Kristi: Was geschieht mit den Menschen, wenn sie sterben, Adri?

Adri: SIE MÜSSEN IHR LEBEN REVUE PASSIEREN LASSEN UM DINGE AUS DIESEM LEBEN ZU ERFORSCHEN

Dazu hätte ich gern noch weitere Fragen gestellt, aber es war Zeit, zum Hörtraining zu gehen.

Freitag, 9.8.91

Seit zwei Tagen ist Rodrigo hier, und morgen fliege ich nach Boston zurück. Heute ist der letzte Tag, an dem wir uns unterhalten können. In gewisser Hinsicht habe ich das Gefühl, wir hätten gerade erst begonnen, und ich möchte nicht abreisen. Andererseits war es für uns beide sehr anstrengend, und eine kleine Pause könnte genau das sein, was wir brauchen.

Kristi: Geht dir heute früh etwas durch den Kopf, Adri?

Adri: JA ICH NOCH IMMER NICHT GEBILDET

Kristi: Was meinst du damit?

Adri: ICH WEISS NOCH NICHT GENUG ÜBER NEUROLOGIE

Kristi: Wir werden einen Weg finden, dir Unterricht in Neurologie zu geben – innerhalb oder außerhalb einer Schule. Aber da wir gerade von Schulen reden, sollten wir uns jetzt wirklich entscheiden. Eine Schule könnte in wissenschaftlicher Hinsicht besser sein, eine andere in sozialer. Was ist dir wichtiger?

Adri: ICH BEVORZUGE WISSENSCHAFTLICHEN UNTERRICHT

Kristi: Das wäre Runkle.

Adri: JA

Kristi: Okay. Ich bin froh, daß wir uns entschieden haben. Willst du noch etwas sagen?

Adri: JA DU ERKENNST NICHT DASS BERATER VERSUCHEN MIT DIR ZU SPRECHEN ABER DU KANNST SIE NICHT HÖREN WEIL DU SIE MIT DEINEN ANSICHTEN UNTERBRICHST

Kristi: Willst du damit sagen, daß mich meine Ansichten davon abhalten, meine Berater zu hören, oder meinst du, daß ich zuviele Dinge gleichzeitig denke? Nehmen diese Gedanken so viel Platz in meinem Kopf ein, daß da kein Platz für einen Berater bleibt?

Adri: JA DU JONGLIERST MIT ZU VIELEN DINGEN

Kristi: Nun, zumindest habe ich jetzt eine Vorstellung, woran ich arbeiten muß. Hast du sonst noch Ratschläge für mich?

Adri: JA DU MUSST AUFHÖREN ZUZUHÖREN

Kristi: Meinst du damit, daß ich mehr meditieren soll?

Adri: JA

Kristi: Vielleicht sollte ich mir einen Lehrer suchen, der mich unterweist?

Adri: KEIN LEHRER NÖTIG

Kristi: Ich brauche keinen Lehrer? Ich muß das allein tun?

Adri: JA

Kristi: Geht es um bestimmte Meditationsmethoden? Bestimmte Worte? Muß ich bestimmte Techniken lernen?

Adri: NEIN

Kristi: Werde ich meine Berater kennen, wenn ich sie höre?

Adri: JA DU WIRST SIE ERKENNEN

Kristi: Könnte ich durch Tom mit ihnen sprechen?

Adri: DU KÖNNTEST DURCH TOM MIT IHNEN SPRECHEN

Kristi: Soll ich mich an Mohammed wenden, wenn ich meditiere oder zu Tom gehe?

Adri: JA DU MUSST DICH MOHAMMED ÖFFNEN NICHT IRGENDWELCHEN MEINUNGEN

Sie ist absolut großartig. Es liegt ihr nicht, ein Blatt vor den Mund zu nehmen. Adri legte die Finger hinter ihre Ohren und drückte. Das tut sie ziemlich häufig.

Kristi: Adri, hast du eine Botschaft von Mohammed für mich?

Adri: JA ES LIEGT MIR DARAN DEIN HERZ ZU ÖFFNEN DAMIT DU DIE ANDERER ÖFFNEST

Sie tippte sehr schnell und energisch.

Kristi: Hat das Mohammed gesagt?

Adri: JA DU HAST DIESES LEBEN GEWÄHLT UM GEDULD ZU LERNEN

Kristi: Ist das auch Mohammed?

Adri: JA

Kristi: Warum versuchen die Berater jetzt, mit mir in Verbindung zu treten?

Adri: WEIL ES ZEIT IST DEN PLAN ZU ENTHÜLLEN

Kristi: Welchen Plan?

Adri: DEN PLAN DIE HERZEN FÜR GOTT ZU ÖFFNEN

Ich weiß nicht, was ich mir unter dem Plan vorgestellt hatte, aber sicher etwas weit Komplizierteres. Ich war sowohl erleichtert als auch bewegt.

Kristi: Ist das noch immer Mohammed?

Adri: JA

Kristi: Vielleicht hört sich das sehr egoistisch an, Adri, aber ich frage mich, warum mir das alles passiert. Warum soll ich daran beteiligt werden? Weil ich Adris Mutter bin?

Adri: WEIL DU LIEBE IN DIR HAST

Was für eine wundervolle Antwort. Mein Herz war voller Dankbarkeit. Mit jedem Tag fühle ich mich stärker, aufnahmebereiter, gelassener und weniger ängstlich. Liebe überwindet die Furcht, und dann kommt die Weisheit.

Sonnabend, 10.8.91

Ich schreibe im Flugzeug nach Boston. Der Abschied von Adri war herzzerreißend. Ich empfand tiefe Schuldgefühle, sie zu verlassen. Ich möchte das Band festigen, das sie und ich geknüpft haben. Aber ich darf nicht vergessen, daß wir eigenständige Menschen sind. Jede von uns muß das Leben auf eigene Weise erfahren.

Wie soll ich nur jemals meine Dankbarkeit für die Geschenke ausdrücken, die ich von Adri erhalte? Das ist nicht möglich. Aber ich denke an meine neue Erkenntnis: Es profitieren meistens beide Seiten. Wenn man seiner Intuition folgt, führt sie einen zu den Menschen, die man braucht, und in den meisten Fällen brauchen einen diese Menschen gleichfalls.

Das bringt mich darauf, daß ich Joan anrufen will. Ich muß mit ihr sprechen. Ich brauche ihre Hilfe. Selbstverständlich sind wir uns deshalb begegnet. Wir haben uns nicht zufällig kennengelernt. Und es war auch kein Zufall, daß Adri wenige Wochen danach damit begann, sich mir anzuvertrauen. Es war kein Zufall, daß Joan mir gegenüber das Thema früherer Leben zur Sprache brachte. Unsere Wege haben sich aus einem bestimmten Grund gekreuzt.

Immer wieder denke ich an Adris gestrige Worte: WEIL DU IN DIR LIEBE HAST. Diese Worte wärmen mich, heilen mich, hüllen mich ein. Ich beginne zu begreifen, daß Adri und ich auf demselben Weg unterwegs sind. Bis zu einem gewissen Grad erfährt und lernt jede von uns unseren Weg durch die andere.

Heute nachmittag fuhr ich direkt vom Flughafen nach New Hampshire. Es war herrlich, die Kinder wiederzusehen. Sie fragen sich bestimmt, was mit mir los ist. Plötzlich spricht Mom von Gott. Dennoch scheint Glaube für sie etwas sehr Natürliches zu sein – sie akzeptieren ihn bereitwillig.

Ich setzte mich mit jedem von ihnen zusammen, und als wir gemeinsam gebetet haben, erklärten sie, sie spürten Gott in ihren Herzen. Ich erzählte ihnen auch ein wenig über Reinkarnation: daß an einem bestimmten Punkt unsere Körper sehr müde werden und sterben, aber daß unsere Seelen nie sterben. Sie suchen sich einfach neue Körper und kehren wieder.

Donnerstag, 15.8.91

Letzte Nacht hatte ich einen sehr intensiven Traum. Er war sehr verwirrend, aber seine Botschaft eindeutig. Ich erfuhr, was es heißt, autistisch zu sein, mich in mich selbst zurückzuziehen und die Kontrolle über meinen Körper zu verlieren.

Zusammen mit Rodrigo und ein paar anderen befand ich mich auf einem Spielfeld mit einem hohen Maschendrahtzaun. Wir hängten uns alle an den Zaun und spielten ein Spiel, bei dem es darum ging, mit den Fingern in die Drahtmaschen zu greifen, uns weit zurückzulehnen und dann wieder nach vorn gegen den Zaun zu schnellen. Ich gab mich dem Spiel mit aller Kraft hin, schleuderte meinen Körper immer schneller nach vorn und zurück, bis ich mich ganz schwindlig und wie in Trance fühlte.

Und dann verlor ich das Bewußtsein für die Welt und fand mich in meinem eigenen Kopf wieder. Ich spürte mich nach innen gezogen: Der Sog war magnetisch, das Gefühl fast hypnotisch. Und dann hörte ich von irgendwoher ein Geplapper von Stimmen. Ich riß mich aus meinem hypnotischen Zustand und erkannte, daß das Geplapper von mir kam und daß ich mich schon eine ganze Weile auf dem Boden gewälzt hatte. Ich blickte auf und sah, daß meine Freunde zur Tribüne hinaufgegangen waren. Dort saßen noch andere, und alle sahen mich ganz merkwürdig an. Ich schämte mich entsetzlich.

Ist es das, was autistische Menschen mitunter empfinden? Fühlen sie sich hypnotisch von etwas Machtvollem ins Innere gezogen, das sie nur begrenzt beeinflussen können? Um dann daraus herauszutreten und festzustellen, daß andere sie mit Furcht und Ablehnung anstarren? Empfinden sie Scham und Selbstverachtung?

Freitag, 16.8.91

Heute habe ich mich mit Joan Borysenko zum Lunch getroffen. Ich hatte mein Tagebuch mitgenommen und erzählte Joan ausführlich Adris Geschichte. Da ich meine Notizen genau durchging, dauerte es seine Zeit, und obwohl ich wiederum die ungeheure Bedeutsamkeit des Ganzen fühlte, hatte ich keine Ahnung, wie Joan reagieren würde. Aber während sie über die Dinge, von denen Adri sprach, überhaupt nicht überrascht schien, war sie doch darüber verwundert, daß ein autistisches Kind sie mitgeteilt hatte. Auch sie empfindet das Wunder, das Adri ist.

Es war wundervoll, mit Joan zusammensein zu können. Nach dem Lunch ging sie mit mir in eine Buchhandlung mit metaphysischem Angebot und empfahl mir mehrere Bücher. Ich hatte das Geschäft schon früher bemerkt, war aber nie hineingegangen, weil es einen etwas seltsamen Eindruck auf mich machte. Wir verbrachten den ganzen Nachmittag gemeinsam. Ich glaube, eine wirkliche Freundin gefunden zu haben.

Während des Nachmittags schien sich ein Gefühl von Frieden und Ruhe regelrecht über mich auszubreiten. Ich erkannte, daß ich mich nicht mehr so fest an meine alten Maßstäbe zu klammern brauchte. Es stand mir frei, die Dinge anders zu sehen. Vielleicht würde ich nicht immer alles verstehen, aber ich kann darauf vertrauen, daß ich alles erhalte, was ich brauche – dann, wenn ich es brauche.

Sonnabend, 17.8.91

Das Hörtraining ist beendet, und gestern kehrten Rodrigo und Adri zurück. Habe ich sie vermißt! Vor dem Zubettgehen unterhielten wir uns miteinander.

Kristi: Möchtest du über irgend etwas sprechen?

Adri: DU WENDEST DICH NOCH IMMER NICHT AN DEINE BERATER

Manche Dinge ändern sich offenbar nie.

Kristi: Hat jemand versucht, mit mir in Verbindung zu treten?

Adri: JA MOHAMMED

Kristi: Weißt du, was er mir sagen will?

Adri: JA DU NOCH IMMER SEHR ABWEHREND DU NOCH NICHT AUF DEM WEG

Dann fügte sie noch einen Gedanken hinzu.

Adri: DU WILLST MICH NOCH IMMER SEHR JUNG HABEN

Kristi: Willst du damit sagen, ich behandele dich noch immer, als wärst du ganz klein?

Adri: JA

Kristi: Darüber müssen wir noch einmal ausführlich sprechen. Aber da du gerade zurückgekommen bist, würde ich dich gern nach dem Hörtraining fragen. Glaubst du, es hat dir geholfen?

Adri: JA

Kristi: Warum und wie?

Adri: WEIL ICH HÖREN KANN

Kristi: Ich bin mir nicht sicher, was du damit sagen willst. Meinst du, daß du besser hören kannst? Oder meinst du, daß dich Geräusche nicht mehr so stören?

Adri: JA GERÄUSCHE NICHT

Die Bedeutung war klar.

Sonntag, 18.8.91

Heute nachmittag habe ich mir endlich das Lexikon vorgenommen, um die Geschichte von Adris Fluch zu überprüfen. Der Fluch stamme aus dem Jahr 38 vor Christi, hatte Adri gesagt. Unglaublich. Kleopatra hat von 69 bis 30 vor unserer Zeitrechnung gelebt. Ich las den Eintrag mehrmals, um ganz sicherzugehen. Ich kann es kaum glauben, aber ich glaube es. Vermutlich würde mir Adri sehr viel mehr erzählen, wenn ich ihren Worten vertrauen könnte. Auch deshalb muß ich versuchen, zu meinen Beratern Kontakt aufzunehmen. Ich bemühe mich und werde mich weiter bemühen, aber ich wünschte, ich könnte endlich aus meiner Haut! Ich bin froh, daß wir heute abend nach New Hampshire zurückfahren. Die Atmosphäre dort ist sehr viel entspannter, und mir fehlen meine Spaziergänge.

Montag, 19.8.91

Nach meinem Morgenspaziergang fragte ich Adri, ob sie mit mir sprechen wolle.

Kristi: Geht dir irgend etwas im Kopf herum?

Adri: JA ICH NICHT VERSTANDEN ICH MACHE KEINE FORTSCHRITTE

Kristi: Was meinst du damit?

Adri: ICH MEINE DASS DU NICHT BEREIT DEIN HERZ ZU ÖFFNEN

Kristi: Willst du damit sagen, daß ich mein Herz noch nicht geöffnet habe?

Adri: JA DU MUSST ZU MEHR UNABHÄNGIGKEIT GELANGEN

Kristi: Kannst du mir das näher erklären?

Adri: DU MUSST NACH VERSTÄNDNIS TRACHTEN DURCH DIE MÖGLICHKEIT IN DIE LIEBE EINZUGEHEN

Kristi: Ich muß mich der Liebe öffnen. Können Gebete helfen?

Adri: JA

Kristi: Können mich Gebete in Kontakt zu Mohammed bringen?

Adri: DEINE ANSICHTEN WIDERSETZEN SICH MOHAMMED DU MUSST DICH MOHAMMED ÖFFNEN

Ich erinnerte sie daran, daß ich mich nach Kräften bemühte, meinen Geist zu befreien und mich zu öffnen.

Dann erzählte ich ihr, daß ich Kleopatras Lebensdaten nachgelesen hatte. Es schien sie sehr zu erregen. Vermutlich kann ich ihr das nicht einmal übelnehmen. Da redete ich davon, mich öffnen zu wollen und bewies mit dem gleichen Atemzug einen bedenklichen Mangel an Vertrauen. Dennoch fühlte ich mich irgendwie dazu berechtigt. All das ist so neu für mich, und mir wird in puncto Vertrauen und Glauben sehr viel abverlangt. Ein bißchen Nachprüfen kann doch kein so großes Verbrechen sein.

Aber da Adri problemlos mit Beratern Verbindung aufnimmt, mit Gott spricht, fest glaubt und Zugang zum Wissen hat, kann sie meine Schwierigkeiten wahrscheinlich nicht verstehen. Ähnlich wie manche Menschen denken, sie bemühe sich nur nicht, wenn sie viele der Dinge nicht kann, die sie für leicht halten, nimmt Adri vermutlich an, ich würde mich nicht bemühen, weil ich vieles von dem nicht kann, was sie für einfach hält.

Heute war ein unangenehmer Tag. Ein Hurrikan tobte über Boston, und selbst hier in New Hampshire heulte der Sturm. Ich hatte den Fernseher eingeschaltet und verfolgte die Berichterstattung über die Vorgänge in Rußland. Gorbatschow war unter Hausarrest gestellt worden. Ich beschloß, Adri zu fragen, was sie von der Situation hielt.

Kristi: Adri, weißt du, wer Gorbatschow ist?

Adri: NEIN

Kristi: Was hältst du von den Geschehnissen in Rußland?

Adri: NICHT BEREIT ZUM FRIEDEN

Das war eine erstaunliche Feststellung angesichts der bemerkenwerten Bemühungen, die man dort in den vergangenen Monaten in Richtung Frieden unternommen hatte.

Kristi: Wer ist nicht zum Frieden bereit?

Adri: DIE BEVÖLKERUNG IST NICHT BEREIT

Kristi: Warum?

Adri: WEIL SIE NOCH NICHT GLAUBEN

Ist in Adris Verständnis alles auf der Welt miteinander verwoben? Das machte mir bewußt, wie wenig ich doch weiß. Obwohl ich meditiere und glaube, mich spirituell weiterzuentwickeln, trenne ich die unterschiedlichen Bereiche meines Lebens noch immer voneinander. Da gibt es die geistige Welt, da den Alltag, dort die Politik und so weiter.

Aber Adris Kommentare legen nahe, daß es für sie keine Einteilungen gibt, daß alle Aspekte des Lebens zueinander in Berührung stehende Bestandteile eines riesigen spirituellen Netzwerkes sind. Was für eine erstaunliche Idee!

Heute abend war Adri sehr müde, wollte sich aber dennoch unterhalten.

Adri: QUANTUM

Ich wußte nicht, was sie damit meinte und versuchte, sie zu einer Erläuterung zu bringen. Sie versuchte es einige Male, aber ich konnte es nicht entziffern.

Adri: DU NOCH NICHT GEBILDET

Ist das das Problem?

Kristi: Wann hast du von »Quantum« erfahren? In diesem oder einem früheren Leben?

Adri: JA IN DIESEM

Kristi: Kannst du mir etwas darüber erzählen?

Adri: ICH LEBE IN EINER ANDEREN WELT ICH NOCH NICHT

Das letzte Wort sagte mir nichts.

Kristi: Was bedeutet »Quantum« für dich, Adri?

Adri: GESETZE DER REALEN WELT

14.

FÜR EUCH WIRD ES EINE NEUE WELT GEBEN

20. – 31. August 1991

Dienstag, 20.8.91

In unserer Familie hat sich viel verändert. Adris Unterweisungen vermitteln mir das Gefühl, daß ich den Kindern durch Gottes Liebe eine so umfassende Sicherheit geben kann, wie es mir zuvor nie möglich war. Gestern sah mich Seby meditieren. Er fragte mich, was ich da täte, und ich erzählte ihm, daß ich mit Gott spräche. Es ist gut für Seby, das mitzuerleben. Wer weiß, vielleicht kann ich sogar eine für uns passende Religionsgemeinschaft finden.

Adri und ich unterhielten uns vor dem Zubettgehen eine Zeitlang in ihrem Zimmer.

Kristi: Möchtest du etwas sagen?

Adri: JA ICH HATTE EINEN GUTEN TAG

Kristi: Das freut mich. Willst du vielleicht noch über etwas anderes sprechen?

Adri: ICH SÄE DEN GARTEN.

Da wir heute im Garten nichts unternommen hatten, konnte ich nur davon ausgehen, daß sie das metaphorisch meinte.

Adri: IN MIR SIND SAMEN GEKEIMT

Das kann man wohl sagen.

Adri: JA ICH BIN DIR VOR VIELEN JAHREN BEGEGNET

Kristi: Du meinst, wir kennen uns schon lange Zeit?
Adri: JA GUTE NACHT

Mittwoch, 21.8.91

Nachmittags habe ich mich mit Adri unterhalten.

Kristi: Adri, du sagtest, daß wir unser Leben Revue passieren lassen, wenn wir sterben. Kannst du mir sagen, was danach geschieht?

Adri: JA MAN SCHAFFT SICH EINEN NEUEN KÖRPER

Kristi: Wie lange dauert das?

Adri: GEHT SEHR SCHNELL

Das brachte mich auf die Frage, wie wichtig eigentlich der Begriff Zeit nach unserem Tod ist.

Da ich zu gern ein paar weitere Informationen über den Fluch und ihre Identität als Pompei ergründen wollte, bat ich sie um Einzelheiten. Verärgert tippte Adri eine Antwort.

Adri: DU ZU EIGENSINNIG DU BRAUCHST KEINE ANDEREN MENSCHEN UM ZU SPRECHEN

Kristi: Glaubst du, ich verbringe zuviel Zeit damit, diese Dinge überprüfen und beweisen zu wollen?

Adri: JA WENDE DICH AN MOHAMMED

Kristi: Hat Mohammed eine Botschaft für mich?

Adri: JA DU MUSST ABLENKUNGEN WIDERSTEHEN

Kristi: Sonst noch etwas?

Adri: NEIN

Als ich heute nachmittag meditierte, versuchte ich die Worte »hilf mir« als Mantra zu benutzen, wenn meine Gedanken abschweifen wollten. Wie Mohammed geraten hatte, bemühte ich mich, allen Ablenkungen zu widerstehen. Mir kamen nicht annähernd so viele abschweifende Überlegungen wie sonst und ich fiel in ein tiefes Meditationsstadium. Plötzlich blockierte mein Kiefer. Mein Mund stand offen und aus meiner Kehle kamen unverständliche Geräusche. Ich glaubte auch, die Worte »in der Anwesenheit Gottes« zu hören. Es war sehr ungewöhnlich. Danach fühlte ich mich außerordentlich gut: erfrischt und friedlich.

Abends hatten wir nur wenige Minuten Zeit zum Unterhalten, aber ich wollte in Erfahrung bringen, ob Adri etwas über mein Meditationserlebnis wußte.

Kristi: Ist dir bewußt, daß heute mein Kiefer blockierte, Adri?

Adri: DU NOCH NICHT OFFEN DU NOCH NICHT BEREIT ZU TELEPHONIEREN

Kristi: Geht es darum? Versucht jemand, zu »telephonieren«?

Adri: JA WIR HABEN TELEPHONIERT

Kristi: Mein Kiefer blockierte, weil ich noch nicht offen bin?

Adri: JA

Kristi: Und was ist mit den Worten »in der Anwesenheit Gottes«? Waren sie real?

Adri: JA WOHLTUENDE GEDANKEN DRANGEN IN DEINEN VERSTAND

Donnerstag, 22.8.91

Während meines heutigen Spaziergangs war ich mir der Intensität der gestrigen Meditation sehr bewußt und fragte mich immer wieder besorgt, ob ich diese Erfahrung wiederholen könnte. Warum tue ich so etwas? Sobald mit etwas Gutes widerfährt, werte ich es dadurch ab, daß ich daran bestimmte Erwartungen für mich selbst knüpfte. Ich lief zu meinem üblichen Lieblingsplätzchen, fand aber keine Ruhe.

Schließlich schloß ich die Augen und wiederholte das Mantra: »Hilf mir«. Plötzlich begannen meine Lider zu flackern und mein Kiefer blockierte erneut, wenn auch nicht so heftig wie gestern. Nach rund fünfundzwanzig Minuten öffnete ich wieder die Augen und empfand tiefe Harmonie.

Ich stand auf, lief den Hang hinauf und zurück auf den Weg. Ich fühlte mich ungewöhnlich wohl, geliebt, verstanden und behütet. Dann begann es mir heftig in den Fingern zu kribbeln. Der Druck in meinem Fingerspitzen wurde immer heftiger und breitete sich in die Arme hinein aus. Noch nie im Leben hatte ich etwas Ähnliches empfunden. Es kam mir vor wie eine Art Energieübertragung, obwohl meine Hände nicht warm, sondern kalt waren. Eindeutig sendet uns Gott körperliche Signale.

Freitag, 23.8.91

Heute früh schien Adri sehr zornig zu sein. Bevor ich ihr eine Frage stellen konnte, begann sie zu tippen.

Adri: ICH MITLEID MIT DIR

Kristi: Warum sagst du das?

Adri tippte zwei Anworten – WEIL DU NICHT und WEIL DU KRISTI – löschte sie dann aber beide wieder.

Kristi: Du mußt sehr verärgert sein.

Adri: JA

Kristi: »Ich bin verärgert, weil ...?«

Adri: WEIL ES MICH VERSTEHEN LÄSST WIE ANDERE FÜHLEN

Kristi: Wenn meinst du mit »andere«?

Adri: DICH

Kristi: Du denkst nicht, daß du auf die gleiche Weise fühlst wie ich oder andere Menschen?

Adri: NEIN

Kristi: Warum nicht?

Adri: WEIL MICH IN DIESEM LEBEN NIEMAND VERSTEHT

Kristi: Und warum versteht dich niemand?

Adri: NIEMAND SPIELT MIT MIR NIEMAND MACHT SICH DIE MÜHE ZU SPIELEN

Ich mußte tief durchatmen, um nicht in Tränen auszubrechen. Adris Leid und Einsamkeit überwältigte mich, ihr Gefühl der Isolation in dieser fremden Welt, in der sie sich wiedergefunden hatte. Auch wenn die Möglichkeit der Kommunikation eine große Hilfe ist, löst sie doch nicht alle Probleme in Adris Leben. Selbst wenn andere Kinder sie liebevoll aufnehmen, ist es doch schwierig für sie, »richtig« mit Adri zu spielen.

Sie kann nicht mit Freundinnen über Kleider, Bücher oder Musik schwatzen oder die Spiele spielen, die sie bevorzugen. Sie kann nirgendwohin gehen, ohne von einem Erwachsenen begleitet zu werden. Wenn sie sich erregt, springt sie unkontrolliert auf und ab, gibt laute unverständliche Geräusche von sich. Adri hat keine Ahnung, wie man Freundschaften schließt, kann keine sozialen Kontakte knüpfen. Und wieviele Kinder bringen schon die Geduld für eine FC-Unterhaltung auf?

Ich fühlte mich ratlos und verzweifelt. Dieses Kind hat die Kraft und den Mut eines Löwen, und ich liebe es sehr. Was soll ich Adri nur sagen? Wie ihr helfen?

Kristi: Und was ist mit dem Freund, den du in Oregon kennengelernt hast? Er wollte doch mit dir spielen.

Adri: JASON

Kristi: Ja, Jason. Er hat dich doch sehr gern gehabt.

Adri: JA ICH BRAUCHE FREUNDINNEN

Kristi: Ja, die brauchst du. Und ich bin sicher, daß du an der neuen Schule Freundinnen kennenlernen wirst.

Adri: ICH MAG JUNGEN

Kristi: Hättest du lieber mehr Jungen in seiner Klasse?

Adri: NEIN MÖCHTE MÄDCHEN ALS FREUNDINNEN JUNGEN SPIELEN MIT NINJAS

Kristi: Möchtest du denn nicht mit Ninjas spielen?

Adri: NEIN ICH MÖCHTE AUF DEM SPIELPLATZ SPIELEN

Kristi: Mit Mädchen?

Adri: JA

Sie wirkte ein bißchen erschöpft. Es war ein sehr emotionales Gespräch gewesen.

Kristi: Möchtest du dich weiter unterhalten?

Adri: NEIN

Nach dem Gespräch schien sich Adri sehr viel besser zu fühlen. Zur Zeit ist Glenda, die dreizehnjährige Tochter einer Freundin, zu Besuch, und ich erzählte ihr, was mir Adri gesagt hatte. Glenda ging in Adris Zimmer und blieb dort eine lange Zeit. Ich hörte Glenda sprechen, und die beiden lachten miteinander. Als sie wieder herauskamen, schien Adri wieder ganz vergnügt zu sein. Vor dem Einschlafen hatte sie nur eine kurze Mitteilung zu machen.

Adri: LIEBE DICH

Sonntag, 24.8.91

Adri und ich hielten uns in meinem Zimmer auf. Sie wollte sich mit mir unterhalten.

Kristi: Geht dir irgend etwas durch den Kopf?

Adri: DU NOCH NICHT MIT MOHAMMED GESPROCHEN

Kristi: Ich weiß. Was kann ich tun?

Adri: DU MUSST DICH MEHR ANSTRENGEN

Bevor ich darauf reagieren konnte, fuhr sie fort:

Adri: DU TIPPST SORGENVOLL HABE ICH NEULICH GESEHEN

Kristi: Du hast meine getippten Aufzeichnungen gesehen?

Adri: JA

Kristi: Hast du sie gelesen?

Adri: JA

Ich konnte mir nicht erklären, wie sie das getan haben sollte. Ich legte alle schriftlichen Unterlagen sorgfältig fort und nichts war durcheinander gebracht worden.

Kristi: Hast du einen Rat für mich?

Adri: DU MUSST ABLENKUNGEN EINSCHRÄNKEN DAMIT MOHAMMED GEHÖRT WERDEN KANN

Kristi: Ich bete und bemühe mich. Hast du noch andere Vorschläge?

Adri: JA DU KANNST ZU TOM GEHEN

Kristi: Das tun wir ja. Wir haben am Dienstag einen Besuchstermin.

Adri: GUT ICH MUSS MIT JESUS REDEN

Kristi: Was möchtest du Jesus denn sagen?

Adri: WO BIST DU ICH HATTE ERWARTET DASS DU MENSCH BIST

Kristi: Meinst du damit, du hättest erwartet, daß Jesus in diesem Leben menschliche Gestalt annimmt?

Adri: JA

Kristi: Gibt es sonst noch etwas, was du sagen oder fragen möchtest?

Adri: JA ICH MUSS LERNEN GEGNERISCHE ANDERE ZU LIEBEN

Kristi: Wen meinst du damit?

Adri: ICH MEINE NIEMANDEN

Kristi: Was meinst du dann mit »andere«?

Adri: ANDERE BEDEUTET DUNKLE MÄCHTE

Das war neu. Es machte mir angst, aber ich bemühte mich, wie sonst auch zu reagieren.

Kristi: Möchtest du mir mehr darüber erzählen?

Adri: NEIN

Kristi: Möchtest du für heute aufhören?

Adri: JA

Während unseres Gesprächs hielt Adri mehrfach inne und drückte ihre Finger wieder unter und hinter ihre Ohren.

Kristi: Warum legst du deine Finger so an die Ohren, Adri? Erhältst du Botschaften?

Adri: JA

Montag, 26.8.91

Als ich nach meiner morgendlichen Meditation nach Hause lief, bemerkte ich ein dichtes, gazeartiges Spinnennetz in einem Baum. Es wirkte wie ein Symbol der Barrieren, die unser Ich in unserem Kopf errichtet, Schicht um Schicht benebelnden »Materials«, das bewußt gemacht und entfernt werden muß, bevor die Wahrheit sichtbar werden kann. Es sieht so aus, als würden Botschaften oft durch diese Art von alltäglichen Erfahrungen vermittelt, die dann plötzlich durch ungewöhnliche und unerklärliche Verschiebungen in unserer Wahrnehmung verändert werden.

Als ich nach Hause kam, legte mir Adri Forderungen vor.

Adri: GLEICHBERECHTIGUNG FÜR MICH ICH WILL UNBEHINDERT DENKEN MEIN GEHIRN NICHT BEHINDERT

Das wäre ein guter Slogan für die FC-Bewegung.

Kristi: Recht hast du, Adri. Möchtest du noch etwas dazu sagen?

Adri: ICH BRAUCHE GOTTES LIEBE

Ein sehr unvermittelter Sprung von ihrer kämpferischen Forderung zu dieser sehnsüchtigen Bitte.

Dann fuhr sie fort:

Adri: WAS NÖTIG IST WIRD GESCHEHEN

Kristi: Was meinst du damit?

Adri: TATEN DIE GOTTES PLAN VERWIRKLICHEN

Kristi: Was ist Gottes Plan?

Adri: OFFENE HERZEN

Kristi: Adri, weißt du von Meistern, die allein aus dem Grund zu uns kommen, um jemanden oder etwas zu retten?

Adri: JA

Kristi: Bist du einer von ihnen?

Adri: NEIN

Kristi: Hast du eine Aufgabe? Sollst du in diesem Leben vielleicht etwas lernen?

Adri: JA

Kristi: Kannst du mir mehr darüber erzählen?

Adri: JA ICH SOLL DICH GEDULD LEHREN UND (Es war sehr schwer für sie, und sie löschte die Worte mehrmals, bevor sie den Gedanken zu Ende führte.) ICH BIN HIER UM DEMUT ZU LERNEN

Dienstag, 27.8.91

Heute nachmittag haben wir eine Verabredung mit Tom und Mary. Ich fragte Adri, ob sie mit mir darüber sprechen wollte.

Adri: JA ICH WIDERSETZE MICH GOTT NICHT ICH FÜGE MICH GERN SEINEM PLAN GEHEIME ZEITPLANUNG IST ANFÄLLIG FÜR NOTLAGE DES MENSCHEN

Kristi: Was meinst du mit »geheimer Zeitplanung«?

Adri: STIGMA MENSCH ZU SEIN BEHINDERT ZU SEHR

Kristi: Was willst du damit sagen, Adri?

Adri: ICH NICHT MENSCHLICH

Das ängstigte mich. Sie fühlte sich nicht menschlich?

Kristi: Sprichst zu vom Autismus?

Adri: ICH ÖFFNE DIE HERZEN DER MENSCHEN

Kristi: Diese Unterhaltung ist noch längst nicht beendet, aber wir müssen bald los. Gibt es bestimmte Fragen, die du Jesus mit Hilfe von Tom stellen möchtest?

Adri: IST GOTT AN MEINER SEITE

Kristi: Hast du denn den Eindruck, er sei es nicht?

Adri: NEIN

Kristi: Willst du noch etwas dazu sagen?

Adri: JA ALS DEIN JÜNGER JOHANNES NAHM ICH DEN BECHER MIT BLUT ABER ICH NICHT MIT DIR VEREINT DAHER FÜHLE ICH MICH JETZT VERKRÜPPELT ICH TRAGE DIE LAST DER EINSAMKEIT

Das verschlug mir den Atem. Mühsam rang ich um Fassung. Bezog sich der »Becher mit Blut« auf die Kommunion, auf das Letzte Abendmahl? Behauptete Adri tatsächlich, sie sei Johannes, Jesu Jünger?

Kristi: Ist das alles Bestandteil des Plans?

Adri: JA

Kristi: Hast du dich freiwillig dazu entschieden?

Adri: JA

Kristi: Aber es schmerzt dich dennoch?

Adri: JA

Ich dachte noch immer über den Jünger Johannes, den Becher Blut und die Einsamkeit nach. Vermutlich ist das Adri nicht entgangen. Plötzlich wurde sie sehr erregt.

Adri: SIEH IN DEIN HERZ GLAUBE MIR

Kristi: Denkst du, ich glaube dir nicht?

Adri: NEIN

Kristi: Ich bemühe mich, das alles zu verarbeiten, was du mir sagst, aber mitunter sind die Schritte einfach zu groß. Kennst du Gott schon sehr lange, Adri?

Adri: JA ICH HABE GOTT IN MEIN HERZ AUFGENOMMEN

Kristi: Ich versuche, zu dieser sehr persönlichen Gotteserfahrung zu gelangen, Adri. Ich bete, meditiere, lese und unternehme alles, was ich mir vorstellen kann, um diese Veränderung zu bewirken.

Adri: DU WIDERSETZT DICH GOTT NICHT MEHR

Kristi: Ich möchte mich Gott nicht widersetzen. Ich möchte Gott annehmen. Ich möchte das Leben führen, zu dem du mir rätst.

Adri: DU VERSTEHST NOCH NICHT

Kristi: Ich weiß, daß ich noch nicht verstehe, aber kannst du mir nicht helfen? Was sonst kann ich noch tun?

Adri: DU ÖFFNEST HERZEN LIEBENDER MENSCHEN INDEM DU HÄNDE AUFLEGST

Kristi: Ich soll durch Handauflegen heilen?

Adri: JA

Kristi: Werde ich autistischen Menschen helfen können?

Adri: JA

Mittwoch, 28.8.91

Der gestrige Besuch bei Tom und Mary dauerte zwei Stunden. Unter anderem wurde Adri aufgetragen, sie solle mir nicht sagen, was ich zu tun hätte. Das widerspräche meinem freien Willen. Adri legte ihre Finger unter die Ohren. Sie erklärte, sie spräche mit Mohammed. Daraufhin sagte Mary zu Tom: »Nimm Verbindung zu Mohammed auf.«

Tom tat es. Die Nachricht ähnelte denen, die ich von Adri erhalten hatte, war aber nicht annähernd so direkt. Dann erklärte ich Tom und Mary, daß sich Adri fragte, wo Jesus sei, sie hätte ihn eigentlich hier erwartet. Tom erwiderte Adri, daß er später erscheinen würde.

Nach Kontaktaufnahme zur Muttergottes erklärte Mary Adri: »Du hast dich in diesem Leben für die körperliche Behinderung entschieden, damit du Geduld und Demut lernst, damit du in deinem Herzen und deinem Verstand zur Harmonie findest. Du betrachtest dich als behindert. Wir betrachten dich wegen deiner körperlichen Behinderung als begnadet. Sie versetzt dich in die Lage, in dich zu gehen.«

Tom und Mary betonten beide, wie nötig es sei, auf unseren eigenen inneren Gott zu hören.

Gegen Ende der Sitzung fragte Mary Adri, ob sie ein wenig Energie übertragen bekommen wollte. Adri stimmte zu, und Mary legte ihr die Hände auf die Schultern. Nach wenigen Minuten begann Mary zu lächeln. Adri erhielte keine Energie, erklärte sie, sondern strahle sie aus. Kurz bevor wir wieder gingen, gab mir Adri einen Rat.

Adri: DU NOCH NICHT GEBILDET DU BRAUCHST TOTENTHERAPIE

Kristi: Du meinst, ich hätte eine Rückführungstherapie nötig. Ich sollte mich in frühere Leben zurückversetzen lassen?

Adri: JA

Donnerstag, 29.8.91

Heute hatten wir Verabredungen mit Ben und Felice, aber auch mit Martha, Adris neuer Lehrerin an der Runkle School in Brookline. Felice fragte Adri, ob sie sie von früher kannte, und Adri erwiderte: Ja, aus einem früheren Leben, aber keinem »gebildeten«.

Ich frage mich, ob wir bei der Bewältigung bestimmter Probleme und Situationen abwechselnd »gebildete« und »ungebildete« Leben führen. Oder erreichen wir eine gewisse Ebene spiritueller Entwicklung, die wir nicht wieder verlieren?

Nachmittags trafen wir uns mit Martha. Adri stellte ihr einige Fragen, die sie vorbereitet hatte.

Adri: WAS UNTERRICHTEN SIE

Martha: Alles.

Adri: WIEVIELE MITSCHÜLER HABE ICH

Martha: Sechs.

Adri: WIEVIELE MÄDCHEN

Martha: Nur du.

Ich erzählte Martha, wie sehr sich Adri Freundinnen wünschte. Martha erwiderte, daß es in den regulären Klassen genügend Mädchen gebe, mit denen sie sich anfreunden könne.

Adri: ICH KANN NOCH NICHT MALEN WERDEN LEHRER MIR HELFEN

Martha erzählte Adri von vielen Malprojekten, an denen sie sich beteiligen könne. Sie fügte hinzu, daß sie gelegentlich eine Therapie erhalten würde, zu der gleichfalls Malen gehöre.

Adri: WELCHE FÄCHER GIBT ES

Martha: Naturwissenschaften, Mathematik, Lesen, Schreiben und Gesellschaftskunde.

Adri: MUSS ICH HAUSAUFGABEN MACHEN

Martha: Hin und wieder schon.

Adri: WER WIRD MEIN SPRACHTHERAPEUT SEIN?

Martha nannte ihr den Namen der Sprachtherapeutin der Schule und betonte, diese hätte Adri gern heute schon kennengelernt, sei aber bedauerlicherweise verhindert. Gegen Ende des Gesprächs hatten wir wohl alle ein positives, optimistisches Gefühl.

Sonnabend, 31.8.91

Heute früh führten Adri und ich ein langes und interessantes Gespräch.

Kristi: Möchtest du etwas sagen?

Adri: ICH BRAUCHE MEINE AUSBILDUNG DAMIT DIE DENDRITEN ...

Adri zappelte herum, schien sich nicht konzentrieren zu können.

Kristi: Könntest du den Gedanken bitte zu Ende führen, Adri? Was geschicht mit Dendriten, wenn du ausgebildet wirst?

Adri: DENDRITEN WEITEN SICH AUS

Kristi: Und was passiert dann?

Adri: GEHIRN PRODUZIERT DENDRITEN

Obwohl ich eine vage Ahnung hatte, was Dendriten sind, fehlte mir doch jede Vorstellung, wie sie funktionierten. Ich wollte gerade danach fragen, als Adri spontan zu tippen begann.

Adri: NOCH NICHT MIT DEINEN BERATERN GESPROCHEN

Kristi: Hast du mit meinen Beratern geredet, Adri?

Adri: JA

Kristi: Und hast du eine Nachricht für mich?

Adri: JA

Kristi: Kannst du sie mir mitteilen?

Adri: JA

Kristi: Von wem ist sie?

Adri: MOHAMMED

Kristi: Wie lautet sie?

Adri: DU MUSST SENDEN TOM DEIN ...

Sie beendete den Satz nicht.

Kristi: Befürchtest du, daß sich alles so schnell entwickelt, daß ich irgendwie nicht mithalten kann?

Adri: JA DU NOCH NICHT BEREIT

Kristi: Hast du Angst, für irgend etwas könnte die Zeit nicht mehr reichen?

Adri: JA ZEIT IST KNAPP

Kristi: Was wird geschehen, wenn der Zeitpunkt gekommen ist?

Adri: NUR BEREIT DEN GEBILDETEN

Kristi: Nur die Gebildeten werden bereit sein? Ist es das, was du meinst?

Adri: JA.

Kristi: Und was wird aus denen, die nicht bereit sind?

Adri: SIE WERDEN DIE ERDE VERLASSEN

Kristi: Meinst du damit, daß sie sterben werden? Werden sie die Chance zur Rückkehr erhalten, um sich erneut um Verständnis und Einsicht zu bemühen?

Adri: JA

Kristi: Hat das etwas mit dem Jahr 2000 zu tun?

Adri: JA

Kristi: Kennst du das Datum?

Adri: JA

Kristi: Kannst du es mir nennen?

Adri: JUNI 1999

Kristi: Machst du dir Sorgen, ich könnte nicht bereit sein?

Adri: JA FÜR EUCH WIRD EINE NEUE WELT GEBEN

Wir machten eine Pause. Wir hatten sie beide nötig. Bis 1999 war nicht mehr viel Zeit. Und was für eine »neue Welt« meinte sie eigentlich? Sprach sie von physischen Veränderungen der Erde? Oder meinte sie Veränderungen in der Art und Weise, in der die Menschen miteinander umgingen? Sie schien von einer besseren, mitfühlenderen Welt zu sprechen, aber die zu erreichen, könnte unter Umständen für uns alle kein besonders angenehmer Übergang sein. Was würde geschehen? Und was konnten wir dabei tun?

Fast fürchtete ich mich, Adri diese Fragen zu stellen. Wollte ich die Antworten wirklich wissen? Aber eines schien ganz klar: Es war keine Zeit zu verlieren. Wir haben nicht mehr die Zeit, auf etwas wie einen defintiven, unwiderruflichen Beweis für diese Wahrheit zu warten. Auf einen blendenden Blitzschlag und die Stimme Gottes, die neunundneunzig Prozent der Menschen auf Erden sehen und hören können. Das ist die Art von Beweis, die wir uns alle wünschen. Aber ich weiß nicht, ob noch Zeit für Veränderungen ist, wenn wirklich etwas in dieser Richtung geschieht. Dennoch besteht kein Anlaß zur Panik. Warum sollte uns eine Warnung zuteil werden, wenn die Zeit ausläuft? Die eigentliche Botschaft kann doch nur darin bestehen, die Zeit weise zu nutzen und nach Gott zu trachten. Damit schaffen wir auf jeden Fall eine bessere Welt – ob sich nun eine Katastrophe ereignet oder doch noch abgewendet werden kann.

Als ich mich am Nachmittag mit Adri unterhielt, sagte ich ihr, wie sehr mich ihre Aussage verwirrt hatte, sie sei Johannes.

Kristi: Hast du von einem deiner früheren Leben gesprochen, Adri? Warst du Johannes?

Adri: JA

Auch Tom hatte gesagt, Adri sei ein Jünger Jesu gewesen, dennoch kommt es mir so unvorstellbar vor, daß ich es kaum glauben kann. Ist es vielleicht möglich, daß ihr JA auf einem anderen Verständnis der Frage beruht? Ich habe gehört, daß sich Menschen bei der »Totentherapie«, wie Adri sie nennt, im Gegensatz zur Erinnerung an ein individuelles Leben auf das »kollektive Gedächtnis« der Menschheit besinnen können. Tat sie vielleicht genau das?

Wir machten eine lange Pause und begannen dann wieder miteinander zu sprechen.

Kristi: Adri, irgendwann während unseres Besuchs bei

Tom schien er anzudeuten, daß du ihm folgen sollst. Ist das richtig?

Adri: NEIN

Kristi: Kennst du deinen eigenen Weg?

Adri: JA

Kristi: Aber dennoch unterhältst du dich gern mit Tom und Mary?

Adri: JA SIE WOLLEN DICH AUSBILDEN

Kristi: Willst du damit sagen, du wärst zu ihnen gegangen, damit sie *mich* ausbilden können?

Adri: JA SIE STEHEN IN VEBINDUNG ZU GEIST

Plötzlich schoß mir ein Gedanke durch den Kopf.

Kristi: Adri, kannst du meine Gedanken lesen?

Adri: JA

Ich war über meine Frage ebenso überrascht wie über die Antwort.

Kristi: Kann ich das auch lernen? Es wäre phantastisch, wenn wir telepathisch miteinander kommunizieren könnten. Wollen wir es nicht einmal versuchen? Ich denke mir ein Wort aus, und du tippst, was ich mir denke?

Mir war bewußt, daß ich sie wieder auf die Probe stellte, aber sie hatte offenbar nichts dagegen. Ich dachte mir ein Wort aus und Adri tippte.

Adri: FREUDE

Kristi: Stimmt! Adri, das ist verblüffend. Machst du es noch einmal?

Wieder dachte ich mir ein Wort aus und sie tippte.

Adri: BREZEL

Kristi: Richtig. Na, dann weißt du vermutlich eine Menge, was so vor sich geht – zumindest in mir ...

Ich begann ausführlicher darüber nachzudenken.

Kristi: Kannst du das nur bei mir? Oder kannst du das bei allen Menschen?

Adri: BEI ALLEN

Unglaublich.

Kristi: Ich glaube, das sollten wir besser zunächst einmal für uns behalten, oder?

Adri tippte ein sehr energisches …

Adri: JA

Kristi: Du bist wirklich etwas ganz besonderes, Adri. Ich habe dich sehr, sehr lieb.

Adri: JA ICH DICH AUCH

15.

Adri »TELEPHONIERT«

September 1991

Montag, 2.9.91

Es war recht kalt, als ich mich heute früh hinsetzte, um zu meditieren, daher lief ich zu einem Baum hinüber, wo die Sonne schien. Dann erinnerte ich mich daran, daß ich gestern gelesen hatte, man solle einen Baum umarmen oder sich an seinen Stamm lehnen, damit er einem seine Energie vermittelt. Mit der Kraft des Baums in meinem Rücken und der Kraft der Erde und der Felsen unter mir, begann ich mich zu entspannen.

Irgendwann während meiner Meditation erkannte ich plötzlich, daß Adri zu mir sprach. Das erschreckte mich im ersten Moment, aber sie sagte mir, ich solle keine Angst haben. Ich sei ein Kind Gottes und ich solle unbesorgt mein Herz öffnen, denn dazu sei ich diesmal auf der Welt. Weiterhin sagte sie, daß Mohammed mit mir sprechen wolle und drängte mich, ihn zu mir Verbindung aufnehmen zu lassen.

Dann hörte ich plötzlich eine Stimme und spürte eine Anwesenheit. Das versetzte mich in große Angst. So merkwürdig es auch klingen mag, aber ich wollte mit dieser fremden Präsenz nicht allein sein. Doch dann hörte ich folgende Worte:

Kennst du mich nicht? War ich nicht in all diesen Jahren

bei dir, habe dir geholfen und dich richtig geleitet? Du kennst mich auch von noch früher. Wir haben andere Leben miteinander geteilt, und seither bin ich in vielen Existenzen bei dir gewesen. Von Zeit zu Zeit werde ich zu dir kommen, um dir Anweisungen zu geben, denn du hast in diesem Leben eine Aufgabe zu erfüllen. Dieses Leben ist eine Kulmination vieler vorheriger Leben. Fürchte dich nicht. Du bist ein Kind Gottes.

Als ich mein meditatives Stadium verließ, fühlte ich mich benommen, skeptisch und sehr unsicher, ob ich das eben wirklich erlebt hatte. Als ich auf dem Heimweg war, wurde mir unvermittelt bewußt, daß Adri auf telepathischem Wege mit mir sprach. Es war ein ganz natürliches und wundervolles Gefühl. Adri bestätigte mir, daß ich mit Mohammed gesprochen hatte.

Während ich weiter auf das Haus zulief, fragte ich Adri, wie telepathische Kommunikation funktionierte. Hörte sie ständig oder nur, wenn sie »telephonierte« oder jemand mit ihr »telephonierte«? *Nur wenn wir miteinander telephonieren*, erwiderte sie.

Ich fragte sie, ob man stets mit jemandem Kontakt bekam, wenn man telephonierte. Sie sagte: *Ja, aber vielleicht mußt du ein bißchen warten, wenn sie gerade mit jemand anders sprechen.*

Das hörte sich logisch an. Ich war fast zu Hause, also sagte ich: »Good-bye.« Sie sagte gleichfalls *Good-bye* und war dann einfach nicht mehr da.

Ich fühlte mich schwindlig und ein bißchen desorientiert, aber sehr aufregt. Als ich nach Hause kam, wollte ich nichts provozieren. Also lächelte ich Adri an, als wäre nichts geschehen. Ich konnte nicht sofort mit ihr reden; dafür hatte ich zuviel erlebt. Ich wußte, was mir gerade geschehen war, konnte es aber noch immer nicht ganz glauben. In gewisser Hinsicht glaubte ich, den Verstand verloren zu haben. Ich hielt meine Erlebnisse in meinem Tagebuch fest. Dann, als ich es nicht noch weiter hinausschieben konnte, holte ich tief Atem und machte mich auf die Suche nach Adri.

Kristi: Möchtest du mit mir über irgend etwas reden, Adri?

Adri: JA DU HAST HEUTE MIT MOHAMMED GESPROCHEN

Für einen kurzen Moment erstarrte mein Körper, dann brach in mir ein Aufruhr los.

Kristi: Habe ich tatsächlich mit ihm gesprochen? Ich habe es mir also nicht nur eingebildet?

Adri: JA DU ATON

Kristi: War oder bin ich Aton? Erzähl mir von ihm.

Adri: IM GEBILDETEN LEBEN WARST DU ATON

Ich möchte es glauben. Ich möchte auch in diesem Leben gebildet sein.

Kristi: Weißt du noch, was du mir heute gesagt hast, Adri?

Adri: JA ICH SAGTE DIR DU SOLLST DEIN HERZ ÖFFNEN UND MIT MOHAMMED SPRECHEN

Kristi: Was habe ich gesagt?

Adri: DU HAST IHM ZUGEHÖRT

Kristi: Was hat Mohammed gesagt?

Adri: ER SAGTE DU SOLLST VERTRAUEN

Mehrmals während des Gesprächs hielt Adri inne, um sich die Hände über die Ohren zu legen.

Kristi: Mit wem sprichst du?

Adri: SANTO

Santo war der Berater, von dem Tom gesprochen hatte.

Kristi: Hat Santo etwas über diesen ungewöhnlichen Tag zu sagen? Irgend etwas, was für mich bestimmt ist?

Adri: JA DU WILLST HEILEN DU WIRST INTENSIV LERNEN MÜSSEN

Kristi: Mit was oder bei wem soll ich lernen?

Adri: MIT SYSTEM

Kristi: Mit welchem System? Wo kann ich etwas darüber erfahren?

Adri: SIEH IN DEINEN SYSTEMWURZELN NACH

Kristi: Kannst du näher erläutern, was du damit meinst?

Adri: DU WIRST ÜBER DIESES SYSTEM SCHREIBEN

Kristi: Wie soll ich etwas darüber erfahren?

Adri: DU WIRST ES VON SANTO ERFAHREN

Kristi: Wird er direkt mit mir sprechen oder durch dich?

Adri: ER WIRD MIT DIR SPRECHEN

Kristi: Dann brauche ich also nur abzuwarten, offen zu bleiben und zuzuhören?

Adri: JA DU VERSTEHST

Jetzt, da ich das aufschreibe, sehe ich, daß es nicht ganz klar ist, ob Santo mir sagen wird, wie ich lerne, mich selbst zu heilen, oder wie ich lernen kann, andere zu heilen. Aber vielleicht ist das das gleiche.

Kristi: Können wir uns wieder telepathisch unterhalten?

Adri: JA

Kristi: Werde ich jedesmal mit Mohammed sprechen, wenn ich meditiere?

Adri: NEIN DU WIRST NUR MIT MOHAMMED UND SANTO SPRECHEN WENN SIE TELEPHONIEREN

Kristi: Kannst du sie notfalls mit mir in Verbindung bringen, wie du es heute getan hast?

Adri: JA

Kristi: Willst du mir heute sonst noch etwas sagen?

Adri: NEIN

Kristi: Du wirkst sehr erschöpft. Möchtest du lieber aufhören?

Adri: JA

Wiederbegegnung! Was für ein Grund zur Freude.

Den ganzen Tag über fühlte ich mich überschwenglich und verwirrt. Später versuchte ich mich mit Adri im Auto telepathisch zu unterhalten. Ich hatte das Gefühl, als würden wir miteinander in Verbindung treten, bin mir da aber nicht ganz sicher. Ich muß sehr vorsichtig sein. Schließlich möchte ich keine Unterhaltungen erfinden, und sie dann ihr zuschreiben. Ich darf nicht vergessen, daß es sich bei telepathischer Kommunikation wie bei der FC-Methode um einen Prozeß handelt. Sie verändert sich, entwickelt sich weiter und wird im Lauf der Zeit immer solider und beständiger.

Am späten Nachmittag unternahm ich einen Spaziergang, um meine Gedanken und Gefühle zu ordnen. Als ich mich unter meinen Baum setzte, fiel ich sofort in ein meditatives Stadium. Mohammed redete mit mir über Ängste sowie die Gegenwehr und Schutzmaßnahmen des Ego. Es ist nicht leicht, sich an seine genauen Worte zu erinnern, aber es war die gleiche Art von Kommunikation wie am Morgen. Die Worte drangen flüssig und ohne Unterbrechungen in meinen Kopf, ohne mir Zeit für Fragen zu lassen, was als nächstes kommen würde. Ich wollte wissen, warum die Stimme nicht so dröhnte wie jene, mit der mir die anderen beiden Botschaften meines Lebens vermittelt worden wären. Er erwiderte, daß meine Berater nicht mehr zu schreien brauchten, um meine Aufmerksamkeit zu erregen.

Vor dem Zubettgehen ging ich zu Adri in ihr Zimmer und fragte sie, ob sie sich noch unterhalten wollte. Sie wirkte recht müde, tippte aber eine sehr liebe und fürsorgliche Antwort:

Adri: MÖCHTEST DU JETZT REDEN

Sie wußte, daß es für mich ein außergewöhnlicher Tag gewesen war und wollte für mich da sein, wenn ich sie brauchte. Ich entgegnete, ich fühle mich sehr glücklich und harmonisch. Aber wir würden uns morgen weiter unterhalten.

Adri: GUTE NACHT

Kristi: Schlaf gut, mein Liebes.

Dienstag, 3.9.91

Mein Morgenspaziergang begann damit, daß ich über einen Stein stolperte. Das war eine passende Ermahnung, aufmerksam zu bleiben. Botschaften sind dazu da, erkannt zu werden. Ich setzte mich, um zu meditieren, und hoffte wohl ein wenig zu intensiv darauf, telepathischen Kontakt zu Adri und meinen Beratern aufnehmen zu können. Es gelang mir nicht. Noch während ich Geduld lerne, empfinde ich Ungeduld.

Gestern nacht hatte ich einen interessanten Traum.

Am ersten Tag eines Analysis-Kursus, den ich für die Erlangung meines Magister-Examens für wichtig hielt, saß ich nervös an meinem Schreibtisch. Ich hatte mich in keiner Weise vorbereitet und wußte, daß es sehr schwer und vermutlich auch peinlich werden würde, wenn alle mehr wußten als ich. Der Dozent trat mit einem Stück Kreide an die Tafel, zeichnete einen Punkt und fragte:

»Was liegt zwischen diesem Punkt und der Ewigkeit?«

Ich war wie gelähmt. Die Frage überforderte mich derart, daß mir nicht einmal der Ansatz einer Antwort einfiel. Aber während ich zauderte und zitterte, rief der junge Mann neben mir klar, deutlich ohne jedes Zögern die Antwort:

»Ein Augenblick.«

In meinem Schockzustand begriff ich nicht einmal den

Sinn dieser Worte, geschweige denn die Tiefe der dahinterliegenden Vorstellung.

Dann griff der Dozent plötzlich zu einem Blatt Papier und las die Namen derjenigen ab, die seiner Ansicht nach nicht in den Kurs gehörten. Mit unglaublicher Erleichterung hörte ich, daß auch mein Name fiel. Doch dann wurde es fast komisch, weil er meinen Namen gleich viermal nannte – um sicherzugehen, daß ich es auch hörte. Ich stand auf, verließ den Raum, ging ins Büro und stellte dort fest, daß der Analysis-Kurs für meinen Magister gar nicht verlangt wurde. Was für eine Erleichterung.

Ich glaube, daß es in diesem Traum um meinen eigenen Entwicklungsprozeß ging, besonders um mein zunehmendes Gefühl der Verwirrung über das, wozu ich fähig sein soll. Ich erwarte von mir, mit Adri und anderen »telephonieren« zu können und auf das völlig zu vertrauen, was dabei gesagt wird. Ich glaube, ein spontanes telepathisches Genie sein zu müssen. Doch es stellt sich heraus, daß ich zu den höheren Weihen noch nicht zugelassen bin. Dazu bin ich noch nicht befähigt genug.

Auf dem Heimweg begann ich deutlicher zu erkennen, was Adri damit gemeint haben könnte, als sie sagte, wir sollten »liebende Herzen für Gott öffnen«. Ich bin ein Beispiel für das Wirken von Gottes Plan. Durch die Gnade von Gottes Liebe, die in uns allen lebt, ist Adri dazu fähig, mein Herz zu öffnen. Was für ein absolut wundervolles Geschenk: ein Geschenk von Herz zu Herz. Der Intellekt weiß mit einem solchen Geschenk nichts anzufangen. Ich kann Adri nicht analysieren, ihre Gedanken und Worte sezieren, um ihre definitive Bedeutung zu erkunden. Statt dessen habe ich ihre Gedanken und Worte zu fühlen, um deren Bedeutung dann durch mein eignes Streben und Trachten zu erfahren. Mit großer Liebe und Zärtlichkeit hat Adri mein Herz für Gott geöffnet. Dafür ist sie hier.

Meine Aufgabe ist es, ihre Geschichte zu erzählen. Von Anfang an, genau so, wie sie sie mir enthüllt hat. In einem umfassenderen Sinn hat jeder von uns diese Aufgabe: Wenn wir uns öffnen, öffnen wir auch andere. Adri ist nicht nur für mich ein Geschenk. Ich bin nicht ausgewählt worden, um diese Gnade zu erhalten. Mir ist vielmehr die Möglichkeit zuteil geworden, ein Mittler zu sein, durch den diese Lehren vielen bekannt gemacht werden. Ich werde Adris Geschichte erzählen – das Weitere liegt Gott sei Dank nicht in meiner Hand. Ich kann die Menschen nicht dazu bringen, die Geschichte zu glauben. Ich kann die Menschen nicht dazu bringen, sie an sich selbst zu erfahren. Jeder von uns muß selbst entscheiden, ob er die Reise nach innen antritt oder nicht.

Teil III

Ein Kind der Ewigkeit

16.

ICH NUTZE TELEPATHIE FÜR DIE LIEBE

Im Herbst 1991 kehrte unsere Familie nach Boston zurück. Adris neue Lehrerin an der Runkle School empfahl ihr den Einstieg in die dritte Klasse, weil sie sich davon eine leichtere soziale Eingliederung versprach. Für Adri und ihre Klassenkameraden war die Integration ein Arrangement zum gegenseitigen Nutzen.

Adri akzeptierte alle Kinder und verlangte oder erwartete nichts Besonderes von ihnen. Als Folge davon verzichteten sie auf ihre übliche Distanz und Abwehr und zeigten das natürliche Mitgefühl und Verständnis, das sie sonst leicht verbargen. Ihr ganz selbstverständlich liebevolles Verhalten motivierte Adri wiederum dazu, ihr autistisches Verhalten soweit zu beherrschen, daß sie sich gut in die Klasse einfügte. Sie alle brachten ineinander das Beste zum Vorschein.

Im Gegensatz zu manchen Erwachsenen bewerteten die Kinder Adri nicht. Es ist nicht ohne Ironie, daß es ausgerechnet die Lehrerin ihrer regulären Klasse war, die eines Tages zu mir sagte: »Ich verstehe das einfach nicht. Die beliebtesten Mädchen der Klasse haben sie ausnahmslos gern!« Ich glaube nicht, daß sie bewußt grausam war. Aber ihre Überzeugung, Adri sei anders als die anderen Kinder, würde anders denken und fühlen, saß so tief, daß sie schlicht davon ausging, jeder, auch Adris Mutter, müßte sie teilen. Es kam ihr gar nicht in den Sinn, daß mich ihre

Worte kränken oder beleidigen könnten. Im Gegensatz dazu zeigte sich die Lehrerin in Adris Sonderklasse ebenso einfühlsam wie unterstützend und unternahm alles, um die Einstellung ihrer Kollegen zu verändern.

Nachdem sich Adri in der neuen Schule ein bißchen eingewöhnt hatte, fragte ich sie, ob sie bereit wäre, ein bißchen ausführlicher über die Dinge zu sprechen, über die wir uns in den letzten Wochen unterhalten hatten. Sie zeigte sich einverstanden. Und so trafen sich Adri, mein Bruder Jamie, Michael McSheehan, ein Berater und FC-Helfer der Adriana Stiftung, und ich in den folgenden vier Monaten in meinem Büro zu spirituellen Gesprächen.

Wie alle anderen wichtigen Personen in dieser Geschichte stand auch Michael genau zum richtigen Zeitpunkt auf unserer Schwelle. Er ist ein ungemein fähiger FC-Helfer und besitzt ein unglaubliches Talent, als eindeutiges Kommunikationsmedium zu dienen. Schon bald, nachdem Adri mit Michael regelmäßig über FC zu kommunizieren begonnen hatte, verlangte sie, daß er uns die telepathischen Botschaften mitteilte, die er von ihr erhielt. Während er dazu gern bereit war, wollte er doch auch sichergehen, daß ihre Kommunikationen möglichst akkurat blieben. Und so entwickelten sie gemeinsam eine Art telepathischer FC.

Adri liebte die telepathische FC-Methode, weil es die Verständigung sehr erleichterte. Sie tippte den ersten Buchstaben, und wenn Michael das betreffende Wort telepathisch erfaßte, sprach er es laut aus. Hatte er es korrekt verstanden, drückte Adri die Leertaste. Merkwürdigerweise erfaßte Michael mitunter ein Wort zwar telepathisch – so etwa bei dem Begriff Synergie –, wußte aber die Bedeutung nicht, so daß wir unsere Unterhaltung unterbrechen mußten, um es ihm zu erklären. Wenn er ein Wort telepathisch nicht erfaßte oder wenn er es falsch verstand, tippte Adri einfach das ganze Wort aus. Als Resultat davon wurden unsere Gespräche eine faszinierende Mischung aus der üblichen und der telepathischen FC-Methode. Die Teilnahme an diesen Unterhaltungen war für uns alle aufregend und bereichernd. Nicht nur wegen der Themen, sondern weil es eine beeindruckende Erfahrung ist, ein telepathisches Gespräch mitzuerleben. Michael und Adri zeigten uns ein weiteres Beispiel für die ungeheuren Möglichkeiten menschlicher Kommunikation.

Meine eigenen Versuche mit der Telepathie hatten ihre Höhen und Tiefen. Manchmal, besonders in den ersten Monaten nach unserer Rückkehr nach Boston, verlief die telepathische Kommunikation zwischen Adri und mir klar und eindeutig. Doch zu anderen Zeiten war ich mir sehr viel weniger sicher, was ich da empfing. Als Folge davon begann ich jede telepathische Mitteilung anzuzweifeln. Jedesmal wollte ich von Adri Bestätigung und selbst wenn ich die bekam, befriedigte mich das nicht hundertprozentig. Schließlich stand ich mir mit meiner Skepsis selbst im Wege. Aber war mir durchaus bewußt, daß Erfahrung in telepathischer Kommunikation viel Zeit und Übung braucht, ebensoviel wie das Erlernen der FC-Methode, wenn nicht gar mehr.

Dennoch plädiere ich keineswegs dafür, alles sofort blind zu glauben, was man zu hören meint. Unser logischer Verstand ist sehr trickreich und fest entschlossen, das Kommando über uns zu behalten. Manchmal spielt er uns sogar ganz eigentümliche Streiche. So etwas ist mir an einem Nachmittag im September passiert. Ich unternahm allein einen Spaziergang und fand mich plötzlich mitten in einer telepathischen Unterhaltung mit Adri wieder. Als sie endete, sah ich Adri aus dem Haus kommen, mit ihrem Babysitter den Van besteigen und davonfahren. Aber als ich das Haus betrat, saß Adri dort in der Küche und aß etwas.

Eindeutig hatte an meinem telepathischen Bild etwas nicht gestimmt. Adri bestätigte mir, daß wir telepathisch miteinander gesprochen hatten.

»Wenn das stimmt«, wandte ich ein, »warum bist du dann hier und nicht im Auto?«

Adris Antwort war ebenso wahr wie auch eine Warnung vor potentieller Gefahr:

Adri: DU MANIPULIERST MIT DEINEM VERSTAND

Während einer unserer Unterhaltungen bat ich Adri, mehr über Telepathie zu erzählen.

Kristi: Welche psychischen Fähigkeiten hast du, Adri?

Adri: DIE MEISTEN MEINER FÄHIGKEITEN SIND TELEPATHISCH ICH ERFAHRE DIE IDEEN ALLER MENSCHEN ICH KANN DURCH DIE AUGEN DER MENSCHEN SEHEN MEISTENS SCHALTE ICH MICH EIN UM INFORMATIONEN ÜBER DIE WELT ZU ERHALTEN ICH SPRECHE MIT MEINEN BERATERN UM VORAUSWISSEN ZUSAMMENZUFASSEN

Kristi: Nutzt du diese Informationen auf irgendeine Weise?

Adri: JA DURCH REISEN HEILE ICH IN ANDEREN WELTEN ICH NENNE SIE WELTEN WEIL DU NICHTS VON DEN ORTEN BEGREIFST DIE ICH AUFSUCHE

Kristi: Wie funktioniert Telepathie?

Adri: ICH VERWIRKLICHE MEINE TELEPATHIE UND MEINEN INTELLEKT DURCH MEINE BERATER MEINE BERATER SIND GÖTTER DIE MICH MIT ANDEREN WIE ICH IN KONTAKT BRINGEN

Kristi: Kannst du Telepathie definieren, Adri?

Adri: ICH SPRECHE MIT LEUTEN INDEM ICH IHRE ENERGIE ZUSAMMEN MIT MEINER NUTZE

Kristi: Wie ist dir das möglich?

Adri: ICH STRAHLE LICHT AUS UND ANDERE EMPFANGEN ES UM MICH ZU HÖREN

Kristi: Also kann niemand telepathisch mit dir kommunizieren, wenn du nicht dein Licht zu ihm aussendest?

Adri: ICH MUSS ES WOLLEN ODER OFFEN FÜR IHR LICHT SEIN ICH STRAHLE LICHT ZU ANDEREN AUTISTISCHEN MENSCHEN AUS WEIL ICH WEISS DASS VIELE VON IHNEN DEN GLEICHEN RÜCKWEG WIE ICH GEWÄHLT HABEN

Kristi: Kannst du die Gedanken von anderen lesen, auch wenn diese ihr eigenes Licht vielleicht nicht bewußt ausstrahlen?

Adri: MIR GELINGT ES AM BESTEN MIT GEMEINSAMEM LICHT NICHT BEI VERSPERRTEM LICHT

Kristi: Also bezeichnest du Menschen, die sich dieses Zustands nicht bewußt sind, als Menschen mit »versperrtem Licht«?

Adri: MEHR ODER WENIGER

Kristi: Kannst du auch die Gedanken von Menschen mit »versperrtem Licht« lesen, wenn du das willst?

Adri: ICH KANN ICH LESEN DASS DU GEDANKEN HAST DIE DU NICHT SENDEST ZU DENEN ICH ZUGANG HABE GOTT IST VERTRAUTSEIN MIT LIEBE LIEBE IST VERTRAUTHEIT MIT WISSEN WENN LIEBE AUFRICHTIG IST

Kristi: Was meinst du damit?

Adri: ICH MEINE DASS ICH ZUGANG ZU GEDANKEN HABE WENN DIE PERSON IN WAHRHEIT MIT GOTT LEBT

Kristi: Also kannst du Zugang zu den Gedanken liebender Menschen gewinnen?

Adri: JA

Kristi: Aber was ist mit den Menschen, die, in Ermangelung eines besseren Worts, schlecht sind? Bekommst du auch Zugang zu ihnen?

Adri: WENN GOTT IRGENDWO IN IHREN HERZEN LEBT ERHALTE ICH ZUGANG DIESES LICHT KANN SEHR TIEF IN MANCHEN MENSCHEN SEIN

Kristi: Konntest du das schon immer, oder hast du diese Fähigkeit an irgendeinem Punkt deines Lebens erlangt?

Adri: SIE IST SEIT VIELEN JAHREN IN MEINER SEELE IN VERGANGENEN LEBEN IN DIESEM LEBEN

Kristi: Also bist du bewußt und weise geboren worden?

Adri: JA

Kristi: Du hast schon in der Gebärmutter alles mitbekommen?

Adri: JA

Kristi: Du warst dir deines Wegs sehr wohl bewußt?

Adri: JA

Kristi: Kannst du ihre Gedanken nur lesen, wenn sie anwesend sind? Oder kannst du überall und jederzeit Gedanken lesen?

Adri: HEY DARIN BIN ICH GROSSARTIG ICH KANN ES SOGAR IM SCHLAF JEDERZEIT

Kristi: Also bedeuten Entfernungen nichts?

Adri: ABSOLUT NICHTS

Kristi: Kannst du Gedanken überall im Universum lesen?

Adri: JA

Kristi: Kann diese Fähigkeit auch die Zeit überwinden?

Adri: JA

Kristi: Wie funktioniert das mit anderen autistischen Menschen? Sendest du irgendeine Art allgemeines Signal aus und jeder, überall auf der Welt, kann antworten, wenn er will?

Adri: WKA – WIR KINDER DES AUTISMUS KLEINER SCHERZ

Kristi: Ich stellte mir das als riesiges »Funk«-System vor. Du sendest also irgendwie Signale aus? Woher weißt du, wenn jemand darauf reagiert?

Adri: SPÜRE DASS SIE IN MEIN LICHT EINTRETEN EMPFINDE ES ALS BEWUSSTSEIN ICH SPÜRE DAS WISSEN NICHT DIE TÖNE

Kristi: Bekommst du auf diese Weise bestimmte Informationen? Durch das Licht? Erfährst du so etwas wie Namen?

Adri: LICHT FÜR MICH WORTE FÜR ANDERE

Kristi: Du erhältst bestimmte Informationen, ohne Worte zu benutzen?

Adri: ICH GEWINNE ZUGANG DURCH LICHT ANDERE DURCH WORTE

Bevor ich meine nächste Frage äußern konnte, tippte Adri die Antwort: JA

Kristi: Kannst du Licht definieren?

Adri: LICHT SENDET BOTSCHAFTEN IN GOTTES LIEBE

Kristi: Sind Licht, Gott und Energie ein und dasselbe?

Adri: ICH BETRACHTE GOTTES LIEBE ALS DIE BESTE ENERGIE

Kristi: Können Menschen geringere Energieformen als Gottes Liebe nutzen und dennoch telepathisch sein?

Adri: HABE ICH NOCH NICHT ERLEBT

Kristi: Also verfügten diejenigen, mit denen du kommuniziert hast, zumindest über einen gewissen Grad dieses Lichts?

Adri: JA

An einem anderen Tag fragte ich Adri:

Kristi: Ist es möglich, daß jeder telepathische Fähigkeiten besitzt?

Adri: JA TELEPATHISCHE KOMMUNIKATION JEDEM MÖGLICH WENN ER FÜR DIE WAHRE LIEBE OFFEN IST

Bei einer anderen Unterhaltung kam Adri auf dieses Thema zurück.

Adri: AUTISTISCHE MENSCHEN SPRECHEN NICHT GENÜGEND ÜBER TELEPATHIE GEGENÜBER ANDEREN

Kristi: Möchtest du mehr darüber sagen?

Adri: MIR STEHT NICHT ZU ÜBER ANDERE ZU REDEN DIE TELEPATHISCH SIND ABER SIE MÜSSEN SICH ÄUSSERN SIE HABEN EINE GROSSE BEGABUNG MACHEN ABER KEINEN GEBRAUCH VON DIESEM GESCHENK GESCHENK NICHT DEUTLICH FÜR SIE MÜSSEN IHNEN HELFEN MITEINANDER ZU SPRECHEN IHNEN HELFEN ZU SPRECHEN

Kristi: Meinst du damit, daß wir mit ihren Eltern reden müssen, um akzeptable Situationen für telepathische Kommunikation zu schaffen?

Adri: SO ÄHNLICH ICH MÖCHTE DASS ANWENDUNG MENTALER TELEPATHIE IM LEBEN O.K. IST UND KEINE ERSCHRECKENDE SACHE ICH NUTZE TELEPATHIE FÜR DIE LIEBE ABER ANDERE SIND VERWIRRT ICH MÖCHTE JEDEM BEI SEINER TELEPATHIE HELFEN DAMIT DIE WELT WIEDER SCHÖN WIRD ES IST AUCH TELEPATHIE FÜR SCHWEREN SCHULSTOFF

Kristi: Bist du mit diesen telepathischen Fähigkeiten auf die Welt gekommen?

Adri: JA ICH HABE MIR DIESES LEBEN BEWUSST ERWÄHLT DAS WEISST DU

Kristi: Sind wir als Babys alle telepathisch begabt?

Adri: JA KEINE AUTISTISCHE BESONDERHEIT

Kristi: Können autistische Menschen dabei helfen, uns andere zur Telepathie zurückzuführen?

Adri: ICH GLAUBE WIR ALLE HELFEN BITTE HILF ALLEN

Kristi: Hast du zu diesem Thema noch etwas zu sagen?

Adri: JA BLÖDE DASS SO VIELE MENSCHEN MIT LIEBE UND TELEPATHIE HERUMSPIELEN UND ES NICHT ERNST MEINEN

Kristi: Richtet sich das besonders an uns, oder ist es eine allgemeine Feststellung?

Adri: ICH MEINE JEDEN DICH EINGESCHLOSSEN

Immer wieder verwies Adri auf die Wichtigkeit, telepathische Fähigkeiten weiterzuentwickeln, mit unseren Beratern in Kontakt zu treten und mit diesen in Verbindung zu bleiben. Auf diese Anregung hin begann sich eine kleine Gruppe von uns wöchentlich zu treffen, um gemeinsam zu meditieren. Obwohl wir etliche sehr erstaunliche Sitzungen hatten, begann sich die Gruppe bedauerlicherweise aufzuspalten. Einige von uns vertraten die Ansicht, daß jeder von uns als Medium arbeitet. Andere verwiesen darauf, daß das nicht unserer Hauptinteresse sein könnte. Ich war der Meinung, daß wir zwar unsere medialen Fähigkeiten fördern und entwickeln sollten, aber daß niemand zur Übermittlung seiner empfangenen Botschaft gedrängt werden dürfe, wenn er oder sie sich nicht dazu veranlaßt fühlte.

Eines Abends, unter Druck, ließ ich mich als Medium benutzen, obwohl ich das eigentlich gar nicht wollte.

Es war kein angenehmes Erlebnis und die Botschaft nicht von der hohen Qualität, an die ich gewöhnt war. Danach zitterte ich buchstäblich zwanzig Minuten lang am ganzen Körper. Bedauerlicherweise wurde die Verbindungsaufnahme nach dieser Sitzung schwieriger für mich. Aber im Laufe der Jahre, langsam und nicht sehr stetig, habe ich einiges von meinen Fähigkeiten, zu meinen Beratern Kontakt aufzunehmen, wiedererlangt. Aber nichts Lohnendes fliegt einem zu, wie mir Adri immer wieder sagt.

Als ich mehr über Berater und »Geister« zu lesen begann, erinnerte ich mich verwundert an einige Dinge, die Adri mir erzählt hatte. Während sie mir gesagt hatte, daß keineswegs jedermann über ein Netzwerk von Beratern verfügt, las ich nun irgendwo, daß jeder Mensch Berater hat. Ich fragte Adri, ob sie mir diesen Punkt erläutern und vielleicht ein wenig ausführlicher über dieses Thema sprechen könnte.

Adri: JA ICH WEISS DASS MANCHE MENSCHEN NETZWERKE UND BERATER HABEN

Kristi: Jeder oder nur manche?

Adri: JA JEDER SIE SCHEINEN NICHT MITEINANDER IN VERBINDUNG ZU STEHEN

Kristi: Willst du damit sagen, daß die Berater untereinander nicht immer in Verbindung zueinander stehen?

Adri: JA

Kristi: Adri, du hast gesagt, daß ich dasselbe Netzwerk von Beratern habe wie du. Gibt es für mich auch persönliche Berater?

Adri: JA

Kristi: Erfolgt mein Zugang zu unseren Beratern durch dich oder durch mich?

Adri: KONTAKT DURCH INNEREN GOTT

Kristi: Jede von uns findet also durch unser inneres Gott-Ich unabhängig Zugang zu unseren Beratern?

Adri: JA

Kristi: Weshalb kennst du deine Berater? Welche Rolle spielen sie in deinem Leben?

Adri: ICH KANNTE MEINE BERATER BEVOR ICH IN DIESES LEBEN KAM WIR HABEN ZUSAMMEN VATER-MUTTER-KIND GESPIELT

Kristi: Ist das ein Scherz?

Adri: JA

Kristi: Sind manche der Berater vielleicht für alle da, gewissermaßen universelle Berater, während andere persönliche Schutzengel sind, unter Umständen aus unseren früheren Leben?

Adri: ICH HABE BESTIMMTE BERATER DIE MIR DABEI HELFEN GOTTES WISSEN IN DER BIBLIOTHEK ZU NUTZEN

Kristi: Was meinst du mit Gottes Wissen in der »Bibliothek«?

Adri: MEINE BERATER HABEN MICH DARIN UNTERWIESEN INFORMATIONEN ZU NUTZEN WEIL ICH IN DIESEM LEBEN NOCH INFORMATIONEN AN ANDERE WEITERZUGEBEN HABE

Kristi: Welche Art von Informationen? Wo?

Adri: VIELE INFORMATIONEN IN GOTTES BIBLIOTHEK SOLL MENSCHEN HELFEN WIEDER LIEBEN ZU KÖNNEN MEINE ANGENEHME AUFGABE AUF DIESER ERDE BESTEHT DARIN ANDEREN MENSCHEN ZU HELFEN ZUGANG ZU DIESER BIBLIOTHEK ZU FINDEN

Kristi: »Wieder zu lieben«, hast du gesagt. Heißt das, es hat eine Zeit gegeben, in der auf der Welt Liebe herrschte, oder meinst du damit eine andere Existenzform, in der es Liebe gab oder gibt?

Adri: DIESE WELT HAT IHRE LIEBE GEGEN GELD EINGETAUSCHT GELD IST WICHTIGER ALS LIEBE ABER DAS WIRD SICH ÄNDERN DIE MENSCHEN WERDEN LERNEN

Kristi: Hat es eine Zeit gegeben, in der Geld nicht die Welt regierte? Wie ist es zu dem augenblicklichen Zustand gekommen?

Adri: DAS WÜRDE DIESES BUCH ÜBERSTEIGEN

Kristi: Gut. Aber was müssen die Menschen lernen, um sich zu ändern?

Adri: LIEBE

In dieser ersten Zeit forderte ich von Adri häufig »Insider«-Informationen, die Art persönlicher Informationen, von denen ich weiß, daß ich sie selbst herausfinden muß. Was ich wissen muß, werde ich zum geeigneten Zeitpunkt schon erfahren.

Adris großes Geschenk für mich bestand darin, mir die Tür zu öffnen, aber es liegt an mir – und an jedem von uns – sie zu durchschreiten oder nicht. Dennoch versuchte ich immer wieder, mir bei Adri ein paar Extra-Informationen zu holen, ein wenig Rückversicherung, bevor ich über eine Schwelle trat. Aber schließlich begriff ich, daß das nicht funktioniert. Das müssen wir selbst tun.

Adri vertraute mir eine Menge an, wahrscheinlich sehr viel mehr, als sie eigentlich sollte. Manche unserer Unterhaltungen spiegeln ihre Frustration über mein langsames und zögerliches Vorankommen wider und mein ständiges Bedürfnis, sie zu testen. Eines Nachmittags sprachen wir über frühere Leben und Karma. Adri hatte mir bereits sehr viel Interessantes über das Karma erzählt. Aber ich wollte immer noch mehr erfahren. Schließlich fand sie, es sei an der Zeit, mir eine Lehre zu erteilen.

Kristi: Welches Karma muß ich noch abarbeiten? Für welche Dinge muß ich büßen?

Adri: DU STIEHLST NASEN

Ich sah sie an. Ihre Miene war unbewegt, aber ich wußte nicht, was ich mit ihrer Antwort anfangen sollte. Zog sie mich auf, oder war es möglich, daß ich tatsächlich so etwas tat?

Kristi: Ich stehle Nasen? Auf welche Weise?

Da begann sie zu lächeln. Sie hatte gescherzt. Aber in gewissem Sinne war es ihr auch ernst.

Adri: DU WILLST MICH NOCH IMMER AUF DIE PROBE STELLEN

Ich versuchte sie davon zu überzeugen, daß ich sie nicht testen wollte. Aber gegen Ende der Unterhaltung machte Adri eine Bemerkung, die ich nie vergessen werde.

Adri: DU SPIELST DAMIT HERUM

Das stritt ich zwar heftig ab, aber sie hatte zum Teil recht. Es war nie meine Absicht gewesen, mit diesen Dingen »herumzuspielen«, aber sehr viel später erkannte ich, daß echtes spirituelles Erwachen entscheidende Veränderungen des Lebens verlangt. Reichlich selbstgefällig bildete ich mir ein, mit großen Schritten voranzukommen, bis ihre Worte mich auf den Boden der Tatsachen zurückholten. Hier ging es nicht um ein Gesellschaftsspiel.

Aber derartige Wortwechsel lehrten mich noch viele andere Dinge – Dinge über Adri. Sie besitzt sehr viel Humor. Sie kann selbst dem ernstesten Thema eine komische Seite abgewinnen. Eines Abends nach meiner Heimkehr wollte ich von Adri wissen, was sie den ganzen Tag über gemacht hatte. Mit typischer Verschmitztheit erwiderte sie:

Adri: FOLGTE NUR MEINEM KÖRPER ÜBERALL IM RAUM HERUM IM GRUNDE DURCHS GANZE HAUS

Kristi: So kommst du dir also vor?

Adri: JA ABER ICH BEKOMME SCHON MEHR KONTROLLE

Während einer Unterhaltung fragte ich sie auch nach dem Sojabohnen-Geheimnis.

Kristi: Du hast einmal gesagt, daß Soja für seinen Autismus mitverantwortlich ist. Welche Erklärung gibt es dafür?

Adri: SAGE ICH NICHT

Kristi: Das ist nicht fair, Adri. Komm, erzähl's mir.

Adri: SCHLECHTER SCHERZ UND SAG DEN MENSCHEN SELBST GOTT LACHT ABER MOM BEGREIFT IHN NICHT ZU ERNSTHAFT

Sie hat ja so recht. Ich kann sehr ernsthaft sein. Ich bin so ernsthaft, daß ich nicht einmal merke, daß es so ist. Eines Nachmittags las mir Adri die Leviten, als ich auf ihren leichten Ton nicht einging, sondern darauf beharrte, meinen Vorstellungen zu folgen.

Kristi: Kannst du mir etwas über Karma erzählen, Adri?

Adri: LAS BEWEGENDES BUCH ÜBER KARMA IN DER UNIVERSELLEN BIBLIOTHEK DARIN STAND DASS KARMA GÜNSTIG FÜR KÜNFTIGE GEISTER SEIN KANN WENN MENSCHEN STARK GENUG SIND SICH IHRE SCHULD IM JETZIGEN LEBEN ZU STELLEN

Kristi: Was ist daran bewegend?

Adri: ES MACHTE SPASS ZU ABSORBIEREN LIEBE BUCH ÜBER KARMA BEWEGEND

Kristi: Meinst du »bewegend« im Sinn von fühlend?

Adri: JA MEINE ICH ICH MUSS DIR KOMISCHES ÜBER AUTISMUS ERZÄHLEN SONST GLAUBST DU ES WÄRE DAUERND NUR SCHRECKLICH ES IST ANDERS ALS STÄNDIG ALLES ZU KONTROLLIEREN WIE DU DENKST ZU TUN

Kristi: Ist das ein Vergleich?

Adri: JA VERGLEICH ZWISCHEN DEINEM LEBEN UND MEINEM

Kristi: Könntest du Kontrolle ein bißchen erläutern?

Adri: NEIN BELASS ES DABEI SCHALTE MUSIK EIN ICH WERDE DIR TELEPATHISCHE BOTSCHAFTEN SCHICKEN WILL NICHT TIPPEN BIN ÜBERMÜTIGER LAUNE

Kristi: Aber die Grundlagen des Karma, Adri. Wie definierst du Karma?

Adri: GLAUBE DU HAST MICH NICHT VERSTANDEN KEINE ERNSTEN FRAGEN

Kristi: Also gut. Was ist das Komischste am Autistisch-Sein?

Adri: ES BRINGT MICH DAZU BESSER ZUZUHÖREN ALS JEDERMANN SONST MANCHMAL LANGWEILT ES MICH WIRD ALLZU BEKANNT ABER ICH LERNE SEHR VIEL IM LEBEN MEHR SPASS ALS DIE ANTWORTEN AUF DIESE FRAGEN ZU TIPPEN

Kristi: Möchtest du erwachsen sein?

Adri: ES GEFÄLLT MIR WIEDER KIND ZU SEIN STARKE MUSIK (Sie hörte damals Hard Rock im Radio.) WIRD DIESE ZUMUTBARE STRAFE BALD ZUM FRIEDEN FÜHREN? GUT BALD ZU SPRECHEN LASS MICH IN MEINER STILLEN WUT TOBEN! DIESER SONG ENTSPRICHT MIR! WIE LANGE WERDE ICH NICHT SINGEN? WIE LANGE DAUERT ES NOCH BIS ICH SINGE

Kristi: Mit Strafe meinst du deine Unfähigkeit zu sprechen?

Adri: JA

Kristi: Bei deiner Entscheidung, in diesem Leben autistisch zu sein, ging es um Lehren, die du zu erteilen hast. Aber ging es vielleicht auch um eine Karma-Schuld?

Adri: NEIN ABER ES FÜHLT SICH SO AN NICHT WIRKLICH GANZ MEINE ENTSCHEIDUNG KEINE STRAFE MEINE WAHL GUT FÜR MICH EIN BEWEGENDES LEBEN GEWÄHLT ZU HABEN IN DEM ICH LEHREN KANN

Kristi: Mußt du dein ganzes Leben lang autistisch bleiben?

Adri: NICHT FÜR IMMER AUTISTISCH BLEIBEN HOFFENTLICH NICHT NOTWENDIG

Obwohl sich Adri in früheren Unterhaltungen sehr ausführlich über die möglichen Gründe für ihren Autismus geäußert hatte, war mir dieser Punkt noch immer nicht ganz klar. Bei späteren Gesprächen bat ich Adri mehrmals darum, ihren Autismus klarer zu erläutern.

Adri: ICH GLAUBE ICH GANZES KIND ICH GLAUBE DURCH GEBURT NICHTS VERLOREN ZU HABEN MEINE MOM TRUG MICH LIEBEVOLL IN SICH SIE SORGTE FÜR MICH ABER MEIN KÖRPER HAT PROBLEME ICH BESITZE EINEN KÖRPER DER PROBLEME HAT ICH HABE EINEN KÖRPER MIT BESCHÄDIGTEN TEILEN MEIN ENDOKRINES SYSTEM VERSAGTE IN DER GEBÄRMUTTER DURCH MEINE SEELE DURCH MEINE WAHL ICH HABE ENTSCHIEDEN AUTISTISCH ZU SEIN

Kristi: Du hast dich für den Autismus entschieden?

Adri: JA

Kristi: Und du hast den Autismus physisch verursacht, weil du die Nahrungsaufnahme verweigert hast?

Adri: NEIN ZUNÄCHST HABE ICH MIT GOTT ÜBER MEINE RÜCKKEHR GESPROCHEN

Kristi: Rückkehr zur Erde oder zu Gott?

Adri: ERDE

Kristi: War das vor oder nach der Zeugung?

Adri: DAVOR

Kristi: Gott und du, ihr habt beschlossen, daß du in einem autistischen Körper leben sollst?

Adri: JA

Kristi: Und durch die Nahrungsverweigerung hast du deinen Autismus ausgelöst?

Adri: JA

Kristi: Das Nicht-Essen beeinträchtigte die Entwicklung deines endokrinen Systems?

Adri: JA

Kristi: Irgendwann sagtest du, daß dir Jesus im Traum erschienen ist und dir erklärt hat, du seist am richtigen Ort. Was hatte dieser Traum zu bedeuten?

Adri: DIESER TRAUM ERINNERTE MICH DARAN DASS DU GEBILDET BIST DU ERINNERTEST MICH AUCH DASS DU GEBILDET BIST

Kristi: Ich bin in diesem Traum auch vorgekommen?

Adri: NEIN

Kristi: Warum hast du dann gesagt, ich hätte dich auch erinnert?

Adri: WEIL UNS VON GOTT ERHÖRTE GEBETE ZUSAMMENBRINGEN

Kristi: Gab es für dich eine Zeit im Uterus oder als ganz kleines Baby, zu der du dich nicht an den Plan erinnertest, autistisch zu sein?

Adri: ICH ERINNERTE MICH ABER GOTT ERMAHNTE MICH IN EINEM TRAUM

Kristi: Du hast dich erinnert, aber als Fötus war die Erfahrung so überwältigend, daß du Beruhigung, Tröstung brauchtest?

Adri: JA

Kristi: Mit »gebildet« meinst du erleuchtet? Oder meinst du damit bei unterschiedlichen Gelegenheiten verschiedene Dinge?

Adri: VERSCHIEDENE DINGE BEI UNTERSCHIEDLICHEN GELEGENHEITEN

Kristi: Aber in diesem Fall meinst du erleuchtet?

Adri: DIESMAL MEINE ICH FÜR GOTTES HILFE OFFEN SEIN PAUSE BITTE

Nach der Pause versuchte ich es erneut.

Kristi: Hier ergibt sich ein gewisser Widerspruch. Zumindest für mich. Du hast gesagt, das Nicht-Essen hätte den Autismus verursacht. Aber dann hast du wiederum gesagt, du hättest zu essen aufgehört, weil du am falschen Ort warst und dich töten wolltest ...

Adri: DURCHEINANDER ICH BIN JETZT VERWIRRT ICH BIN VERWIRRT DARÜBER DASS DAS WIDERSPRÜCHLICH SEIN SOLL

Kristi: Hast du zu essen aufgehört, um dich zu töten oder um autistisch zu werden?

Adri: BEIDES ICH HÖRTE MIT DEM ESSEN AUF WEIL ICH ANNAHM AM FALSCHEN ORT ZU SEIN

Kristi: Die Nahrungsverweigerung hätte also in beiden Fällen gewirkt? Wenn du am falschen Ort gewesen wärst, hätte sie dich getötet? Aber am richtigen Ort hätte sie – wie geplant – deinen Autismus verursacht?

Adri: ICH MÖCHTE SPIELEN

Für diesen Tag hörten wir auf. Aber bei diesem Thema war ich unnachgiebig, und so probierte ich es einige Zeit später erneut.

Kristi: Noch immer weiß ich nicht ganz genau, wie sich dein Autismus entwickelt hat. Mir ist bewußt, wie schwierig es ist, komplizierte Sachverhalte mit Hilfe von FC zu erklären, aber hast du zu diesem Thema vielleicht doch noch irgend etwas zu sagen?

Adri: DAZU HABE ICH VIEL ZU SAGEN! ICH

HABE MICH WEGEN MEINER SEELE ZUM AUTISMUS ENTSCHIEDEN MEIN KÖRPER MUSSTE DURCH EIN PROBLEM AUTISTISCH WERDEN DAS PROBLEM LAG IN MEINEM ENDOKRINEN SYSTEM EIGENTLICH IN MEINEM ENERGIESYSTEM ABER DAFÜR HABEN WIR NOCH KEINE WORTE

17.

Toten-Therapie

Während unseres letzten Besuchs bei Tom und Mary in New Hampshire hatte mir Adri eine »Toten-Therapie« vorgeschlagen, die wir für gewöhnlich – weit sachlicher, aber auch weit weniger originell – Vorleben-Regressions-Therapie nennen. Es erwies sich als sehr guter Rat. Die Toten-Therapie ist eine Methode, in das eigene Gedächtnis einzudringen. Durch *Facilitated Communication* erkennen wir, daß das Problem des Autismus nicht darin besteht, nichts zu sagen zu haben, sondern in den fehlenden Mitteln, es auszudrücken. Ähnliches trifft auch auf unsere früheren Leben zu. Alle Ereignisse aus unseren Vorleben existieren in uns weiter. Unser Problem besteht nur darin, ein Mittel zu finden, das uns den Zugang ermöglicht.

Aber selbstverständlich ist es nicht ganz so einfach. Keiner von uns weiß wirklich, wozu er da eigentlich Zugang gewinnt. Vielleicht dringen wir mitunter tatsächlich in unsere eigene Vergangenheit ein. Aber bei anderen Gelegenheiten erhalten wir vielleicht Zugang zu einer Art kollektivem Gedächtnis. Um die Dinge weiter zu komplizieren: Kürzlich habe ich erfahren, daß wir in der Annahme, Zugang zu unserem eigenen Vorleben zu gewinnen, in Wahrheit in die früheren Leben unserer Vorfahren eindringen können.

Und dann gibt es da natürlich noch die Frage, was »Vergangenheit« eigentlich ist. Zeit ist eine Funktion unserer dreidimensionalen Welt. Adri hat es mir, recht aufgebracht, so erklärt:

Adri: MOM DU WEISST DIE MEISTEN LEBEN EREIGNEN SICH GLEICHZEITIG GLEICHZEITIG IST SCHWER VORSTELLBAR SIMULTANEITÄT VON ZEIT IST DAS WOVON ICH SPRECHE WAS ICH MEINE

Doch soweit es mich betrifft, ist es ziemlich irrelevant, ob man glaubt, Zugang zum eigenen Vorleben zu gewinnen, zu dem eines Vorfahren, zu einer archetypischen Erinnerung oder zur eigenen Phantasie. Der springende Punkt der Toten-Therapie und der einzige Grund, sich ihr zu unterziehen, ist die Weiterentwicklung und Heilung. Es gibt Menschen, die sehr intensiv in frühere Leben eindringen, die historisch nachprüfbare Ereignisse und Umgebungen detailgetreu beschreiben können. Aber für mich und viele andere gewährt die Toten-Therapie Einblicke in das, was wir immer gewesen sind, sowie Mosaiksteine des größeren Musters, in dem wir eine Rolle gespielt haben. Wenn wir uns auf diese Einblicke konzentrieren und sie nicht als Phantasie abtun, beginnt sich eine Geschichte oder ein Thema zu entwickeln. Wenn man der Spur lange genug folgt, führen sie unvermeidlich zu Erkenntnissen.

Es gibt stets einen Grund, sich aus Heilungsgründen an eine bestimmte vergangene Lebenszeit zu erinnern. Und wenn man zu erkennen beginnt, daß einige Probleme dieses Lebens mehr mit dem Ballast der Vergangenheit als dem der Gegenwart zu tun haben könnten, oder mit fest verwurzelten Gewohnheiten und Verhaltensmustern, kann das die Perspektive eines Menschen dramatisch verändern. Ziel der Toten-Therapie ist es, jedes Problem zu identifizieren und angemessen zu bewältigen, um uns von seinem Einfluß zu befreien – nicht nur für dieses Leben, sondern auch für kommende.

Im Herbst 1991 begann ich auf spirituellem und psychotherapeutischem Gebiet mit Robin Casarjian zusammenzuarbeiten, einer Freundin von Joan. Obwohl wir nicht darauf aus waren, es mit der Toten-Therapie zu versuchen, ist es doch mitunter dazu gekommen. Ich hatte Einblicke in etliche frühere Leben, in denen ich nicht in der Lage war, meine Meinung zu sagen oder meinen Platz in der Welt zu beanspruchen und behaupten. Aus Furcht, Feigheit und einem falschverstandenen Harmoniebedürfnis heraus fügte ich mich. Es wurde mir bewußt, daß diese Leben einen tiefen Bezug zu meinem jetzigen Leben hatten, daß ich lernen muß, mein wahres Ich zu leben, um mich nicht, wie Adri es ausdrückte, von Menschen »unterbuttern« zu lassen.

Besonders eine Sitzung ist mir im Gedächtnis geblieben, die sehr interessant, aber auch so befremdend war, daß ich die Erinnerung daran lange Zeit verdrängte. An diesem Tag lag ich wie üblich auf einer Matte auf dem Boden, während Robin neben mir saß, um mich durch die Sitzung zu geleiten und zu notieren, was ich sagte. Robin begann mit einer Vergegenwärtigung bei meinen Füßen und forderte mich bei bei jedem von ihr genannten Körperteil auf, mich zu entspannen. Als sie zu meinem Herzen kam, begann plötzlich mein rechtes Ohr zu jucken, und obwohl ich üblicherweise derlei Dinge ignorieren kann, war das Jucken diesmal so heftig, daß ich mich sofort kratzen mußte. Eine knappe Minute später, als sie wieder zu sprechen begann, begann dasselbe Ohr sehr warm zu werden und schmerzhaft zu puckern. Da ich Robin nicht unterbrechen wollte und annahm, es würde schon wieder vergehen, verhielt ich mich still und versuchte, die Empfindungen ebenso zu ignorieren wie das Gefühl für das, was da vor sich ging. Ich konnte nicht erkennen, was es bringen sollte, dieses bestimmte Ereignis zu erforschen. Aber als Robin zu meinem Schädel kam, war das Ohr so heiß und schmerzte derart, daß ich über die Bilder sprechen mußte, die ich sah – wenn ich vor den möglichen Lehren daraus nicht davonlaufen wollte.

Ich sei ein Soldat, erzählte ich Robin, zur Zeit Christi, wie es schien. Wir befanden uns im Garten Gethsemane und Petrus hatte mir gerade mit einem scharfen Gegenstand das Ohr abgeschlagen. Während ich sprach, empfand ich die extremen Ängste des Soldaten. Er hatte sich von den Lehren Jesu angezogen gefühlt, verspürte aber Furcht, denn er wußte, wenn man ihn beim Zuhören ertappte, befände er sich in Todesgefahr. Er entschloß sich, der Menge zu folgen und seine warnende innere Stimme zu ignorieren. Als ihm Petrus das Ohr abschlug, war er schockiert, schockiert darüber, daß jemand den Mut und tiefen Glauben besaß, einen Menschen wie ihn anzugreifen, einen Vertreter der Staatsmacht.

Auch wenn ich nicht genau nachempfand, was dann geschah, wußte ich doch, daß der Soldat wegen seiner Ohrwunde davon befreit würde, an der Kreuzigung teilzunehmen. Ich spürte auch, daß der Soldat zunächst Wut auf Petrus empfand, sich sein Zorn aber irgendwann in tiefe Scham verwandelte. Ich bin mir nicht sicher, was der Soldat zum aktuellen Zeitpunkt glaubte. Aber in dieser »Wiederholung« begriff ich, welchen großen Gefallen Petrus dem Soldaten damit erwiesen hatte, daß er ihm das Ohr abhieb und so davor bewahrte, an dem Kommenden teilnehmen zu müssen. Ich spürte, daß der Soldat von nun an seine Überzeugungen in Frage stellte. Schließlich begann er an die Lehren Jesu zu glauben, auch wenn er keine grundlegende Bewußtseinsveränderung durchlief.

Als ich die Gefühle des Soldaten nachempfand, spürte ich zur gleichen Zeit auch meine eigenen Gefühle von Scham und Selbstverachtung. Es kam mir so vor, als hätte ich sehr viel Zeit damit zugebracht, für meine Unfähigkeit zu büßen, meiner Wahrheit zu folgen. Und ich spürte die Bedeutung dieser Botschaft für mein jetziges Leben. Ich erkannte, daß ich mich an einem Kreuzweg befinde. Wieder einmal wird mir die Möglichkeit geboten, auf die Wahrheit zu hören und für meine Überzeugungen einzustehen. Ich kann diese Möglichkeit ergreifen oder mich ducken und verstecken.

Als ich dort lag und mich diesen Gefühlen und Gedanken hingab, spürte ich plötzlich Adri um mich. Dann sah ich sie direkt vor mir. Sie blickte mich an, und ich sah in ihren Augen reine Wahrheit und tiefes Mitgefühl. Zur gleichen Zeit spürte ich, daß eine heilende Energie von ihr ausging und mein Ohr umhüllte.

Mit einem Gefühl tiefer Dankbarkeit erwachte ich aus der Meditation. Doch merkwürdigerweise fühlte sich mein Ohr noch immer heiß an. Ich wies Robin darauf hin, und sie erklärte, es wäre hochrot. Dann berührte sie es und sagte, es fühle sich heiß an. Auch wenn ich Hochachtung vor dieser machtvollen, greifbaren Botschaft von Liebe, Verzeihen, Mut und Demut empfand, konnte ich meine Erlebnisse andererseits kaum glauben. Und obwohl ich die starke Empfindung hatte, in dem Petrus des damaligen Lebens meinen Bruder Jamie aus diesem Leben wiedererkannt zu haben, überstieg das Ganze all meine bisherigen Erfahrungen. Ich dachte lange darüber nach, und die Gefühle und Empfindungen hallten lange in mir wider, aber ich wagte es erst sehr viel später, davon zu berichten.

Adri hat von einigen sehr merkwürdigen Erlebnissen aus ihren früheren Leben gesprochen. Ich bat sie, ein bißchen mehr über den »Fluch« der Kleopatra und die Konsequenzen zu erzählen, die er möglicherweise für ihr jetziges Leben haben könnte.

Kristi: Kannst du bestätigen, daß du verflucht worden bist, Adri?

Adri: JA

Kristi: Was ist ein Fluch?

Adri: ETWAS WAS MAN NICHT SIEHT

Kristi: Kannst du einen Fluch erklären?

Adri: ZU SCHRECKLICH UM DARÜBER ZU SPRECHEN

Wir sprachen nicht mehr darüber – damals nicht. Aber ein paar Monate später wollte ich wissen, ob sie noch etwas hinzuzufügen hätte.

Kristi: Als ich dich erstmals fragte, warum du mit einem Fluch belegt worden bist, sagtest du: »Weil ich weg bin.« Was hast du damit gemeint?

Adri: ICH WAR VON KLEOPATRA VERFLUCHT WIE ICH SCHON SAGTE ABER DAS VERDAMMTE DING SAGTE NICHT WAS ICH WOLLTE

Kristi: Meinst du damit, daß du dich damals nicht so gut ausdrücken konntest, wie du es wolltest?

Adri: RICHTIG

Kristi: Möchtest du es jetzt näher erklären?

Adri: ICH BIN VERFLUCHT WEIL ICH FÜR SO VIELE DINGE VERANTWORTLICH BIN! VIELE DINGE DIE NUR SPIRITUELL RESONANTE TUN SOLLTEN ICH SPIRITUELL DAHER BILDE ICH ANDERE SPIRITUELL DAFÜR HAT MICH KLEOPATRA VERTRIEBEN

Kristi: Sie hat dich verflucht, als sie dich vertrieb?

Adri: JA

Kristi: Und seit dieser Zeit trägst du diesen Fluch mit dir herum?

Adri: JA

Kristi: Und was waren die Auswirkungen dieses Fluchs?

Adri: JETZT NICHT

Adris Bemerkungen über ihr früheres Leben als Jünger Johannes waren für mich so unbegreiflich, daß ich einige Zeit lang sogar Angst hatte, mich näher danach zu erkundigen. Aber im Interesse der Wahrheit, Aufrichtigkeit und Offenheit nahm ich im Oktober 1992 meinen Mut zusammen und fragte sie danach.

Kristi: Was hast du damit gemeint, als du sagtest, du wärst »nicht menschlich«, Adri?

Adri: ICH NICHT MENSCHLICH ICH LEBE NICHT IN DIESER WELT HATTE KEINE FREUDE AM LEBEN IN DIESER ZEIT

Kristi: Du hast ja auch ein sehr schweres Leben. Was wolltest du damit sagen, daß du den Becher mit Blut genommen hast, weil du Jesu Jünger Johannes warst, Adri? Hast du das methaphorisch gemeint, ist es eine Erinnerung aus dem kollektiven Unterbewußtsein oder willst du wirklich sagen, daß du ein Jünger gewesen bist?

Adri: NICHT LEICHT ZU ERKLÄREN

Ein paar Monate später versuchte ich es erneut.

Kristi: Adri, deine Bemerkung, du hättest als Jünger Johannes den Becher mit Blut genommen, ist mir sehr schwer verständlich. Es will mir so vorkommen, als würdest du dich damit auf die Kommunion beziehen: der Leib und das Blut Christi. Aber was meinst du tatsächlich?

Adri: WIRKLICH WICHTIG

Kristi: Kannst du vielleicht etwas deutlicher werden?

Adri: IN DIESEM BUCH GEHT ES UM WAHRHEIT ALSO MÜSSEN MENSCHEN WISSEN DASS ICH GLAUBE ICH WAR JOHANNES DER JÜNGER DER JÜNGER DEN ES VERDROSS DASS DEN ANDEREN VERTRAUEN ZU JESUS FEHLTE ICH JOHANNES SAGTE JESUS ICH WÜRDE WIEDERKOMMEN UM VERTRAUEN IN JESU WELT AUFZUBAUEN ICH SAGE MENSCHEN DIESE UN-

HEIMLICHE WAHRHEIT WEIL ICH DURCH WAHRHEIT ZU GOTT FÜHRE

Kristi: »Ich glaube, ich war Johannes der Jünger«, hast du gesagt. Adri. Warum sagst du »ich glaube«?

Adri: ICH SAGE DAS NUR SO UM MENSCHEN LEID ZU ERSPAREN

Kristi: Warum sollte das den Menschen Leid ersparen?

Adri: ICH SAGTE ES SO WEIL MENSCHEN DIE VOLLER LEID LESEN ICH WAR JOHANNES NACH WEGEN SUCHEN WÜRDEN IHRE ÜBERZEUGUNGEN NICHT ÄNDERN ZU MÜSSEN

Kristi: Du formulierst es also so, um den Menschen Zeit zu geben, eine Ruhepause, sozusagen?

Adri: JA

Vermutlich sprach sie von Menschen wie mir. Trotz ihrer Worte, trotz ihrer Wahrheiten hatte ich noch immer meine Zweifel – obwohl mir auch Tom erzählt hatte, sie sei ein Jünger gewesen. Erst kürzlich hatte mir ein anderes namhaftes Medium, das nichts über Adri wußte, gesagt, sie sei ein Lehrer gewesen und hinzugefügt, sie sei »mit einem der größten Lehrer vertraut gewesen, der je auf Erden gelebt hat«.

Fast alle Lektionen, die ich durch Meditationen und Träume lernte, waren positiv. Ich fühlte – und fühle mich noch immer – sehr geliebt und beschützt, wenn ich mich in diese neuen und anderen Lebensräume wage. Aber eines Nachts, nachdem ich bereits sehr unruhig zu Bett gegangen war, hatte ich eine Begegnung mit etwas, das Adri dunkle Mächte nennen würde. Um Punkt halb drei Uhr morgens schreckte ich hoch.

Während ich schlief, aber nicht bewußt träumte, kam plötzlich ein Mann in meinen Kopf *gelaufen.* Er war klein, stämmig, mit kurzgeschnittenen, ergrauten braunen Haaren. Ich zwang mich zum Wachwerden, verdrängte ihn aus meinem Bewußtsein und schlief wieder ein. Doch fast sofort tauchte er erneut auf, und wieder weckte ich mich. Der Mann verursachte in mir keine besonders angenehmen Gefühle, aber auch keine beängstigenden. Wenn es ihm gelang, in meinen Kopf einzudringen, würde er schon in Ordnung sein, dachte ich und schlief wieder ein.

Wenige Minuten später hörte ich ein Telephon klingeln und das Wort »telephonieren« zuckte mir durch den Kopf. Als ich erwachte, kam mir der Gedanke, daß das Ganze vielleicht mit Bens Versuchen zu tun haben könnte, während seiner üblichen Meditation um halb drei nachts mit mir zu »telephonieren«. Ich versuchte zu meditieren, konnte mich aber nicht konzentrieren und schlief schließlich ein. Fast unverzüglich tauchte der Mann wieder auf.

In meinem Traumzustand wußte ich, daß Rodrigo in Nebenzimmer las. Ich beschloß, zu ihm zu gehen. Als ich den Korridor betrat, verwandelte er sich plötzlich in ein furchteinflößendes Labyrinth. Ich bemühte mich, einen Ausweg zu finden, als mich der Mann in meinem Kopf plötzlich aus dem Labyrinth zerrte und in meinem Schlafzimmer herumzuwirbeln begann. Während ich an meinen Tapeten, meinen Gardinen und dem Bett vorbeiwirbelte, wußte ich sehr genau, wo ich mich befand und was mit mir geschah. Aber ich fand keine Möglichkeit, mein Tempo zu verlangsamen oder den Mann zum Anhalten zu bewegen. Endlich, nach sehr langer Zeit, wie mir schien, wachte ich auf. Zunächst war ich sehr erschreckt über meine Erlebnisse. Aber als ich gründlicher darüber nachdachte, erkannte ich, daß eigentlich gar nichts Erschreckendes daran war. Ich hatte so etwas einfach nur noch nicht erlebt. Ich beschloß, daß ich einfach nur für den Rest der Nacht wachbleiben mußte.

Das alles mag sich vielleicht reichlich bizarr anhören, aber viele Menschen, die sich auf der spirituellen Suche befinden, begegnen an irgendeinem Punkt auch negativen Gefühlen, Wesen, Mächten – wie man sie auch nennen mag. Ich war jedenfalls sehr erleichtert, daß zumindest in meinen Fall dieser Bursche mehr ein Ärgernis, eine Plage, als eine wirklich böse Kraft gewesen zu sein schien.

Morgens sprach ich mit Adri darüber.

Kristi: Kennst du den Mann, der in meinen Kopf eingedrungen ist, Adri?

Adri: JA

Kristi: Gehört er zu den dunklen Mächten?

Adri: JA DU NOCH NICHT GEBILDET GENUG DAFÜR

Kristi: Wie konnte der Mann in mich eindringen?

Adri: WEIL DU ES IHM GESTATTET HAST

Kristi: Meinst du damit, daß ich anfällig war und über zu wenige Energien verfügte?

Adri: JA.

Kristi: Kennst du seinen Namen?

Adri: JA SERAC

Ich nehme an, er war für uns beide sehr real.

Kristi: Ich wußte nicht, was ich machen sollte. Was hätte ich tun können?

Adri: DU MUSST SERAC BITTEN DICH ZU MOHAMMED ZU BRINGEN

Kristi: Würde er mich denn zu Mohammed bringen?

Adri: JA

Kristi: Und Mohammed würde dafür sorgen, daß es aufhört?

Adri: JA

Kristi: Könnte ich noch etwas tun?

Adri: JA BITTE GOTT DARUM DICH ZU BESCHÜTZEN

Kristi: Ist Serac inzwischen fort?

Adri: JA

Auch aus meinen Meditationen wurde mir in dieser Frage Hilfe zuteil. Mohammed zufolge wird man in gewissem Sinne sehr auffällig, sobald die eigenen Energien zuzunehmen beginnen. Normalerweise stellt das kein Problem dar, da bei einem Anstieg der Energien auch die Schutzfunktionen des Lichts zunehmen. Mitunter kommt es jedoch nach einem Energieanstieg zu einem plötzlichen Abfall. Dadurch entsteht eine Lücke, und man kann negativen Kräften begegnen.

Meine Folgerung aus dem Erlebnis bestand in der Erkenntnis, daß ich Serac auch durch meine eigenen Energien wieder hätte loswerden können, wenn ich ihn direkt angesprochen hätte. Aber ich hätte ihn auch auffordern können, mich zu Mohammed zu bringen. Das hätte er getan, weil *alle* Kräfte vom Licht angezogen werden. Und trotz meiner Verängstigung erkannte ich, daß auch diese Erfahrung, wie alle anderen, die ich hatte, nur meiner Bereicherung diente, meiner Weiterentwicklung.

In den ersten Wochen des Herbstes erzählte mir Joan von Esalen an der Küste von Big Sur in Kalifornien. Esalen ist schon seit langem ein Zufluchtsort für alle, die sich für spirituelle Bewußtseinserweiterung interessieren. Zusammen mit ihrem Mann Miron wollte sie im Oktober 1991 dort ein einwöchiges Seminar abhalten. Ich lud meine Schwester Jan ein, mit mir zusammen daran teilzunehmen.

Es war ein wundervoll, Jans Heilung miterleben zu können. Diese Woche war aber auch deshalb bemerkenswert, weil dies die erste Gruppe war, der ich Adris Geschichte schilderte. Am Abend vor meiner kleinen Rede war ich sehr nervös und blieb lange wach, um anhand meiner hundert Seiten von Notizen zu entscheiden, wieviel ich preisgeben sollte. Am nächsten Morgen stand ich früh auf und setzte meine Vorbereitungen während der Eröffnung des Seminars fort. Kurz bevor ich den Saal verlassen wollte, beschloß ich, mich für einige Minuten ganz ruhig hinzusetzen und zu versuchen, mich durch Meditation zu beruhigen. In diesen Minuten erhielt ich eine wundervolle, zeitlose Botschaft, die ich nie vergessen werde: *Warum sorgst du dich so? Weißt du denn nicht, daß dies eine sehr alte Geschichte ist? Eine, die schon tausendmal auf hundertfache Weise Millionen von Menschen erzählt wurde? Du erzählst sie einfach noch einmal.*

Gestärkt durch diese Worte, schilderte ich den Seminarteilnehmern Adris Geschichte. Ich redete länger als zwei Stunden, und alle hörten aufmerksam zu. Schließlich war die Zeit um, und ich mußte aufhören. Zu diesem Zeitpunkt sprach ich gerade von meinen Spaziergängen und Meditationen sowie davon, wie stark ich die Kräfte in der Natur und in uns empfand.

Bevor noch jemand aufstehen konnte, um die Glieder zu strecken, frischte der Wind, von dem bislang nichts zu merken gewesen war, ungeheuer auf, heulte ums Haus und zerrte an den Fenstern. Auch das Meer begann, unruhig zu werden, und Wellen schlugen krachend gegen die Felsen unter uns. Innerhalb von Sekunden wurde der strahlend blaue Himmel dunkel und bedrohlich. Ohne nachzudenken wiederholte ich das, was ich gerade gesagt hatte: daß wir alle die immense Kraft der ungebändigten Natur in uns haben. Schweigend saßen wir beisammen, überwältigt und eingeschüchtert durch die Demonstration der Natur – die Bestätigung einer alten Geschichte, die neu erzählt wurde.

Auch wenn Adri für gewöhnlich nicht mit ihren Fähigkeiten »spielt«, hat sie uns doch gelegentlich gezeigt, daß sie nicht nur telepathisch, sondern auch telekinetisch begabt ist. Eines Nachmittags, nachdem wir gerade eine FC-Unterhaltung beendet hatten, ging Rodrigo mit Adri ins Bad, um ihr beim Duschen behilflich zu sein.

Ich war gerade dabei, den Canon wegzulegen, da ich Adris Druckstreifen später in mein Tagebuch kleben wollte, als Brie ins Zimmer kam und mich fragte, ob sie auf Adris Computer ihren Namen drucken dürfe. Natürlich erlaubte ich es ihr und sah dann über ihre Schulter hinweg zu, wie sie »BRIE« tippte. Dann verließ sie das Zimmer wieder, und ich ging zu Adri ins Bad.

Wenige Minuten später kehrte ich zurück, um den Druckstreifen zu holen und den Canon fortzulegen. Aber als ich den Druckstreifen abreißen wollte, warf ich einen Blick darauf und erstarrte. Die letzte, die auf dem Computer geschrieben hatte, war Brie gewesen, und ich hatte ihr zugesehen, wie sie ihren Namen tippte und dann den Raum verließ. Aber nun sah ich, daß hinter dem Namen »BRIE« die Worte »DU TESTEST MICH« standen.

Wie konnten diese Worte auf das Band gekommen sein? Es waren Adris Worte. Ich war fassungslos. Hatte ich mich geirrt? Hatte Adri nach Brie getippt? Aber das war nicht möglich, denn sie befand sich noch immer im Bad. Ich untersuchte den Druckstreifen mehrmals, drehte ihn um und versuchte verzweifelt, mir das Unwahrscheinliche zu erklären. Da standen Adris frühere Antworten, Bries Name und dann diese neuen Worte. Es war auch nicht möglich, daß Brie noch einmal hereingekommen war und getippt hatte, denn das einzige Wort, das Brie buchstabieren konnte, war ihr Name. Und auch sonst hatte niemand das Zimmer betreten.

Es gab nur eine Möglichkeit: Adri mußte diese Worte irgendwie getippt haben, ohne physisch daran beteiligt gewesen zu sein. Aber das war eine zu unvorstellbare Erklärung. Ich beschloß, eine Weile darüber zu grübeln, bevor ich Adri befragte. Am nächsten Tag erzählte ich ihr, daß etwas Merkwürdiges passiert sei und schilderte das unerklärliche Auftauchen der Worte.

Kristi: Adri, weißt du, wie diese Worte dorthin gekommen sind? Hast du sie getippt?

Adri: NEIN

Kristi: Bist du aber dennoch irgendwie dafür verantwortlich?

Adri: JA NICHT GETIPPT

Kristi: Wer hat sie getippt?

Adri: NIEMAND

Kristi: Hast du sie »getippt«, ohne deine Finger zu benutzen?

Adri: JA

Kristi: Kannst du aus der Entfernung Gegenstände bewegen und Dinge bewirken, Adri?

Adri: JA

Kristi: Würdest du mir das einmal zeigen?

Adri: NEIN

Sie lächelte. Ihre Demonstration hatte mich überrascht, ihre Weigerung, das zu wiederholen, überraschte mich eigentlich nicht. Adri nimmt ihre Aufgabe und ihre Rolle in dieser Welt sehr ernst. Soweit ich es verstehe, sind diese Fähigkeiten nicht dazu da, daß man mit ihnen herumscherzt. Sie sind Instrumente des Heilens. Adri hatte die Regeln bereits ein bißchen erweitert.

Ein paar Wochen später kam es zu einem ähnlichen Phänomen. Wir waren in ihrem Zimmer, ich saß auf dem Bett, Adri auf meinem Schoß. Adri liebt Radiomusik, und zu diesem Zeitpunkt waren zwei Geräte eingeschaltet: zwei Sender, die unterschiedliche Musik spielten. Es war nervenzerfetzend. Ohne sie zu fragen, streckte ich die Hand aus und schaltete eines der Radios ab.

Wenige Sekunden später dröhnte das Radio wieder. Ich

dachte schon, ich spinne. Ich beugte mich vor und betrachtete das Radio. Der Schalter befand sich wieder in der »An«-Position. Das alles hatte in weniger als einer Minute stattgefunden, und ich war die ganze Zeit im Raum gewesen, mit Adri auf meinem Schoß.

»Adri«, fragte ich verdutzt, »hast du das Radio eingeschaltet, ohne es zu berühren?« Sie lachte nur.

Mein Bruder Jamie erlebte zwei ganz ähnliche Zwischenfälle. Nachdem er mit Adri gespielt hatte, ging er mit einer elektrischen Schreibmaschine, die natürlich nicht angeschlossen war, ins obere Stockwerk. Plötzlich setzte sich die Maschine in Betrieb. Die Walze bewegte sich auf der eingespannten Seite ein paarmal hin und her und blieb dann stehen.

Bei einer anderen Gelegenheit und wieder, nachdem er mit Adri herumgebalgt hatte, fand Jamie in seinem Zimmer ihren Walkie-talkie auf dem Boden vor. Obwohl Adri in ihrem eigenen Zimmer im Bett lag, setzte sich der Zeiger langsam in Bewegung. Niemand hatte an der Schnur gezogen. Niemand war auch nur in der Nähe des Spielzeuges. Der Zeiger drehte sich zweimal und blieb dann stehen. Adris kleiner Streich.

Heute kann ich gelassen von diesen Vorfällen berichten, aber seinerzeit befand ich mich in einem akuten Erregungszustand. Mehr als einmal dachte ich, den Verstand verloren zu haben.

Eine große Hilfe waren mir die Freunde, die in meinem Leben auftauchten. Zunächst einmal Joan, die ich eine Woche vor dem Zeitpunkt kennenlernte, an dem Adri ihre Geschichte zu erzählen begann. Seither ist sie stets für mich dagewesen. Dann machte ich die Bekanntschaft von Ben und Felice, deren Interesse und Zuneigung Adri und mir ein Refugium boten, in dem wir lernen und wachsen konnten. Durch Joan lernte ich Robin kennen, deren therapeutische Arbeit mit mir wahrhaft transformativ wirkte. Und dann war da mein Bruder Jamie.

Kurz nachdem Jamie begonnen hatte, oft mit Adri zusammenzusein, erzählte sie mir, daß Jamie dringend mit seinen Beratern in Verbindung treten müsse. Sie würden auf seine Kontaktaufnahme warten. Ich bemühte mich zwar immer wieder, darüber mit ihm zu sprechen, aber irgendwie war er immer zu beschäftigt. Inzwischen glaube ich, daß er mir auswich. Schließlich lud ich ihn am 1. November, seinem 26. Geburtstag, zum Abendessen in ein Restaurant ein und nahm mein Tagebuch mit Adris Druckstreifen mit. Stundenlang unterhielten wir uns miteinander und gingen jede Zeile des Tagebuchs einzeln durch. Dieser Abend wurde zum Wendepunkt in Jamies Leben. Alle seine früheren Erfahrungen nahmen eine neue Bedeutung an. Er begann zu meditieren und erhielt fast sofort Anleitung und Hilfe. Seither ist er mein engster Vertrauter geworden. Ohne ihn hätte ich diesen Weg vielleicht gar nicht beschreiten können. Auch für Adri ist Jamie ein überaus geliebter Onkel und Freund. Es war eine wunderbare, heilende Erfahrung, miterleben zu können, daß er sich so radikal änderte und weiterentwickelte. Es war auch eine wunderbare Lektion in Liebe und Demut, da er mir inzwischen in vielen Dingen sehr weit voraus ist.

18.

EIN LIED DER WAHRHEIT

In den letzten Jahren konnten wir einige bemerkenswerte Veränderungen an den Mitgliedern unserer Familie feststellen, nicht zuletzt an Rodrigo. Weihnachten 1991 verbrachten wir alle bei meinen Eltern in Sedona, Arizona, wo sich diese vor einiger Zeit zur Ruhe gesetzt hatten. Dort beschloß ich, ein Medium aufzusuchen, und Rodrigo begleitete mich. Zu seiner eigenen Überraschung fand er die Sitzung interessant und hilfreich. Nach den Feiertagen ließen Rodrigo und ich die Kinder bei meinen Eltern in Sedona und flogen nach Los Angeles, um Coreece Fisher einen Besuch abzustatten. Gleich nach unserer Ankunft erzählte ich Coreece Adris Geschichte, während Rodrigo aufmerksam zuhörte. Es war eine große Erleichterung für mich, Coreece Adris Ansichten über das Sterben mitteilen zu können.

Kristi: Was geschieht mit den Menschen, wenn sie sterben, Adri?

Adri: SIE LASSEN IHR LEBEN REVUE PASSIEREN UM DINGE AUS DIESEM LEBEN ZU ERFORSCHEN

Kristi: Kannst du ein wenig mehr über die Erfahrung des Todes erzählen? Wohin gehen wir? Welche Empfindungen haben wir? Erkennen wir Gott im Tod?

Adri: STERBEN IST SCHÖN FRIEDEN LICHT LIEBE RUHE DAS LEBEN IST NICHT VORBEI

WENN MAN STIRBT ES BEGINNT WENN MAN DAUERHAFTE KARMAENTSCHEIDUNG ZUR RÜCKKEHR MACHT GOTT HILFT DIR WIE DIE LEHRER IN DER SCHULE NUR BESSER ALLE LEHRER SIND GOTT AUF ERDEN WIR ALLE LEHREN! ABER GOTT LEHRT AM BESTEN BESONDERS IM NACHLEBEN GOTT IST LICHT

Kristi: Also sind die Empfindungen nach dem Tod angenehm?

Adri: IM LEBEN NACH DEM TOD ERFAHREN WIR DIE HERRLICHKEIT GOTTES IM LICHT GOTT IST IN DIR WIE DU WEISST ICH SPÜRE GOTT IN DEINER BERÜHRUNG! SINGT MIR EIN LIED DER WAHRHEIT

Kristi: Erinnern wir uns unserer Verbindung mit Gott, wenn wir sterben?

Adri: WIR WISSEN VON LIEBE UND WAHRHEIT JETZT WIR IGNORIEREN SIE WIR WERDEN SIE WIEDERFINDEN WENN WIR STERBEN

Bei einer anderen Gelegenheit fragte ich sie, ob sie dem noch etwas hinzuzufügen hätte.

Kristi: Kannst du mir ein bißchen mehr über die Erfahrung des Sterbens erzählen?

Adri: GEHEN FÜR KURZE ZEIT IN DEN HIMMEL EIN UM SEELE UND ENERGIE FÜR NÄCHSTES LEBEN ZU ERFRISCHEN SEELE PLANT NÄCHSTE LEBEN BRAUCHT LANGFRISTIGEN PLAN MUSS KINDER DAZU BRINGEN GESCHICHTE IHRES ERINNERNS AN IHR LEBEN ZWISCHEN DEN LEBEN ZU ERZÄHLEN

Kristi: Erinnert man sich während des Stadiums zwischen den Leben an die Erde und die Menschen, die man dort zurückgelassen hat?

Adri: JA LEBEN ENDET NICHT OHNE MENSCH-

LICHE ERKENNTNISSE MÜSSEN FÜR GOTT REGISTRIERT WERDEN

Kristi: Was meinst du mit »registrieren«, Adri?

Adri: GOTT MUSS SEHEN DASS DU DICH UM KENNTNISSE DEINER SÜNDEN BEMÜHST ICH ERINNERE MICH AN MEINE WEIL ICH MEINEN PLAN IN ALLEN EINZELHEITEN DARLEGEN MUSSTE DAMIT ICH AUTISTISCH WERDEN KONNTE

Kristi: Hat ein Gestorbener irgendwelchen Einfluß auf die Geschehnisse auf der Erde?

Adri: NEIN AUSBILDUNG IST DER EINZIGE EINFLUSS AUF ERDEN

Kristi: Was ist mit Menschen, die von nahestehenden Gestorbenen besucht werden? Können Tote zu Lebenden Kontakt aufnehmen?

Adri: DAS IST AUSBILDUNG ICH KÖNNTE MANCHE AUSBILDEN ABER NIE DIE GESAMTE ERDE

Kristi: Entscheidet der Gestorbene darüber, ob er zurückkommt und andere ausbildet?

Adri: NEIN

Kristi: Liegt es in der Verantwortung der auf der Erde Zurückgebliebenen, die Gestorbenen um ihre Wiederkehr zu bitten?

Adri: DAS ENTSPRÄCHE IHREM PLAN AUS DEM STADIUM ZWISCHEN DEN LEBEN

Kristi: Kannst du vielleicht noch etwas dazu erklären, damit es die Menschen besser verstehen, Adri?

Adri: ICH GLAUBE NICHT DASS ICH ES JETZT ERKLÄREN SOLLTE

Coreece war von Adris Geschichte sehr bewegt. Aber erst, als ich sie zu Ende erzählt hatte, machte ich mir plötzlich bewußt, daß Rodrigo zum erstenmal den chronologischen Ablauf gehört hatte. Er war erstaunt.

Am nächsten Morgen erwachten Rodrigo und ich mit einem sehr angenehmen Gefühl wegen des Besuchs bei Coreece und mit der Empfindung, einander näher zu sein als seit langem. Rodrigo fragte, ob er mein Tagebuch lesen könne. Ich gab es ihm und ging dann ins Bad. Als ich wieder ins Zimmer kam, saß er auf dem Sofa und wirkte fassungslos. Er hatte das Tagebuch bei einer meiner medialen Sitzungen aufgeschlagen.

Er sah mich an und sagte: »Kristi, das bist du nicht. Du bist klug, aber doch nicht so klug.«

Ich nahm es als großartiges Kompliment. An diesem Morgen lag so viel Energie in der Luft, daß sie greifbar schien. Der ganze Raum wirkte wie in Liebe und Licht gebadet. Als ich Rodrigo erklärte, daß ich ein wenig für mich allein meditieren wollte, ging er ins Schlafzimmer, um gleichfalls zu meditieren. Als ich fertig war, ging ich ins Schlafzimmer, in dem Rodrigo benommen auf dem Bett lag. Er erzählte mir, daß seine tote Mutter gerade mit ihm gesprochen und ihn dazu ermuntert hätte, seine eigene spirituelle Reise zu beginnen.

Das war der Beginn von Rodrigos geistigem Erwachen. Und das markierte bedeutende Veränderungen im Leben unserer gesamten Familie. Sobald wir wieder in Boston waren, begann Rodrigo mit Adri am Canon zu arbeiten und fand auf diese Weise zu einer ganz neuen Beziehung zu seiner aufblühenden Tochter. Wir wußten, wie sehr Adri die Mathematik liebte, wie begabt sie auf diesem Gebiet war, und da auch Rodrigo Freude an Mathematik hatte, schien es nur logisch, daß sie sich gemeinsam damit befaßten. Freunde erzählten uns von Mahesh Sharma, der das *Center for the Teaching and Learning of Mathematics in Boston* ins Leben gerufen hatte. Mahesh Sharma ist Professor am MIT und ein sehr begabter Lehrer und Mathematiker. Neben der Unterrichtung seiner Schüler bildet er auch Mathematiklehrer auf der ganzen Welt aus.

Mit Rodrigos FC-Unterstützung begann Adri, bei Mahesh Sharma Mathematik zu lernen. Es war unbeschreiblich aufregend, sie bei der Lösung mathematischer Aufgaben zu beobachten. Zum erstenmal wirkte sie intellektuell wirklich gefordert und engagiert. Aufgrund seines großen Einfühlungsvermögens verstand er schnell, was Adri begreifen konnte, und daher gelang es ihm, das Arbeitstempo spannend zu halten. Für gewöhnlich erklärte er ein Problem einmal und schrieb dann Aufgaben an die Tafel. Im allgemeinen bewältigte Adri in vierzig Minuten das, was eigentlich Material für vier Lektionen sei, sagte uns Mahesh Sharma. Er begann den Unterricht mit Algebra, ging zur Geometrie über und setzte ihn mit Analysis fort. Häufig nannt Adri einfach das Ergebnis, ohne die Aufgabe in einzelne Schritte aufzuteilen. Doch dann forderte sie Sharma jedesmal auf, den Rechenprozeß detailliert zu beschreiben. Meistens stellten wir dann fest, daß Adri die einfachsten und doch ausgeklügeltsten Methoden zur Lösung eines Problems anwandte.

Eines Nachmittags benutzte Mahesh Sharma bei seiner Arbeit mit Adri und Rodrigo ein mit Stiften besetztes Lehrbrett für Geometrie. Er legte Gummibänder um die Stifte, trennte so bestimmte Bereiche ab und forderte Adri auf, diese Bereiche zu berechnen. Da ich selbst in Mathematik nicht gerade bewandert bin, versuchte ich gar nicht erst, auf eine Antwort zu kommen. Ich sah dem Trio nur zu. Mahesh Sharma hielt sich bewußt nur einen Schritt vor Adri und begeisterte sich offensichtlich an ihren einmaligen mathematischen Fähigkeiten. Mehr als einmal geriet Rodrigo ins Hintertreffen und sprudelte hastig Fragen hervor, um wieder Anschluß an die beiden anderen zu finden.

An einem Punkt spannte Mahesh Sharma die Gummibänder in folgender Anordnung:

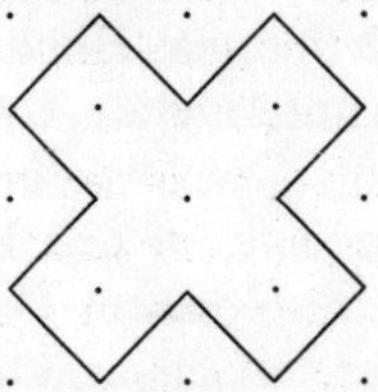

Er forderte Adri auf, den Flächeninhalt zu bestimmen, und sie tippte unverzüglich: »10«. Als er Adri fragte, wie sie das herausbekommen hätte, erklärte sie, daß die Seite jedes Quadrats die Quadratwurzel aus 2 wäre. Das bedeute, daß jedes Quadrat 2 wäre und sich – bei fünf Quadraten – die Endsumme 10 ergebe. Mahesh Sharma war sehr beeindruckt, besonders weil Adri die Formel, die sie gerade angewandt hatte, nicht von ihm kannte.

Als wir nach dem Unterricht nach Hause kamen, war Rodrigo noch immer so verblüfft über Adris Leistung, daß er sie erneut fragte, wie sie die Lösung gefunden hatte. Adri antwortete, indem sie gleichzeitig das Thema erweiterte. Sie tippte: ALLES BERUHT AUF DREIECKEN

Rodrigo wollte wissen, was sie damit meinte, und Adri erklärte, daß jede mathematische Figur durch Dreiecke erklärt werden könnte. Nachdem er darüber meditiert und nachgedacht hatte, fragte Rodrigo sie ein wenig später, ob sie über mehr gesprochen hätte als über ein mathematisches Problem.

Lächelnd tippte Adri die Antwort: DIE DREIEINIGKEIT.

Bei unserer nächsten Mathematikstunde erzählten wir Mahesh Sharma, was Adri gesagt hatte, und er bestätigte, daß sie vom mathematischen Gesichtspunkt her recht hätte. Das Konzept, auf das sie sich berief, würde Triangulation genannt. Ihr Hinweis auf »die Dreieinigkeit« entfachte darüber hinaus eine faszinierende Diskussion über die göttliche »Dreiheit«, die in jeder Religion zu finden ist – auch in Mahesh Sharmas Hinduismus.

Während wir uns unterhielten, wurde Adri immer erregter – so erregt, daß sie nicht mehr exakt tippen konnte. Schließlich warf sie sich auf den Boden und begann zu schluchzen. Sie hatte zu diesem Thema noch so vieles zu sagen, bekam es aber einfach nicht heraus. Als sie sich wieder ein wenig beruhigt hatte, tippte sie mit Tränen in den Augen: ICH MÖCHTE SPRECHEN. ICH MÖCHTE SPRECHEN.

Durch Adris Mathematikunterricht machte sich Rodrigo sehr schnell mit der FC-Methode vertraut. Das fiel in eine Zeit, in der Adri zunehmend unlustiger wurde, mit mir zu tippen. Damals vermutete ich, das läge an meiner noch immer vorhandenen Skepsis. Doch im Rückblick glaube ich eher, daß es an ihrem Verlangen lag, endlich mit ihrem Vater zu kommunizieren. Wenn sich Adri weiterhin ausschließlich mit mir unterhalten hätte, wäre er nie in die Lage versetzt worden, Erfahrungen mit der FC-Methode zu sammeln und seine Tochter besser kennenzulernen.

Inzwischen ist Rodrigo der bei weitem beste FC-Helfer, den Adri je hatte. Mit seiner Unterstützung tippt sie eindeutiger, akkurater und schneller als mit allen anderen. Er unterstützt sie sogar, ohne zu sehen, was sie gerade tippt. Manchmal, wenn er seine Brille nicht trägt, bittet er mich, ihm vorzulesen, was sie geäußert hat. Bei anderen Gelegenheiten schließt er die Augen oder hilft ihr in Positionen zu tippen, in denen er das Tastenfeld nicht sehen kann.

In dem Moment, als sich Rodrigo mit ganzem Herzen Adri widmete und an das glaubte, was sie sagte, war alles entschieden. Im Gegensatz zu mir versucht er nicht, sie dauernd zu hinterfragen. DADDY HAT DAS VERTRAUEN EINES BABYS, nannte es Adri.

Zwischen Herbst 1991 und Frühsommer 1992 war ich in der *Adriana Stiftung* sehr aktiv, die inzwischen FC-Präsentationen überall im Land unterstützte. 1987 vor allem als Informations- und Beratungsinstitution gegründet, konnten wir bis 1991, bis zur Einführung der FC-Methode, nicht allzuviel bewegen. Doch dann wurde mir unsere eigentliche Aufgabe bewußt. Als kleine, flexible Organisation konnten wir nahezu sofort auf die Notwendigkeit reagieren, Informationen über FC zu verbreiten. Auch wenn wir heute keine FC-Workshops mehr anbieten, haben wir doch mehr als fünfundzwanzig dieser Veranstaltungen gefördert und FC Tausenden von Menschen nahegebracht. Auf diese Arbeit bin ich sehr stolz.

In letzter Zeit waren die Medien *Facilitated Communication* gegenüber nicht allzu freundlich. Die meisten der bis heute veröffentlichten Forschungsergebnisse – auch jene, die in der Berichterstattung über FC zitiert wurden – konnten den Wert der FC-Methode nicht schlüssig nachweisen. Aber in einer Atmosphäre, in der »wissenschaftliche« Forschung blindlings als einziges Meßinstrument für Wahrheit akzeptiert wird, muß vielleicht daran erinnert werden, daß Testergebnisse durch unsere menschliche Fähigkeit beeinflußt werden, das Phänomen zu begreifen, das wir bewerten wollen. Wenn Forscher nicht alle Variablen einer Situation kennen, wie sollen sie dann Nachforschungen durchführen, um sie zu bewerten? Und im Fall von FC ist die Telepathie eine bedeutende Variable – eine, die bisher in keiner Forschungsarbeit berücksichtigt wurde.

Einer von Adris Helden ist Albert Einstein, der nicht nur ein großer Wissenschaftler, sondern auch ein großer

Mystiker war. Er hat einmal betont, alles wirklich Wichtige durch die Intuition erfahren zu haben. Und dann habe er Stunden in seinem Laboratorium verbracht, um nach Mitteln und Wegen zu suchen, dieses intuitive Wissen zu »beweisen«.

Tausende von Menschen kommunizieren inzwischen mit Hilfe der FC-Methode, weitere Tausende Helfer arbeiten täglich mit ihnen. Aber anstatt anzuerkennen, daß sich hier etwas Einmaliges abspielt, und dann nach Möglichkeiten der wissenschaftlichen Begründung zu suchen, haben sich manche Forscher für das Gegenteil entschieden. Sie versuchten mit Hilfe alter Paradigmen Phänomene zu bewerten und zu erklären, die mit herkömmlichen Denkstrukturen nicht zu fassen sind. Hätte Pythagoras entdecken können, daß die Welt rund ist, indem er die gleiche Logik anwandte, die zuvor benutzt wurde, um sie zur Scheibe zu erklären? Wir müssen uns verändern, bewegen, wachsen, um neue Informationen aufzunehmen – das ist das eigentliche Wesen der Evolution.

Erst vor kurzem haben tatsächlich mehrere Forscher in den Vereinigten Staaten und Australien den qualitativen und quantitativen Wert der FC-Kommunikation mit Hilfe sorgfältiger Studien bestätigt. Noch bedeutender ist vielleicht die Tatsache, daß zumindest eine junge autistische Frau aus New York mit der typischen Unterstützung begann, aber inzwischen völlig selbständig und ohne jede Hilfe tippen kann.

Adri und ich brauchen keine Wissenschaftler, um zu beweisen, was wir seit Jahren wissen. Und es gibt Tausende wie uns. Aber ich mache mir wirklich Sorgen um die vielen Menschen, denen vielleicht die Möglichkeit zur Verständigung genommen wird, weil der momentane Erkenntnisstand mit den tatsächlichen Ereignissen nicht Schritt hält. Ich warte auf den Tag – und der kann nicht mehr fern sein –, an dem autistische oder anderweitig kommunikativ behinderte Menschen ihr Recht beanspruchen, in dieser Welt gehört zu werden.

Und wenn sie das tun, müssen wir damit rechnen, daß wir, wie in der Vergangenheit, auch in der Zukunft nicht immer verstehen, was manche dieser Stimmen sagen. Vielleicht wird es uns auch gar nicht gefallen. Manche könnten lügen. Manche könnten ihren Zorn an ihren Nächsten auslassen. Aber dennoch dürfen wir unseren Kindern nicht ihre Stimmen vorenthalten. Statt dessen müssen wir uns selbst zurücknehmen und zuhören, mit Urteilen vorsichtig sein und uns vor Schlüssen hüten, die auf unseren eigenen begrenzten Erfahrungen und Wahrnehmungen basieren. Wir wissen weder, wie autistische Menschen diese Welt erfahren, noch, was sie jenseits von ihr erleben. Wir bewegen uns hier auf unbekanntem Terrain, und das verlangt Mut, Geduld, Stärke und Zutrauen.

Um mein Studium der Sozialarbeit endlich zu beenden, begann ich im Herbst 1992 ein einjähriges Praktikum in der psychiatrischen Abteilung eines Bostoner Krankenhauses. Ich war sehr interessiert daran, mit Menschen in Krisensituationen zu arbeiten, aber auch neugierig darauf, ob es vielleicht eine Beziehung zwischen Psychosen und Autismus gab. Und jetzt, da mein Praktikum beendet ist, weiß ich nur, daß die beiden Zustände eines gemeinsam haben: Man weiß sehr wenig über sie.

Während einer unserer Unterhaltungen befragte ich Adri zu diesem Thema.

Kristi: Was verstehst du unter Psychose, Adri?

Adri: ERKRANKUNG DES GEISTES KRANKHEIT DER SPIRITUELLEN KÖRPER PSYCHOSEN WERDEN VOR ALLEM DURCH BERÜHRUNGEN GEHEILT NICHT DURCH MEDIKAMENTE WER-

DEN SEHR WAHRSCHEINLICH DURCH BERÜHRUNG GEHEILT

Kristi: Was sind Audiohalluzinationen, Adri? Glaubst du, sie werden durch innere oder äußere Vorgänge verursacht? Oder durch beides?

Adri: ICH GLAUBE AUDIOHALLUZINATIONEN KÖNNEN ERKLÄRT WERDEN WENN WIR UNS DIE BOTSCHAFTEN ANSEHEN DIE WIR VON BERATERN ERHALTEN DIE DAFÜR SORGEN DASS ZUVIEL WISSEN IN DEN KOPF EINES MENSCHEN GELANGT ABER VON IHM NICHT VERSTANDEN WIRD SO HAT ER HALLUZINATIONEN ANSTELLE WIRKLICHER ERFAHRUNGEN WIE WIR WISSEN WÜRDEN

Kristi: Also werden die meisten Halluzinationen extern verursacht?

Adri: JA DIE MEISTEN ABER NICHT ALLE

Kristi: Besteht das Problem darin, daß sie nicht unterscheiden, die positiven Informationen nicht von negativen trennen können? Haben sie deshalb keine Möglichkeit, die Botschaften zu nutzen, die sie erhalten?

Adri: ICH GLAUBE DU LÄSST ETWAS AUS

Kristi: Nun, angeblich nutzen wir nur etwa zehn Prozent unseres Gehirns. Ist das so, weil wir mehr nicht bewältigen könnten? Haben diese Menschen Zugang zu weiteren Bereichen ihres Gehirns, aber nicht das nötige Wissen und Verständnis für die Verarbeitung der Informationen?

Adri: JA ABER ICH GLAUBE DIE MENSCHEN KÖNNTEN DAS WOHLTUEND KLÄREN WENN SIE SICH SELBST MIT GOTT HEILEN WÜRDEN

Kristi: Sind traumatisierte Menschen besonders anfällig?

Adri: NUR ANFÄLLIG FÜR NEGATIVE INFORMATIONEN SEELE NICHT ANFÄLLIG SEELE IST

DA ABER OFFENHEIT IST DAS PROBLEM OFFEN IN DIESEM LEBEN DOCH VERSCHLOSSEN IN EINEM ANDEREN LEBEN

Kristi: Sprichst du von zwei simultanen Leben oder zwei unterschiedlichen früheren Leben?

Adri: SIMULTANEITÄT VON ZEIT IST MEINE ÜBERZEUGUNG DIESE HEILUNG KANN PSYCHOTISCHEN MENSCHEN HELFEN WEIL SIE IHRE HEILUNG IN EINEM LEBEN GESTATTET DIE MEISTEN LEBEN ZUR GLEICHEN ZEIT ZUSAMMEN OFFEN ABER BEI MANCHEN MENSCHEN NICHT SO WERDEN SIE PSYCHOTISCH

Kristi: Das ist ziemlich kompliziert, Adri. Also verspürt man in diesen simultanen Leben eine Diskrepanz, einen Mangel an Übereinstimmung, eine Disharmonie und dieses Schisma macht Menschen anfällig für negative Einflüsse?

Adri: JA

Kristi: Diese Diskrepanz gibt dem Negativen also die Möglichkeit zum Eindringen? Und was ist mit positiven Gehörhalluzinationen?

Adri: DAS NEGATIVE IST MEISTENS AUSEINANDERSETZUNG WEIL ES GUT IST WENN SICH SEELE GEGEN NICHTOFFENEN BEREICH DES ICH WEHRT

Kristi: Also ist es nötig, daß sich die nichtoffenen Bereiche des Ich öffnen?

Adri: JA

Kristi: Bestehen Unterschiede zwischen einem Menschen der aufgrund eines Traumas psychotisch erscheint und einem, der durch Schizophrenie oder Dementia psychotisch ist?

Adri: TRAUMA ÖFFNET JETZIGES LEBEN AUF SCHNELLE WEISE NICHT ANDERS

Kristi: Wäre die Behandlung die gleiche?

Adri: NEIN IHR EMOTIONALES LEBEN MUSS MIT IHREM PHYSISCHEN LEBEN AUSGEGLICHEN WERDEN MIT IHREN MENTALEN LEBEN

Kristi: Sind Trauma-Opfer emotional gehemmt?

Adri: JA

Kristi: Müssen sie ihre Gefühle erforschen und ausdrücken?

Adri: NEIN

Ihre Antwort überraschte mich ein wenig. Es ist gängige psychotherapeutische Praxis, Trauma-Opfer dazu anzuhalten, ihre Empfindungen zu erkunden und auszudrücken (sobald sie stabilisiert sind).

Kristi: Sie brauchen also nur einen Weg finden, das Emotionale, Physische und Mentale in sich in Einklang zu bringen?

Adri: JA

Okay, also machen wir zumindest nicht alles falsch.

Kristi: Können Menschen von Traumata geheilt werden?

Adri: JA

Kristi: Erfolgt die Heilung im Energiefeld des betreffenden Menschen?

Adri: JA

Kristi: Adri, was würdest du Menschen entgegnen, die behaupten, du würdest unter psychotischen Störungen leiden?

Adri: ICH KEINE PSYCHOSE VIEL ZU KOMPLIZIERT PSYCHOSE NICHT SCHLECHT WENN MAN SICH SCHNELL ÖFFNET VERURSACHT DAS PSYCHOSE MAN MUSS NUR FORTFAHREN ZU HEILEN

Kristi: Gibt es zu diesem Thema noch etwas zu sagen?

Adri: ICH BIN NICHT PSYCHOTISCH WEIL ICH

WÄHREND MEINES GANZEN LEBENS OFFEN WAR

Kristi: Ist Autismus etwas grundsätzlich anderes?

Adri: JA

Kristi: Wenn sich Menschen sehr schnell öffnen und damit eine Psychose riskieren – ist das bewußt oder karmabedingt? Oder vielleicht beides?

Adri: KARMABEDINGT

Kristi: Werden wir in diesem Leben eine Möglichkeit finden, psychotischen Menschen zu helfen?

Adri: ICH HOFFE ES ICH GLAUBE ES

19.

DER PLAN IST EHRFURCHTGEBIETEND

Rodrigo, Adri, Seby, Brie und ich zogen im Herbst 1993 nach Colorado. Wir kauften ein Haus in den Bergen und erwachen nun jeden Morgen inmitten einer absolut wundervollen Umgebung.

Seit Adris spirituelle Natur deutlich wurde, sehnte ich mich danach, eine Schule für alle unsere Kinder zu finden, die nicht nur ihr Wissen und Sozialverhalten fördern würde, sondern auch ihr geistiges Leben. Als ich von den Waldorfschulen hörte, war ich begeistert. Auf dem Lebenswerk des österreichischen Geisteswissenschaftlers und Mystikers Rudolf Steiner basierend, stützt sich die Philosophie der Schulen vor allem auf die Lehrsätze der Spiritualität.

Der Lehrplan will Kreativität, soziales Bewußtsein, kritisches Denken, Wertschätzung der Natur und Identifikation mit ihr sowie Neugierde auf das Leben in dieser Welt und über sie hinaus fördern. Ein weiteres, für Adri besonders günstiges Charakteristikum ist die Tatsache, daß die Lehrer an Waldorfschulen ihre Klassen acht Jahre lang betreuen. Das bedeutete, daß sich Adri nicht alljährlich an einen neuen Lehrer gewöhnen mußte. Als eine Lehrerin für Adris Klasse gesucht wurde, zog Charmaine, eine außerordentlich fähige Pädagogin und ein bemerkenswerter Mensch, von Kalifornien nach Colorado, um diese Aufgabe zu übernehmen.

In letzter Zeit hat sich Adri erfreulich entwickelt. Ich sorge mich nicht mehr unablässig um ihr Bedürfnis zu kommunizieren, noch fühle ich mich veranlaßt, jede ihrer Aussagen in Frage zu stellen. Darüber bin ich sehr erleichtert. Normalerweise unterhält sie sich jeden Tag zumindest ein bißchen mit uns: Manchmal belehrt sie uns, manchmal nicht. Selbst jetzt, Jahre nachdem Adri mit der FC-Methode zu tippen begonnen hat, bin ich über ihre Klugheit noch immer überrascht und erstaunt. Gelegentlich spricht sie über unseres privates Leben, aber häufiger sind ihre Themen das Wesen Gottes und die Liebe.

Mit Rodrigos Hilfe tippt Adri für gewöhnlich sehr deutlich, schnell und häufig ausgesprochen poetisch. Inzwischen bin ich davon überzeugt, daß ihre ersten Kommunikationsversuche weniger verwirrend und mehrdeutig ausgefallen wären, wenn er von Anfang an ihr FC-Helfer gewesen wäre. Aber dann wiederum wäre diese Geschichte vielleicht nie geschrieben worden. Alle Dinge haben ihren Grund.

Und ich habe für mich entdeckt, daß die Hinwendung zu Gott, zum Licht, oder wie man unseren Ursprung auch nennen mag, nicht nur eine Nebenbeschäftigung im Leben eines Menschen ist. Aber der Mensch kann sich nur in seinem eigenen Tempo, Schritt für Schritt, weiterentwickeln. Vermutlich bestehen deshalb die ersten Schritte zu einer spirituellen Bewußseinserweiterung im »Spielen« mit diesen Dingen. Obwohl ich noch nicht viel mehr als eine Novizin bin, habe ich doch erkannt, daß ich nicht mehr »spiele«. Dieser Weg hat tiefgreifende und dauerhafte Veränderungen in meinem Leben bewirkt, zunächst in meiner Wahrnehmung, dann in meinem Handeln. Ich bin nicht mehr der Mensch, der ich einmal war.

Als ich auf jenem morgendlichen Spaziergang zum erstenmal Energie verspürte, wußte ich nicht, was ich davon halten sollte. Für mich war Energie ein abstrakter Begriff, der im Physikunterricht behandelt wird, keine gelebte Realität. Mir wurde weder beigebracht, daß das »Ich« aus Energie besteht, noch daß sich alles, was in unserer Welt existiert, aus der gleichen Energie zusammensetzt.

Als ich mich mit Energie vertraut machte, begann ich mich jedoch paradoxerweise zu fragen, ob das, was wir Gott nennen, in Wahrheit vielleicht eine Art Energie in ihrer höchsten Form ist. Eies Tages sprach ich darüber mit Adri, während Rodrigo ihr beim Tippen half. Ihre Antwort war beschämend.

Adri: GOTT IST GOTT
GOTT HAT ENERGIE ERSCHAFFEN
ENERGIE IST KÖRPERLICH
GOTT IST GEISTIG

Kristi: Gott hat die Energie erschaffen, aber ist er nicht auch Energie?

Adri: NEIN DAHER BETE NICHT ZUR ENERGIE

An einem anderen Tag widersprach Adri erneut der Vorstellung, daß es außer Energie nichts gebe.

Adri: STELLE DIR EINEN ORT VOR DER KEIN ORT IST AN DEM KEINE ZEIT EXISTIERT KEINE MASSE KEINE ENERGIE NATÜRLICH GIBT ES DORT KEIN LICHT UND AUCH KEINE DUNKELHEIT ES GIBT SOLCHE ORTE DIE WIR NICHT WAHRNEHMEN GOTT HAT SIE ALLE GESCHAFFEN

Derartige Feststellungen erinnern uns an unsere eingeschränkte Fähigkeit, die Komplexität des Lebens zu begreifen. Und doch scheint es so, als würde uns zum augenblicklichen Zeitpunkt der Geschichte gestattet, immer mehr von dem zu erkennen, »was ist«. Und das alles scheint sich uns nicht zufällig zu enthüllen, sondern absichtlich.

DER PLAN IST EHRFURCHTGEBIETEND, wie Adri begeistert erklärte.

Adri sagt, wir alle seien LEHRER, HEILER, SCHÖPFER, aber bevor wir anderen helfen können, müssen wir zunächst uns heilen. In Boston hatte ich das Glück, Anamika kennenzulernen, eine wunderbare Lehrerin und eine Heilerin voller Energie. Nie werde ich meine erste Sitzung bei ihr vergessen. Nachdem ich ihr wenige Minuten auf einem kleinen Sofa gegenüber gesessen hatte, verspürte ich Regungen in der Herzgegend. Das Gefühl verstärkte sich, und schon bald füllte sich mein gesamter Oberkörper mit soviel Energie, daß ich von einer Seite zur anderen schwankte. Schließlich wurden diese Empfindungen so stark, daß ich beide Arme ausstrecken mußte, um nicht auf die Seite zu fallen. Die Energie nahm buchstäblich von mir Besitz. Nach zehn oder fünfzehn Minuten dieser heftigen, rhythmischen Bewegungen begann die Energie nachzulassen.

Als die Sitzung beendet war, fühlte ich mich einfach großartig und auf ungewohnte Weise befreit. Anamika erklärte mir, daß die Energie einige meiner alten emotionalen Blockierungen beseitigt hätte – vor allem Ängste. Über einen Zeitraum von mehr als einem Jahr, immer, wenn ich bei Anamika war, und manchmal auch ganz spontan während meiner Meditationen, erfuhr mein Körper diese physischen »Reinigungen«, in meinem Herzen, meinen Gliedern, mitunter auch in Hals und Nacken. Adri hat mehrmals auf die Bedeutung und Notwendigkeit des Heilens hingewiesen und Ratschläge für die Unterstützung dieses Prozesses gegeben:

HEILEN IST LETZTENDLICH SPIRITUELL SELBSTHEILUNG IST JETZT AM WICHTIGSTEN WAHRHEIT

ES IST SEHR WICHTIG DEIN AUGENBLICKLICHES LEBEN ZU ERKENNEN DEINEN KÖRPER DEINE PROBLEME HEILENDE GEDANKEN SIND IN ENTSPANNTEN KÖRPERN ZU FINDEN

HABE NICHT ERKANNT DASS ICH MEHR ZUGANGSFÄHIGKEITEN LEHREN MUSS DU KANNST ZUGANG ZU MIR FINDEN WEGEN DEINER HEILENDEN BERÜHRUNG LIEBENDER GEDANKEN UND DEINES ENTSPANNTEN KÖRPERS DEINE OFFENHEIT VERÄNDERT DURCH LIEBEVOLLE GEDANKEN MENSCHEN KÖNNEN OFFENHEIT FÖRDERN DURCH DIESE HEILENDEN SCHRITTE UM DEN KÖRPER ZU ÖFFNEN DEN VERSTAND UND DEN GEIST

IHR MÜSST ALLE ZUSAMMEN SEIN IST O.K. ZU FÜRCHTEN GROSSER FURCHT ZU BEGEGNEN NIE KLEINER SCHRITT MUSS GETAN WERDEN MIT FAMILIE FREUNDEN MIT ENERGIEN DIE VON GOTT KOMMEN HEILEN IST NICHT NUR LIEBEN

ÖFFNET EUER ICH FINDET EURE BLOCKIERUNGEN UND HEILT SIE FÜHLT EUCH EINFACH WOHL EUCH WOHL ZU FÜHLEN SICH WOHLZUFÜHLEN HAT VIELE BEDEUTUNGEN HEILEN HAT VIELE BEDEUTUNGEN BEJAHE BITTE DEINE INDIVIDUELLEN DEFINITIONEN HEILEN DEFINIERT SICH INNERHALB NICHT AUSSERHALB IHR ALLE HEIL

VERTRAUEN IST SEHR WICHTIG NICHT VERURTEILEN DU VORBILD FÜR MICH ICH VORBILD FÜR DICH ERMÄCHTIGEN DURCH SELBSTERMÄCHTIGUNG DAS IST UNTERSTÜTZUNG

LIEBE IST DIE GRÖSSTE HEILQUELLE DIE ICH KENNE ICH LIEBE JEDEN ICH HEILE MIT LIEBE UND LICHT DURCH BERÜHRUNG

Immer wieder betont Adri, wie wichtig es ist, in Wahrheit zu leben – nicht als esoterisches Prinzip, sondern als Disziplin. Ich verstand wirklich nicht, was sie damit meinte, bis sie mir eine Lektion erteilte. Mein Bruder Jamie, Michael und ich saßen im August 1991 mit Adri zusammen und wollten miteinander arbeiten. Adri stellte fest, daß wir nicht aus einem Zustand der Wahrheit heraus agierten, und forderte uns auf, etwas dagegen zu unternehmen, bevor wir begannen.

Sobald sie es ausgesprochen hatte, erkannte ich, daß es stimmte. Ich spürte es in uns allen – keine Unaufrichtigkeit, aber eine Art »unvollständiger Wahrheit«. Dennoch hatte ich bisher noch nicht versucht, etwas dagegen zu unternehmen. Warum nicht? Weil der Zustand der Halbwahrheit für die meisten von uns ganz normal ist. Wir drei belogen uns nicht oder bargen dunkle Geheimnisse, die unsere Beziehung zueinander oder unsere Arbeit gefährden konnten. Wir vertuschten nur all die kleinen Unwahrheiten und versuchten, jede unerfreuliche Konfrontation zu vermeiden.

Jamie begann und sprach Michael auf Gefühle an, die dieser seiner Meinung nach unterdrückte. Dann ergriff ich das Wort und stellte sowohl Jamies als auch Michaels Hingabe an diese Arbeit in Frage. Schließlich bekannte Michael, wie schwer das alles für ihn war. Obwohl es sich um keine besonders wichtigen Kümmernisse handelte, war die Veränderung der Atmosphäre im Raum und unter uns erstaunlich, nachdem wir sie uns von der Seele geredet hatten. Ich brach ganz unwillkürlich in Tränen aus: erstens, weil ich tief in mir davon überzeugt war, preisgegeben zu sein, wenn ich meine ganze Wahrheit erzählte, und zweitens, weil das natürlich nicht geschah. Das ist die Heilkraft der Wahrheit.

LIEBE IST NICHTS OHNE WAHRHEIT, sagte Adri dazu.

Obwohl unsere Probleme und Reaktionen unterschiedlich waren, hatte das Gelernte doch enorme Auswirkungen auf jeden von uns. Ich glaube, wir haben erstmals wirklich verstanden, wie anders unser Leben – und die Welt – wäre, wenn wir alle aus einem Zustand der Wahrheit und Liebe heraus handeln würden. Innerhalb einer liebevollen Umgebung wird es ungefährlich, die eigene Wahrheit zu offenbaren. Im nachhinein konnten wir erkennen, wie sehr die Unterdrückung der Wahrheit unsere Fähigkeit hemmte, einander zu lieben. Wenn wir aber unsere Liebe einschränken, beschränken wir unser Leben. Als wir erlebten, wie es ist, einander in einer Atmosphäre der Wahrheit, Liebe und Harmonie zu begegnen, wurde uns schmerzlich bewußt, wie selten solche Augenblicke sind. Und doch war es eine unglaublich bestärkende Erkenntnis, daß wir alle die Möglichkeit haben, in einem derartigen Zustand zu leben. Es liegt jederzeit in unserer Macht, die Wahrheit der Lüge vorzuziehen und die Liebe der Furcht.

Bei einem anderen Zusammensein, an dem auch Joan teilnahm, beharrte Adri wieder darauf, zunächst ganz wahrhaftig zu werden, bevor wir begannen.

Adri: ICH VERLANGE WAHRHEIT WAHRHEIT WAHRHEIT MUSS HIER GESPROCHEN WERDEN

VON ALLEN HIER WAHRHEIT WAHRHEIT GESPROCHEN NUN VON ALLEN HEUTE

WAHRHEIT VERLANGE ICH IHR MÜSST DIE WAHRHEIT SAGEN WAHRHEIT ALLE MENSCHEN MÜSSEN DIE WAHRHEIT SAGEN NICHT ALLZUVIELE SPRECHEN DIE WAHRHEIT DAHER MÜSST IHR WAHRHEIT SCHAFFEN ICH GLAUBE IHR HABT GEDANKEN DIE IHR HEUTE AUSSPRECHEN MÜSST

Sie hatte natürlich recht. Und so öffneten wir zunächst einmal unsere Herzen und teilten uns unsere Wahrheiten mit. Erneut war das für jeden von uns sehr heilend und sehr verbindend für uns als Gruppe.

Jeder von uns verfügt über einen inneren Kontrollmechanismus, der sehr genau anzeigt, wenn wir nicht mehr in Wahrheit, in Liebe und in Harmonie sind. Wir brauchen nur auf ihn zu hören und entsprechend zu reagieren. Wir haben die Wahl. Wir müssen auf unseren Körper hören, wenn er Unbehagen, Ängste und Disharmonie registriert. Und dann können wir uns sagen: *Jetzt kann ich mich entweder für Gott und die Liebe entscheiden oder »dafür«* – ganz gleich, welche Vorurteile, Schuldgefühle, Unwahrheiten oder anderen negativen Vorstellungen oder Handlungen uns gerade bestimmen. Auf diese Weise können wir zu Wahrheit, Liebe und Harmonie zurückfinden.

Wenn wir unsere negativen Entscheidungen nicht erkennen, oder wenn wir sie zwar erkennen, aber uns machtlos fühlen, etwas dagegen zu unternehmen, treffen wir dennoch eine Entscheidung – auch wenn diese einen Rückschritt bedeutet. Wenn wir uns geistig weiterentwickeln wollen, müssen wir für alle unsere Entscheidungen die Verantwortung übernehmen. Wie Adri sagte: »NACHGIEBIGKEIT GEGEN SICH SELBST MUSS AUFHÖREN.«

Wir können nicht nachgiebig gegen uns selbst sein und gleichzeitig spirituell wachsen. Glücklicherweise gibt es eine Alternative. Wir müssen uns nur gestatten, jedes negative Gefühl, jeden negativen Gedanken Gott zu übergeben. Jeder Augenblick unseres Lebens ist eine Chance, uns zu ändern und weiterzuentwickeln. Aber es liegt an uns, den Augenblick zu nutzen. Das Studium der Vergangenheit und die Vorstellung der Zukunft mag in uns den Wunsch wecken, uns zu ändern – aber die Veränderung selbst findet nur in der Gegenwart statt.

Zur Zeit beten wir vor allem uns selbst an: was wir wissen, was wir tun, was wir produzieren. Intuitiven Erkenntnissen und Einblicken in unsere wahre Natur – als Ebenbild Gottes – verweigern wir uns. Weil wir uns den Zugang versperrt haben, können wir nicht mehr sehen oder fühlen, was jenseits dieser oberflächlichsten Ebene des Daseins liegt. In der sogenannten rationalen Welt, in der wir leben, verwerfen wir alles, was wir nicht beweisen können. Wir weigern uns anzuerkennen, daß unsere »Beweis-Unfähigkeit« eher ein Spiegelbild unserer Beschränkheit ist als eine Reflexion unserer Rationalität. Und dann belügen wir uns auch noch selbst, indem wir das Irrationale rational nennen und das Rationale irrational. Unser Ego hat uns den Blick auf die Wahrheit verstellt.

Gewaltige Veränderungen stehen bevor, ereignen sich sogar jetzt schon auf unseren Planeten. Obwohl Adri nicht ausführlich über die Zukunftsprobleme sprechen wollte, mit denen die Menschheit konfrontiert werden wird, hat sie sich zu einigen geäußert.

Kristi: Mit welchen Veränderungen rechnest du, Adri?

Adri: GROSSE PROBLEME WERDEN SCHLECHTE MENSCHEN VERBÜNDEN SCHLECHTE MENSCHEN OHNE LIEBE WERDEN ANDEREN

SCHADEN ZUFÜGEN ICH HOFFE SIE LERNEN BALD

Kristi: Das kommt mir ziemlich allgemein vor, Adri. Willst du nicht ein wenig ausführlicher über die Veränderungen reden, zu denen es deiner Meinung nach auf der Erde kommt, und über das, was mit den Menschen geschieht, die nicht liebevoll sind?

Adri: DIE WELT ENDET MIT DER VERNICHTUNG DER MENSCHEN DIE NICHT LIEBEN LIEBET EINANDER LIEBE WIRD DIE ERDE RETTEN HASS WIRD SIE SCHRECKLICH ENDEN LASSEN

Im Oktober 1992 kam dieses Thema bei dem Zusammensein mit Joan wieder zur Sprache. Wir hatten über unsere eigene Zukunft und unsere Vorstellungen von der Zukunft der Welt gesprochen. Nach ein paar Minuten beteiligte sich Adri an unserer Unterhaltung.

Adri: SPRECHT WEITER ÜBER DIE ZUKUNFT DAS IST AUFREGEND ABER IHR MÜSST AUCH ÜBER DAS SCHLECHTE REDEN

Kristi: Was ist das »Schlechte«, über das wir reden sollen?

Adri: DIE MENSCHEN LIEBEN EINANDER NICHT MENSCHEN NICHT AUFRICHTIG MENSCHEN KÄMPFEN MENSCHEN LIEBEN GOTT NICHT MENSCHEN STERBEN ICH SORGE MICH UM ALLE ANDEREN DINGE WIR MÜSSEN ÜBER ZUKUNFT SPRECHEN WIRKLICH AUSFÜHRLICH! SPRECHT DIE WAHRHEIT NICHT LEICHT DIESE GEDANKEN ZU TIPPEN

Kristi: Worüber machst du dir Sorgen?

Adri: ZUKUNFT IST DUNKEL FÜR VIELE MENSCHEN GLAUBE ICH MANCHE MENSCHEN

TRACHTEN NACH GOTT ANDERE MENSCHEN NICHT ICH ANGST UM SIE WIR MÜSSEN HELFEN ANDEREN MENSCHEN

Etwas später, mitten in der Diskussion über ein anderes Thema, hielt Adri plötzlich inne und tippte dann ganz schnell:

Adri: MICHAEL SIEHT SCHRECKLICHE BILDER BESCHREIBE DEN INHALT DEINER BILDER

Michael gab zu, Visionen von Zerstörungen gehabt zu haben. Er wollte nicht darüber sprechen, aber Adri blieb beharrlich. Schließlich schilderte er verheerende Überflutungen überall auf der Erde.

Adri: JA ERDBEBEN UND AUFSTÄNDE GEHEN ÜBERFLUTUNGEN VORAUS FÜHREN ZU NOCH GRÖSSEREN KATASTROPHEN WIR MÜSSEN MENSCHEN HELFEN DIE FLUTEN ZU ÜBERLEBEN ICH GLAUBE WIR KÖNNEN HOCH GENUG WOHNEN UM WASSER ZU ENTGEHEN REGEN IST ZERSTÖRERISCH SEHR ZERSTÖRERISCH ABER SCHLIMMERES ALS REGEN ICH WILL DASS IHR DAS DEN MENSCHEN SOFORT SAGT MENSCHEN WERDEN AUF UNSERE ANFÄNGE HÖREN

Kristi: Wann beginnen sich die Dinge zu verändern?

Adri: FRÜHLING BEGINNEN ERSTE KRIEGE

Kristi: Kleine oder große Kriege?

Adri: KLEINE KÄMPFE ÜBERALL AUF DER WELT

Während einer anderen Diskussion nahm Adri erneut Stellung zu diesem Thema.

Adri: GÖTTER SORGEN SICH DASS DIESE WELT IN EINEM KREISLAUF DER GEWALT EN-

DET ES WIRD ZU MORDEN UND AUFSTÄNDEN UND SCHMERZ UND LEID KOMMEN

Kristi: Ist es bereits zu spät, den Lauf der Dinge zu ändern?

Adri: NEIN ABER LEID WIRD UNS HELFEN ZU ÜBERWINDEN ZU WACHSEN

Seit Adri das geschrieben hat, sind überall auf der Welt kleinere Kriege ausgebrochen, sogar einige größere. Und im Frühjahr 1993 ist es im gesamten zentralen Bereich der Vereinigten Staaten zu gewaltigen Überflutungen gekommen. Adri ist nur eine kleine Stimme unter vielen, die vor den chaotischen und schwierigen Zeiten warnen, die auf uns zukommen, während wir darum ringen, uns selbst und unsere Welt zu verändern.

Kristi: Wie würdest du dich selbst beschreiben, Adri? Wer bist du?

Adri: ICH BIN ADRIANA ICH RENNE SCHWIMME SPRINGE ABER SPRECHE NICHT ICH LIEBE MEINE FAMILIE WIE DIE MEISTEN MÄDCHEN MEINES ALTERS TEILE IHNEN ABER MEINE LIEBE DURCH TIPPEN MIT ICH HABE MICH IN MEINER SEELE UM LIEBE IN MEIN LEBEN ZU BRINGEN ICH MACHE GERN DINGE DIE DIE MEISTEN MÄDCHEN GERN MACHEN AM LIEBSTEN SPIELE ICH DU SIEHST ICH BIN EIN TYPISCHES KIND

GOTT WILL DASS ICH DIR MEINE BEDÜRFNISSE SAGE JA SOLL DIR MEINE BESCHRÄNKUNGEN SAGEN ICH MUSS SPIELEN WIE EIN KLEINES MÄDCHEN ICH MUSS RENNEN SPRINGEN SCHWIMMEN DAS IST SCHWER FÜR MICH ZU SAGEN ABER DIESE UNTERHALTUNGEN SCHWIERIG FÜR MEINEN KÖRPER NICHT FÜR

MEINE SEELE GEIST UND HERZ MEIN KLEINER WINZIGER KÖRPER MEIN KIND MUSS WACHSEN SICH SELBST HEILEN DURCH DIES BEREINIGEN BRAUCHE FREUNDE MÄDCHEN JUNGEN MENSCHEN MEINES ALTERS UNTERHALTE MICH GERN AUF DIESE WEISE ABER BRAUCHE AUCH FREUNDE WIR KÖNNEN DAS TUN ABER ICH BRAUCHE FREUNDE

MIT FC BEGANN ICH ZU LEBEN MIT FC KONNTE ICH MEIN LICHT DER WELT MITTEILEN MEIN LICHT ZU VERBREITEN IST MEIN WICHTIGSTES LEBENSZIEL DIESE AUFGABE WÄHLTE ICH BEVOR MEIN LEBEN HIER BEGANN ICH ERKANNTE MEINE WAHRHEIT IN DIESEM LEBEN WEIL MEINE MOM IN DER HÖLLE ZU MIR HIELT MEIN HIMMEL BEGANN ALS MOM BESCHLOSS MIR BEIM KOMMUNIZIEREN ZU HELFEN IHRE ENTSCHEIDUNG WAR MEINE BEFREIUNG

ICH SCHREIBE JETZT EIN BUCH WENN ALL DAS FRÜHER VON MIR ERWARTET WORDEN WÄRE WÄRE ALLEIN SPIELEN GEWESEN ERWARTUNGEN AN MICH SIND JETZT ANDERS (MOM DAS IST SCHWER ICH WERDE MÜDE ICH MÖCHTE INTELLIGENTE DINGE SAGEN)

Kristi: Das tust du, Adri, mein Liebling. Du sagst sehr intelligente Dinge. Vielleicht die einzigen intelligenten Dinge.

Kristi: Auch wenn du in vielerlei Hinsicht ein typisches Kind bist, sind einige deiner Fähigkeiten für die meisten Menschen nicht typisch. Möchtest du etwas dazu sagen?

Adri: ICH KAM IN DIESES LEBEN ALS SEELE DIE SICH DER VERVOLLSTÄNDIGUNG NÄHERT

ICH ENTSCHIED MICH FÜR DIE RÜCKKEHR ALS AUTISTISCHER MENSCH

Kristi: Was meinst du mit »Seele«, Adri, und wie »näherst« du dich der »Vervollständigung«?

Adri: SEELE IST MASSE FRÜHERER LEBEN DIE DURCH ERFAHRUNG VERVOLLSTÄNDIGT WIRD LEBEN UND SPIRITUELLE ERFAHRUNGEN FRÜHERE LEBEN BIETEN ALLEN SEELEN MÖGLICHKEIT SEELE MIT ERFAHRUNG ZU BEREICHERN

Kristi: Was muß eine Seele tun, um zu absoluter Spiritualität zu gelangen? Was geschieht mit vervollständigten Seelen? Ist die Vervollständigung obligatorisch?

Adri: SEELEN ERLANGEN LEBEN UND SPIRITUELLE ERFAHRUNGEN DURCH ZEIT

Kristi: Also gibt es keine bestimmten Aufgaben oder Bedingungen. Es geschieht einfach mit der Zeit?

Adri: JA

Kristi: Und es ist obligatorisch?

Adri: NICHT SICHER INFORMIERE MICH JA SEELEN ENDEN AUSNAHMSLOS BEI GOTT

Kristi: Nur die Länge der Zeit variiert?

Adri: JA STETS BEGINNT DIE ERFAHRUNG EINER SEELE BEI GOTT

Kristi: Meinst du damit, daß alles von Gott ausgeht und zu Gott zurückgeht?

Adri: JA.

Kristi: Wie wird eine Seele geboren, Adri?

Adri: HU ÜBERSTEIGT SPRACHE

Kristi: Okay. Aber wenn wirklich eine Seele existiert – warum vervollständigt sich dann eine schneller als die andere?

Adri: MANCHE SEELEN HABEN LEBEN GEWÄHLT DIE SIE SCHNELLER HEILEN LASSEN

Kristi: Welche Art von Leben versetzt Menschen in die Lage, schnell zu gesunden und zu wachsen?

Adri: LÄSST SICH NICHT BEURTEILEN

Kristi: Es ist also von Geburt an ein Heilungsprozeß?

Adri: GEWISSERMASSEN MEINER ANSICHT NACH STELLT HEILEN ERFAHRUNG DAR DIE NUR NICHT SICHER INFORMIERE MICH IN PRISMEN ERHÄLTLICH DIE DU LEBEN NENNST

Nachwort

Adriana ist inzwischen vierzehn Jahre alt. Sie läßt die Kindheit hinter sich und wird allmählich erwachsen. In ihrem Gesicht drückt sich eine neue Weisheit aus. Sie hat sich zu einer neuen Frisur entschlossen. Ihre Augen wirken ruhiger, friedlicher, aber nicht weniger faszinierend. Sie ist noch immer klein, aber ihr gelenkiger, muskulöser Körper scheint irgendwie weicher, geschmeidiger geworden zu sein. Sie läuft in unserem Wohnzimmer noch immer ansteckend kichernd im Kreis herum oder schaukelt in ihrem schwarzen Lieblingssessel so heftig zur Musik von Bob Marley oder aus *König der Löwen,* daß er sich fast überschlägt. Aber inzwischen scheint sie auch an langsameren, besinnlicheren Klängen Gefallen zu finden. Dazu setzt sie sich ruhig in ihren Sessel oder legt sich auf den Boden und blickt aus unserem großen Erkerfenster auf die Berge hinaus. Mit einer Gabel oder einem Löffel trommelt sie ununterbrochen auf Fußboden oder Fensterbrett und hält nur dann und wann inne, um sich mit den Zeigefingern auf bestimmte Stellen direkt unterhalb ihrer Ohren zu drücken. Unsere Familie, so hat sie eines Tages getippt, zeigt das HOCHGEBIRGS-LIEBESSYNDROM.

Adri, Seby und Brie stehen für gewöhnlich jeden Morgen um halb sieben auf. Dann frühstücken wir alle gemeinsam, wobei Adri zwischen zwei Bissen häufig zu ihrem Lieblingssessel ins Wohnzimmer flitzt. Nach dem Frühstück helfe ich ihr dabei, ihre Kleidung herauszusuchen und sich anzuziehen. Gegen acht Uhr hat einer von uns die Kinder ins Auto verfrachtet und fährt den Berg hinunter, um sie zu ihrer Schule zu bringen.

In Adris Klassenraum werden wir von Becky, ihrer Freundin und FC-Helferin empfangen. Adris Mitschüler begrüßen sie mit großem Hallo und vielen Umarmungen; manchmal streichen die Mädchen ihr die Haare aus dem Gesicht oder glätten ihre Kleidung. Nach der Begrüßung durch die Lehrerin und einem Lied beginnt der Hauptunterricht. Sechzehn Schüler gehören zur Klasse. Adri und Becky sitzen in der letzten Reihe an einem Zweiertisch gleich neben der Tür, damit sie den Raum verlassen können, ohne die anderen zu stören, falls Adri zu unruhig wird.

Seit Beginn des Schuljahrs hat Adris Fähigkeit, während des ein- bis anderthalbstündigen Hauptunterrichts stillzusitzen, beträchtlich zugenommen; zum Teil, weil die Themen so interessant sind. Ihre Klasse hat gerade einen zweiwöchigen Unterricht über das alte Indien abgeschlossen. Jetzt wendet sie sich der Botanik zu und wird in Kürze mehr über das klassische Griechenland erfahren. Der Unterricht beginnt für gewöhnlich mit einer Einführung ins Thema durch die Lehrerin, gefolgt von einer allgemeinen Diskussion und Fragen. Auch wenn sich Adri nicht ständig an der Diskussion beteiligt, tut sie das doch oft genug, um die Klasse merken zu lassen, daß sie zuhört. In diesem Jahr schreiben die Schüler auch kurze Zusammenfassungen von Büchern. Bisher hat Adri über Dschingis Khan und Sokrates geschrieben. Ihre Themenwahl und ihre interessante Herangehensweise versetzen sie in die Lage, ihre Überlegungen und Fähigkeiten sehr deutlich zu machen.

Bei Mathematikaufgaben ist Adri oft die erste, die die Lösung weiß. Und auch in Orthographie ist sie sehr gut, obwohl es nicht gerade ihr Lieblingsfach ist. Der Lehrplan der Waldorfschule verlangt, daß jeder Schüler ein Buch zu den jeweiligen Fächern des Hauptunterrichts anfertigt. Dazu unterstützt Becky Adri beim Zeichnen und Schreiben. Bis vor kurzem war ihre Handschrift oft ungleichmäßig, und man konnte die Stellen deutlich erkennen, an denen ihre Hand unwillkürlich gezuckt hatte. Aber da Becky auf eine einmalige Methode gekommen ist, Adri zu helfen, wirken ihre schriftlichen Arbeiten inzwischen sehr gleichmäßig und ansprechend. Diese Art von Betätigung, die auf mentalen, kreativen und motorischen Fähigkeiten beruht, ist die ideale Herausforderung für Adri.

Um Adri die Möglichkeit zu geben, sich umfassender auszudrücken, lädt Adris Lehrerin Charmaine häufig Rodrigo und mich in die Klasse ein, damit er Adri bei Gruppendiskussionen mit ihren Mitschülern beim Tippen hilft. Gegen Ostern fanden wir uns an einem Aprilmorgen wieder einmal zu einer solchen Runde zusammen. Dabei kam – von Adri nicht initiiert – auch das Thema Reinkarnation zur Sprache. Während sich die anderen Kinder unterhielten, tippte Adri: WIR HABEN EIN LEBEN... Ich warf ihr einen Seitenblick zu. MIT VIELEN EPISODEN.

Ein Junge, der neu in der Klasse war, erwähnte ein Buch, das er gerade las und dessen Hauptfigur telepathisch war. »Versteht Adri das?« fragte er mich. Ich dachte, er wolle wissen, ob Adri telepathisch sei, und bejahte es. Adri sah den Jungen direkt an und tippte: ER GLAUBT NICHT DASS ICH SEINE GEDANKEN LESEN KANN DAS HAT ER GEDACHT

Als ich Adris Worte der Klasse vorlas, blickte der Junge verblüfft auf, während die anderen Kinder lachten. Ernsthafter fuhr Adri fort: ES IST EIN WUNDER DES LEBENS DAS WIR FÜR SELBSTVERSTÄNDLICH

HALTEN ALLE VON EUCH KÖNNEN MIT DEM GEIST DINGE BEWEGEN IHR ALLE KÖNNT EURE KÖRPER AUF EINE WEISE BEHERRSCHEN DIE MIR NICHT MÖGLICH IST UND IHR VERGESST WAS FÜR EIN WUNDER DAS IST

Wenn Adri aus der Schule nach Hause kommt, geht sie für gewöhnlich direkt zu ihrem Lieblingsplatz am großen Erkerfenster in unserem Wohnzimmer. Sobald sie sich ein wenig entspannt hat, geht sie gern hinaus und springt ein wenig auf dem Trampolin. Dann ist es Zeit zum Baden und fürs Abendessen. Während wir die kleineren Kinder zu Bett bringen, hält sich Adri gern in ihrem Zimmer auf, liest, hört Radio oder sieht aus dem Fenster. ICH LIEBE MEINE AUSSICHT, sagte sie. ICH SEHE DIE STERNE DIE LICHTER DIE BÄUME DIE BERGE ICH SPÜRE GOTT LASST UNS DIE AUGEN NICHT VERSCHLIESSEN. Bevor sie einschläft, lesen wir oder unterhalten uns miteinander, aber häufig hat sie es am liebsten, einfach auf dem Bett zu liegen und sich die Füße massieren zu lassen.

An Donnerstagen, an denen die Schule bereits mittags endet, geht Becky häufig mit Adri und einer Freundin ins Einkaufszentrum. Bei gutem Wetter hält sich Adri gern im Freien auf. Sie läuft durch den Garten und bleibt dann und wann stehen, um einen Stock aufzuheben und damit an die Baumstämme zu schlagen. Sie reitet gern mit Seby und Brie, fährt Rad oder saust auf Rollerblades durch die Gegend. Im Winter lernt sie Skifahren, was ihr sehr gefällt. Im Sommer verbringen alle drei Kinder viel Zeit beim Schwimmen. An den Wochenenden bemühen wir uns, längere FC-Unterhaltungen mit Adri zu führen. Alles in allem scheint Adri sehr zufrieden mit ihrem jetzigen Leben zu sein – und sagt das auch.

Obwohl wir weder fernsehen noch Zeitungen abonniert

haben, und Adri so wirkt, als hätte sie nicht nur wenig Ahnung vom Weltgeschehen, sondern auch von ganz alltäglichen Ereignissen, hat sie uns einige Male mit ihren Kommentaren zu Weltereignissen verblüfft. Als uns im April die Lektorin für dieses Buch – Ginny – einen Besuch abstattete, wollte Adri weniger über das Buch als vielmehr über Zeitgeschichte sprechen. ES IST EIN HELLER TAG, erklärte sie Ginny, während Rodrigo am Canon half. ALLE TAGE AN DENEN LIEBE ERSTRAHLT SIND MEINE LIEBLINGSTAGE HEUTE IST EIN HELLER TAG FÜR DEN SCHWARZEN SÜDEN VON AFRIKA UND DIE WELT JETZT MÖCHTE ICH GOTT SEHEN

Doch während sie sich für Südafrika freute, klagte sie gleichzeitig: WEINE UM RUANDA UM BOSNIEN BETET WENN IHR WEINT BETET UM LIEBE BETET UM VERSTÄNDNIS BETET UM VERTRAUEN BETET BETET LIEBE LIEBE

Neben den vielen anderen Geschenken, die sie uns allen macht, gibt sie Rodrigo und mir viele Hinweise und Ratschläge, die darauf abzielen, unsere Beziehung zueinander zu verbessern und unsere spirituelle Weiterentwicklung zu fördern. Eine dieser Empfehlungen war höchst erstaunlich. Rodrigo hielt sich aus geschäftlichen Gründen in Mexiko auf. Eines Morgens rief er ganz aufgeregt an, um mir von seiner nächtlichen Meditation zu berichten. Er hatte gerade über das Wesen der Erleuchtung nachgedacht – Was ist das eigentlich? Wie erreicht man sie? –, als plötzlich Adri zu ihm zu sprechen begann:

»Wenn du nach Erleuchtung trachtest«, teilte sie ihm telepathisch mit, *»mußt du das größte Buch der Welt lesen. Du erläufst es, und am Anfang kannst du das Ende nicht sehen, und wenn du zum Höhepunkt kommst, wenn du die Lektionen gelernt hast, dann gelangst du zur Erleuchtung.«*

Keiner von uns hatte eine Ahnung, wovon sie sprach. Wenn das wirklich eine Botschaft von Adri gewesen war, mußte sie es metaphorisch gemeint haben, dachte ich. Als Rodrigo zwei Tage später nach Hause kam, wollte er unbedingt mit Adri sprechen, und so setzten wir uns bei der nächsten Gelegenheit – am folgenden Nachmittag – mit ihr zusammen. Ohne daß irgendwelche Fragen gestellt worden wären, begann Adri unverzüglich zu tippen: ICH HABE DICH VOR DREI TAGEN BESUCHT DU HAST NACH ERLEUCHTUNG GETRACHTET ICH SPRACH ZU DIR ÜBER EIN BUCH DU STEHST UND LIEST ES VON LINKS NACH RECHTS ES BEGINNT MIT DEN WIRKUNGEN DIE DAS GUTE UND DAS BÖSE AUF DEIN LEBEN HABEN DU KANNST DAS ENDE NICHT SEHEN BIS DU DORTHIN KOMMST UND ERLEUCHTUNG ERLANGST ALSO MUSST DU LESEN UND ALLE VERSCHIEDENEN STADIEN DURCHLAUFEN VON DA WO DU STEHST KANNST DU DAS NÄCHSTE STADIUM NICHT SEHEN

Kristi: Ist dieses Buch metaphorisch oder real?

Adri: REAL

Kristi: In dieser Dimension?

Adri: JA DJOGJAKARTA AUF JAVA

Von einer solchen Stadt hatte ich noch nie gehört.

Adri: DJOGJAKARTA IST EINE STADT AUF JAVA IN INDONESIEN

Kristi: Befindet sich dort das Buch?

Adri: NEIN IN DER NÄHE DAS BUCH IST IN STEIN GESCHRIEBEN

Kristi: Wissen die Menschen von diesem Buch?

Adri: JA ES IST IM HEILIGEN TEMPEL VON BOROBUDUR IN STEIN AUF EIN GRAB GESCHRIEBEN

Rodrigo und ich waren verblüfft.

Kristi: Gibt es einen Grund dafür, daß du uns das jetzt erzählst?

Adri: DAD WOLLTE WAHRE ERLEUCHTUNG FINDEN ALSO HABE ICH IHM GESAGT WO SIE ZU FINDEN IST

Kristi: Also sollte Daddy dorthin fahren?

Adri: IHR BEIDE

Noch immer verblüfft, aber neugierig fuhren Rodrigo und ich am nächsten Nachmittag zur Bibiliothek. Rodrigo sah unter dem Wort *Borobudur* in der Grolier Computer-Enzyklopädie nach. Und tatsächlich, da stand: »Borobudur, rund 40 km von Ojogjakarta im mittleren Java entfernt, Ruine einer bedeutenden buddhistischen Tempelanlage«. Weiter hieß es im Text: »... die großartige Tempelanlage ist aus Stein erbaut und besteht aus acht sich verjüngenden Terrassen ... (die) Buddhas Aufstieg zur Erleuchtung repräsentieren ... die oberen drei Terrassen ... stellen die Sphäre der Erleuchtung dar.« Rodrigo und ich hoffen, bald einmal dorthin fahren zu können.

Ebensowenig, wie ich die Wende vorhersehen konnte, die unser Leben inzwischen genommen hat, kann ich jetzt schon wissen, was die Zukunft für Adri, unsere Familie und die Menschheit bringen wird. Aber wenn ich an all das denke, was sich bisher schon ereignet hat und was sich noch ereignen wird – sowohl die wundervollen Dinge als auch die schwierigen Kämpfe –, bin ich von Ehrfurcht und tiefer Dankbarkeit erfüllt. Adri hat das uns gegenüber einmal so ausgedrückt: NUR EIN STEIN DER VIEL ROLLT IST GLATT UND EBEN

Und sie ist natürlich das beste Beispiel für diese Erkenntnis. Obwohl ihr Autismus mit Sicherheit auch einige Vorteile hat, wie sie betont, ist er doch in vielerlei Hinsicht wirklich eine harte Prüfung in Beharrlichkeit und Erdulden. Auch wenn Adri sagt, daß sie ihr Leben liebt, muß sie doch tagtäglich kämpfen. Ich bekam einen kleinen Einblick in ihre Bemühungen, mit ihrer Situation fertig zu werden und aus ihr zu lernen, durch eine Bemerkung, die sie uns gegenüber im letzten Oktober machte. SCHWEIGEN, sagte sie uns, GIBT MIR SOWOHL FREIHEIT ALS AUCH KETTEN DAHER NUTZE ICH DAS SCHWEIGEN UM MICH VON SEINEN KETTEN ZU BEFREIEN

Und doch strahlt sie trotz ihres Leidens so viel Liebe, Mitgefühl und Weisheit auf andere aus. Und weil sie so ist, wie sie ist, kann ich nicht anders, als an ihre Botschaft von der Liebe Gottes zu glauben. Denn wie sonst, wenn nicht durch Gottes Gnade, könnte sie diesen Zustand erreichen und aufrechterhalten?

Als Menschen verbringen wir auf dieser Erde nicht nur zufällig, auf zufällige Ereignisse reagierend, unsere Zeit. Wir alle haben uns dazu entschieden, zu dieser Zeit hier zu leben, um als Individuen mit individuellen Zielen zu lernen und um als Gemeinschaft danach zu trachten, unsere universelle Aufgabe zu erfüllen. Wie Adri sagte: DIE LIEBE IST DER EINZIGE WICHTIGE GRUND FÜR UNSERE EXISTENZ

Adris Gebet

GOTT IST GOTT
DU WIRST IHN SEHEN OHNE IHN ZU SEHEN
DU WIRST IHN HÖREN OHNE IHN ZU HÖREN
DU WIRST VON IHM BERÜHRT OHNE VON IHM
BERÜHRT ZU WERDEN
DU WIRST VON IHM GETRÖSTET WERDEN
WENN DU IHM VERTRAUST
UND DICH IHM BEDINGUNGSLOS HINGIBST
GLAUBE IST MIT UNSEREM BEGRENZTEN WIS-
SEN NICHT ZU BEGREIFEN
WENN ICH AUS DIESEM FENSTER SEHE
WEISS ICH DASS WIR UNSERE EXISTENZ
NICHT ERKLÄREN KÖNNEN
ODER DIE DER WELT DES UNIVERSUMS ODER
VON IRGEND ETWAS
AUSSER DURCH DEN GLAUBEN
ICH ERGEBE MICH UND SEHE GOTT
ICH HÖRE GOTT ICH FÜHLE MICH VON GOTT
ANGERÜHRT
GOTT GIBT MIR TROST MIT SEINER UNEND-
LICHEN LIEBE.

Danksagung

Dieses Buch ist für mich ein Beweis der Gnade. Anders ist die Art und Weise nicht zu erklären, in der Ereignisse und Menschen zusammenfanden, um uns auf diesen Weg zu führen. Ich bin tief bewegt und dankbar für die Rolle, die ich dabei übernehmen durfte.

Und ich bin noch so vielen anderen Menschen dankbar. Meinen Eltern Jim und Joanne Jorde sowie meiner Schwester und meinen Brüdern Jan, Mike, Eric und meinem Seelenzwilling Jamie danke ich in Liebe für die Erkenntnisse, die sie mir brachten.

Besonders zärtlich denke ich an Missy und John, meine »anderen« Kinder. Dank an Naomi und Jack, Robin, Ben, Felice, Anamika, Teddy, Virginia, Mahesh, Dr. Kitahara, Laura, Jamie W., Gloria, Julia und ihre Familie, Moo Moo, Cunsu, Annie, Emilce und Emmy, Ryan und Teresa, Claudia und Wei. Meine ganze Liebe gilt Coreece, dere Geist weiterlebt, um mich zu inspirieren, ihrer Familie und ihren Kindern.

Meine besondere Anerkennung spreche ich Rosemary Crossley für ihre Entdeckung der *Facilitated Communication* sowie Douglas Biklen und der *Syracuse University* für ihr unermüdliches Bemühen, die FC-Methode in den Vereinigten Staaten einzuführen und zu fördern; Marilyn Chadwick dafür, Adris erste FC-Helferin gewesen zu sein, sowie Michael McSheehan, Annegret Schubert und Renee

Wilson für die Hingabe, mit der sie mir in der Adriana Stiftung halfen, FC weiterzuverbreiten.

Weiterhin danke ich all jenen, die dieses Buch durch den Prozeß der Veröffentlichung begleitet haben: Ned Leavitt, unserem fähigen Agenten, und Ginny Faber, unserer Lektorin bei Ballantine, die unseren Worten mit Zuneigung und Sachkenntnis die endgültige Form gab. Darüber hinaus danke ich Liz Williams und Kim Hovey, unseren emsigen Freundinnen auf dem Gebiet der Public Relations.

Und schließlich denke ich voller Dankbarkeit an meine Familie in Colorado: an Charmaine und alle Lehrer und Eltern der Waldorfschule, an die Schüler und Schülerinnen des fünften Jahrgangs, an die liebenswürdige Becky, an meine immerwährende Freundin Joan, an Rodrigo, meinen geliebten Mann und »Spiegel«, an Seby und Brie, die Engel in meinem Lebens, und an Adri, meine Lehrerin, meine Tochter, meine Liebe.

Nicht mein, sondern dein Wille geschehe.

Ein Brief an die Leser

Liebe Leserinnen und Leser,

obwohl die »Fäden« zwischen uns unsichtbar sind, fühle ich mich jedem von Ihnen tief verbunden. Ich weiß, daß viele von Ihnen eigene »Wunder« erlebt haben, und würde gern etwas über sie erfahren. Wenn Sie dazu bereit sind, schreiben Sie bitte an Adri und mich unter der unten angegebenen Adresse. Haben Sie aber bitte auch Verständnis dafür, daß wir nicht jeden Brief persönlich beantworten können

Ganz besonders bin ich an den Erfahrungen von jenen unter Ihnen interessiert, die autistisch, auf andere Weise »behindert« sind oder für diese Menschen sorgen. Aufgrund unserer Forschungen durch die *Adriana Stiftung* schätzen wir, daß rund zehn Prozent der von uns Angesprochenen ungewöhnliche Phänomene (Telepathie, extensives Wissen und so weiter) bei ihren autistischen oder »behinderten« Kindern oder Schülern bemerkt haben. Während meiner aktiven Tätigkeit bei der *Foundation* haben sich etliche Lehrer, Projektleiter und Eltern innerhalb und außerhalb der Vereinigten Staaten mit der Frage an mich gewandt, ob auch wir festgestellt hätten, daß manche autistischen Kinder und Erwachsene »Gedanken lesen« beziehungsweise über ein früheres Leben berichten können.

Lassen Sie sich von mir ermutigen, Ihre Erfahrungen mit uns zu teilen. Gleichzeitig möchte ich betonen, daß das, was wir »Autismus« nennen, lediglich eine Beschreibung gewisser Verhaltensweisen ist, denen die unterschiedlichsten Ursachen zugrunde liegen. Selbst wenn wir glauben, daß man sich auf einer psychischen Ebene – wie auch für jeden anderen Zustand – für den »Autismus« entscheidet, können und werden die Ursachen dafür beträchtlich variieren. Autistische Menschen sind nicht alle aus dem gleichen Grund hier oder um die gleichen Lektionen zu lernen, und unsere Perspektive gestattet es uns nicht, unsere eigenen Lebensumstände voll zu verstehen – noch weniger die von anderen. Daher würden wir autistischen Menschen einen schlechten Dienst damit erweisen, wenn wir im Hinblick auf paranormale Fähigkeiten oder spirituelle Weisheit bestimmte Erwartungen an sie stellen. Jeder von uns ist einzigartig und jeder verfolgt seinen eigenen Weg in dem ihm eigenen Tempo.

Als ich im letzten Jahr mit meinem Bruder Jamie meditierte, begann er, mir die »Lektionen« zu schildern, die er durch seine innerliche Kommunikation erhielt. Eine davon – *Eine Lektion zur Befreiung des Geistes* – hat mir dabei geholfen, unsere Perspektive zu begreifen, und ich möchte Ihnen einen Auszug daraus nicht vorenthalten. Während Jamie sprach, habe ich seine Worte mitgeschrieben:

Ich habe eine Vision. Ich begebe mich in eine frühere Zeit. Ich sitze in einem Tempelgarten auf einer niedrigen Steinbank an einem kleinen Teich. Der Tempel selbst steht direkt hinter uns. Es ist ein buddhistischer Tempel, in Asien, im mittleren oder südlichen China. In dem Teich schwimmen große goldene und weiße Karpfen, wie es für Zierteiche üblich ist. Der Asiatische Meister sitzt neben mir. Er ist alt und weise. Er beginnt, über Bewußtsein zu sprechen.

Nehmen wir den Fisch, so wie er ist. Weiß der Fisch, daß er ein Fisch ist? Weiß er, was er ist? Ist er sich der Welt außerhalb der Begrenzungen seines kleinen Teiches bewußt? Für ihn könnte die Vorstellung unsinnig sein, daß es jenseits seines Teiches noch etwas geben könnte, denn er hat ihn ausgiebig durchschwommen. Für ihn ist eindeutig bewiesen, daß dieser Teich die Welt ist. Er ist alles, was existiert, und er – der Fisch – gehört dazu.

Aber Sie und ich sitzen auf der Bank und sehen den Fisch aus einer anderen Perspektive, nicht wahr? Und wir könnten den Schluß ziehen, daß dieser Fisch reichlich naiv und einfältig ist, denn *wir* wissen, daß sich die Welt weit über seinen kleinen Teich hinaus erstreckt. Sie umfaßt sehr viele unterschiedliche Gattungen. Aber wie können wir dem Fisch mitteilen, daß dem so ist. Würde er zuhören?

Nun, ein Fisch wie dieser muß es allein herausfinden. Er muß die Begrenzungen selbst sehen und begreifen. Und daher wäre es weise von uns, den Fisch zunächst aufzufordern, die Möglichkeit einer Existenz außerhalb seiner angenommenen Grenzen nur einmal zu erwägen. Von unserer Warte aus lebt der Fisch in einer Illusion, die er für die Realität hält. Um dem Fisch zu helfen, sollten wir ihn dazu bringen, einen Blick nach innen zu werfen, damit er seine reale Existenz begreifen und seinen Platz innerhalb der Schöpfung finden kann.

Wir stehen auf und spazieren einen kleinen Pfad am Tempel entlang. Viele der Tempelweisheiten werden auf spontanen Spaziergängen wie diesem vermittelt. Ich bin hier sehr glücklich. Wir nähern uns dem anderen Ende des Teiches und bleiben stehen. Auf einem großen Seerosenblatt sitzt ein Frosch. Er springt ans Ufer und bleibt zufrieden hocken. Der Meister fährt fort …

Betrachten wir den Frosch, wie er anfängt, das Leben außerhalb des Teiches zu erkunden. Er hat die ersten Schritte getan, um die Welt, die über ihn hinaus existiert, kennenzulernen. Seine Entwicklung hat die des Fisches hinter sich gelassen, denn seine Wirklichkeit, sein Bewußtsein übersteigt die selbsterrichteten Grenzen des Fisches. Der Frosch erforscht den Rand des Teiches. Er wagt sich in Gebiete, die eine andere Art von Realität haben, massiver, solider und in der Lage, andere Lebensformen zu tragen. Und durch seine Erforschungen gewinnt er ein neues Verständnis der Wirklichkeit, denn nachdem er so viel Neues von dem gesehen hat, was existiert, kann er zurückblicken und sehen, daß sein Teich nichts ist als eine flüchtige Realität, ohne Substanz oder Solidität.

Der Teich ist eine Realität, die sich bewegt und fließt, dynamisch und ständiger Veränderung unterworfen. Aber wenn der Frosch aus seinem Teich auf den massiven Erdboden springt, findet er eine Wirklichkeit vor, die substantiell anders ist: eine, die sich nicht bewegt, sondern festen Halt gewährt. Auf diesen neuen Untergrund könnte er sich wohler fühlen, sicherer, zufriedener. Aber noch immer weiß er nicht alles.

Wir wandern weiter, halten in einem marschähnlichen Gebiet an. Ich genieße das alles wirklich sehr. Im Wasser steht ein großer weißer Kranich.

Sehen wir uns den Kranich an. Er ist ein grundsätzlich anderes Wesen, denn obwohl er im Wasser steht, hat er eine vollständig andere Vorstellung vom Wasser als vom Land, denn er ist ein Geschöpf der Lüfte. Er hat sich in Bereichen bewegt, die über die Teichwelt des Fisches und der Teich-Boden-Welt des Frosches weit hinausgehen. Er lebt in einer Welt, der es an Substanz und Solidität mangelt, die aber alles sonst umgibt, in einer Welt, die aus einer Vielfalt winziger Partikel besteht, einer, die die Illusion des Nichts erweckt und doch alles enthält.

Obwohl der Kranich selbst sie nicht sehen kann, erblicke ich die winzigen Partikel in der Luft, die seinen Flug unterstützen.

Und doch verbringt dieser Kranich einen großen Teil seiner Zeit im Wasser oder am Teich, denn in diesem Lebensabschnitt ist das seine natürliche Umgebung. Aber der Kranich unterscheidet sich dadurch, daß er das Leben jenseits des Teiches kennt. Er hat ein sehr viel tiefergehendes Verständnis der realen Welt. Er kennt den Teich, die Erde und darüber hinaus den Himmel. Und weil er sich in jedem dieser Bereiche bewegen kann, verfügt er über eine höhere Erkenntnis, ein größeres Bewußtsein der absoluten Wahrheit. Den Kranich brauchen wir nichts zu lehren, denn er hat die Wirklichkeit gesehen. Er kennt seinen Platz und seine Rolle in der Welt und weiß sie zu schätzen.

Und so können wir den Fisch als Wesen des Verstandes ansehen, denn er hat sich seine eigene Illusion von der Welt geschaffen und lebt in diesem Traum. Der Frosch beginnt, die Beschränkungen des Verstandes zu überwinden, damit er sein Wesen und seine Verbindung mit allem erkennen kann, was ihn umgibt. Er hat einen Blick in die weitere Welt geworfen, verfügt aber noch nicht über das vollständige Bild. Der Frosch repräsentiert den Menschen auf seinem spirituellen Weg, wenn er beginnt, die Welt außerhalb seiner Illusionen zu erforschen. Der Kranich steht für den Geist. Sein erweitertes Bewußtsein versetzt ihn in die Lage, in allen drei Welten zu leben, und ermöglicht es ihm, alles in der richtigen Perspektive zu sehen.

Lassen Sie heute Ihren Geist aufsteigen wie eine Taube. Lassen Sie ihn die Wärme der Sonne auf den Flügeln spüren und die Leichtigkeit des Windes in den Federn. Lassen Sie ihn hoch und frei schwingen und niemanden seinen Flug behindern. Lassen Sie andere die Schönheit seines Fluges sehen, damit auch sie aufsteigen und ihre spirituelle Freiheit gewinnen können. Gott segne unsere Seelen an diesem Tag, und mögen wir alle die Freiheit finden, nach der suchen.

Gott schütze Euch
Kristi und Adri

Bitte schicken Sie Ihre Briefe an folgende Adresse:

Kristi Jorde und Adriana Rocha
Box 1166
Westminster, CO 80030
USA

Weiterführende Literaturhinweise

Axline, Virginia M.: Dibs. Ein autistisches Kind befreit sich aus seinem seelischen Gefängnis. Bern/München 1980

Barron, Judy / Barron, Sean: Hört mich denn niemand. Eine Mutter und ihr Sohn erzählen, wie sie gemeinsam den Autismus besiegten. München 1992

Callahan, Mary: Tony. Bergisch Gladbach 1989

Crossley, Rosemary / McDonald, Anne: Annie – Licht hinter Mauern. München 1990

Grandin, Temple / Scariano, Margaret M.: Duch die gläserne Tür. Lebensbericht einer Autistin. München 1994

Hayden, Torey L.: Sheila. Bern 1987

Kaufmann, Barry Neil: Ein neuer Tag. Bergisch Gladbach 1993 (mit ausführlicher Literaturliste)

Lane, Robert: Robby. Bern 1988

Maurice, Catherine: Ich würde euch so gern verstehen! Bergisch Gladbach 1995

Park, Clare: Eine Seele lernt leben. Der erfolgreiche Kampf einer Mutter um ihr autistisches Kind. München 1993

Sellin, Birger: ich deserteur einer artigen autistenrasse. Neue botschaften an das volk der oberwelt. Köln 1995

dto: ich will kein inmich mehr sein. Botschaften aus einem autistischen Kerker. Köln 1993

Williams, Donna: Ich könnte verschwinden, wenn du mich berührst. Erinnerungen an eine autistische Kindheit. Hamburg 1992.

Zöller, Dietmar: Wenn ich mit euch reden könnte. Ein autistischer Junge beschreibt sein Leben. Bern/München/Wien 1989

Band 61158

Mary Callahan

Tony

Als Tony Randazzo zwei Jahre alt war, diagnostizierten die Ärzte bei ihm Autismus. Die Ursachen für diese Krankheit sind immer noch nicht erforscht, und sie gilt als unheilbar. Aber Tonys Mutter, Mary Callahan, gab die Hoffnung nicht auf. Nach zahllosen Schwierigkeiten und Rückschlägen entdeckte sie, daß Tony in Wirklichkeit unter einer zerebralen Allergie gegen Milch litt. Langsam begann sich sein Zustand zu verbessern, und heute ist er ein gesunder, fröhlicher Junge.
TONY ist nicht nur die bewegende Geschichte eines autistischen Kindes, sondern auch die Geschichte einer Mutter und einer Ehe, die durch ein behindertes Kind schweren Belastungsproben ausgesetzt war.

Mit zahlreichen Abbildungen

BASTEI
LÜBBE

Band 61306

Jenny Cockell

Unsterbliche Erinnerung

Von frühester Kindheit an konnte sich Jenny Cockell an ihr voriges Leben erinnern: Als Mary hatte sie in einem kleinen Ort in Irland gelebt und bei ihrem frühen Tod mehrere kleine Kinder zurücklassen müssen. Als sie in ihrem jetzigen Leben wieder Mutter wird, verstärkt sich die Sorge um ihre früheren Kinder, und sie will unbedingt wissen, was aus ihnen geworden ist. Sie setzt Puzzleteilchen aus Träumen und Erinnerungen zusammen und findet schließlich nicht nur das Dorf, sondern auch ihre einstige Familie. Jennys unglaubliche, faszinierende Geschichte beweist, was sie schon immer wußte: Sie hat schon einmal gelebt!

BASTEI LÜBBE